动产担保交易公示制度的功能研究

STUDY ON THE FUNCTIONS OF PERFECTION SYSTEM OF SECURED TRANSACTIONS

金 曼 著

首都经济贸易大学出版社
Capital University of Economics and Business Press
·北京·

图书在版编目（CIP）数据

动产担保交易公示制度的功能研究/金曼著 . --北京：首都经济贸易大学出版社，2023.9

ISBN 978-7-5638-3587-4

Ⅰ.①动… Ⅱ.①金… Ⅲ.①动产—担保制度—研究—中国 Ⅳ.①D923.24

中国国家版本馆 CIP 数据核字（2023）第 169416 号

动产担保交易公示制度的功能研究
DONGCHAN DANBAO JIAOYI GONGSHI ZHIDU DE GONGNENG YANJIU
金　曼　著

责任编辑	胡　兰
封面设计	风得信·阿东　FondesyDesign
出版发行	首都经济贸易大学出版社
地　　址	北京市朝阳区红庙（邮编 100026）
电　　话	(010) 65976483　65065761　65071505（传真）
网　　址	http://www.sjmcb.com
E- mail	publish@cueb.edu.cn
经　　销	全国新华书店
照　　排	北京砚祥志远激光照排技术有限公司
印　　刷	北京九州迅驰传媒文化有限公司
成品尺寸	170 毫米×240 毫米　1/16
字　　数	253 千字
印　　张	14.5
版　　次	2023 年 9 月第 1 版　2023 年 9 月第 1 次印刷
书　　号	ISBN 978-7-5638-3587-4
定　　价	68.00 元

前　言

现代社会，动产担保越来越发达。有学者预言，动产担保代表未来担保的发展趋势。[①] 本书以动产担保交易公示制度的功能为研究对象，是基于以下两方面的考虑：一是动产担保交易法的完善程度对于促进资金融通和经济发展起着极为重要的作用，而动产担保交易公示规则在世界范围内呈现出统一的趋势，深入探析动产担保交易公示制度的功能变迁，对于我国吸收有益经验，把握功能定位，弥补制度缺陷，以缓解中小企业的融资困境有重要的现实意义；二是我国学界过往的研究多将不动产物权公示制度和动产物权公示制度作一体讨论，未考虑到后者的特殊性，或仅从法理或比较法的角度探讨对现代动产担保交易公示制度进行法律移植的必要性，未深度剖析该制度变革背后的功能嬗变以及原因。

我国动产担保物权法具有混合继受的特征，虽在形式上承袭德国法，但实质上已与其大异其趣，在公示方法、公示模式及公示内容上，都与传统不动产物权公示制度出现分野。动产担保交易公示制度出现的深刻变革，引发了诸多物权法上的问题，也成为本书探讨该制度功能的缘起。在传统物权法理论下，物权公示的主要功能在于通过公信力保护交易安全。在大陆法系国家，以占有公示的动产质权均皆实行占有生效主义，占有通常被赋予了公信力。基于利益的衡量，登记对抗主义下的动产抵押登记也应被赋予公信力。为避免瑕疵登记和确保登记的可信赖性，法律在登记范围、登记事项、登记资料真实性的审查方面提供了制度支撑。非典型动产担保权虽具有担保效力，但采用秘密担保的形式，欠缺合适的公示方式成为其被诟病的缘由。

以美国为代表的现代动产担保交易公示制度仅具有警示或通知第三人特定担保物上已存在之担保利益的功能，没有设权效力、推定效力和公信力。它与"公示对抗主义"中的"公示"不同之处表现为登记成为动产担保交易

[①] 王利明. 担保物权制度的现代化与我国《民法典》的亮点 [J]. 上海政法学院学报，2021
(1)：1-19.

的普遍公示方式，且原则上各种公示方式并无优劣之分。而交易安全的保护则主要依赖优先权规则，公示的先后顺序决定优先权的顺位。即公示（包括占有和登记）不再承担保护公众信赖的功能，而是一种减少信息不对称的机制。在这种意义上，动产担保公示规则的体系性减弱，呈现出独立性的特征。美国式的公示制度在大陆法系国家产生了深刻影响，法国民法典、日本民法典、欧洲示范民法典草案均在一定程度上吸收了美国《统一商法典》第9编的公示规则。现代动产担保公示制度功能的形成原因在于现代社会财富结构的变化、功能主义方法的运用及动产担保交易制度的效率价值导向，而根本原因则是为回应外部便利融资的经济需求。

　　鉴于我国动产担保物权法的现状及国际趋势的影响，我国动产担保交易公示制度之功能的定位与制度设计应迥异于不动产担保权之公示，即从保护交易安全的功能转向纯粹的通知功能。体现在立法理念上，应对物权法定主义有所检讨，通过公示机制，适度保持动产担保物权体系的开放性和灵活性。但这并不意味着对功能主义方法的完全接纳，我国不宜采取动产担保物权的一元化规范模式，权利移转型担保权也不应直接上升为实定法上的担保权。在具体制度的构建上，典型动产担保权公示制度应完善登记制度，不宜从立法论的层面引入控制的公示方式，而应承认共同占有作为一种新型的交付方式；对于非典型动产担保权，可以借鉴功能主义的优越性，修正物权法定主义的弊端，即将登记与物权效力相结合，适用担保物权的公示规则、优先顺位规则，而不适用实施规则。在优先权的顺位上，竞存的动产担保权均以登记公示的，原则上适用"登记在先，权利在先"原则，以促进担保交易的确定性和可预见性。至于登记公示和占有公示的动产担保权的优先顺位问题，原则上采效力平等说，公示在先者获得优先的顺位。

目　录

1
绪　论

1.1 本书核心概念的界定

1.1.1 动产担保交易

动产担保交易（secured transaction）最早由美国《统一商法典》（*Uniform Commercial Code*，UCC）第9编（以下简称"第9编"）"动产担保交易"编确立，指的是使用动产（包括权利）担保付款或者义务的履行。① 之所以称为"交易"，是因为第9编规制的主要是商业交易，并不只是各种合同或协议的集合，还包含其他要素（如协议之间必须有关联；交易必须影响更多的人；这些被影响的人相互之间的法律关系必须因为该交易被改变）。因此，一个交易可能涉及买卖、租赁、借贷、抵押等。②

security 这个词，被用来直接指代对抗信贷风险的担保物，在这种意义上，security 可以与 collateral 互换使用。动产担保交易法的核心概念是"担保利益"，是指为担保付款或者义务的履行，存在于个人财产或者附着物上的利益。③ 这一条之作用类似于一般条款，其背后的规范理念在于，所有的交易，若其功能都是为了在个人财产上设立或保留利益，以担保义务的履行，则该交易就应该置于相同的法律框架之下。即谓第9编起草者所倡导的"功能主义"或者"实质重于形式"。这一概念抽象概括了担保交易的典型特征，适用范围具有开放性，具有兜底和补充的功能。它统一了原本分散的担保方式，同时也使得商事交易的性质不再取决于担保工具在形式上的差别。最初，这个术语可以同时适用于动产（大陆法系上类似于动产和无形财产）和不动产，但鉴于不动产无法移动和其他物理特性，现行第9编的担保交易法将其范围限制于动产和权利之内，不包括不动产。

"担保利益"是第9编的核心概念，其余所有制度设计都基于此。当当事人通过合同设立担保利益，并对特定的担保物可以执行时，即为附系。一个担保利益是否附系，需要同时满足3个条件：①担保权人已经给予对价④；

---

① See UCC 1-201（b）（35）. 参见美国统一州法委员会. 美国《统一商法典》及其正式评述 [M].高圣平，译. 北京：中国人民大学出版社，2006. 若无特别指出，本书引用美国《统一商法典》中所有条文的中文译本均参考此书。

② TIBOR T. Comparative secured transaction law [M].Budapest：Akadémiai Kiadó，2002：53-54.

③ See UCC 1-201（b）（35）.

④ See UCC 1-204.

②债务人对担保物享有权利，或转移担保物上权利的权力；③债务人签订了涵盖担保物的担保协议，并将该担保物上的担保利益赋予担保权人。以上三者，最重要的当属第二个条件。何谓对担保物享有"权利"，第9编并未给予定义。美国学者认为，此处的"权利"并不只是限制于所有权利益。① 由于"权利"一词抽象模糊，其表现形式不确定，导致个案判决有所差异。如一般认为在"嗣后获得"条款之下，债务人获得担保物占有时，即为获得了在物上权利之时，但在某些案例中，法官认为，获得权利的时间应该提前至更早，即当该担保物被"运输，标识，或者其他的方式，作为货物，被卖方指派给合同指向的对象"时。② 但这一结论在司法判决中并未达成共识。

在英国法中，除了"担保利益"这个术语之外，charge 这个词也是一个包含所有类型占有担保和非占有担保的表达，与"担保利益"具有同等的意义。该词也被用在欧洲复兴与发展银行（亦称"欧洲复兴开发银行"）担保交易示范中。③ 匈牙利法受其启发，也用这个词代替"担保利益"。术语"担保利益"和"担保权利"之间的区别，涉及权利和利益的区别。根据布莱克法律字典，"利益"用来表达权利、请求、所有权和某种东西的分享。④

大陆法系并没有与"担保利益"完全对应的概念术语。在谈及担保时，德国法是在"信用担保"（Kreditsicherheiten）（credit securities）的范围内，

---

① See UCC 9-203（b）（2）、UCC 9-202.

② See UCC 2-501（1）（b）.

③ 欧洲复兴与发展银行，是为在中欧和东欧转型经济的项目提供资助的国际组织。它的任务是促进以市场为主导的经济转型及促进私营和经济的主动性。欧洲复兴与发展银行的活动不限于项目融资，也协助区域内法律改革。该法律改革的其中一部分是制定担保交易的现代法律。1992年4月，在欧洲复兴与发展银行举办的一届以处理中欧和东欧的债权人权利和担保交易为主题的圆桌会议上，有两位学者提出建议，现代动产担保交易通过制定一部示范法来表达可能最好。这个示范法分为五个主要的部分：第一部分包含了一般条款，如担保利益的设立和取得、担保债务和担保财产的一般规则；第二部分，涉及设立担保的规则，介绍了登记型担保、占有型担保、所有权保留的区别，以及担保权人和担保人之间的权利和义务；第三部分，提供了涉及第三方的规定，特别是在不同的担保权人之间的优先权问题，包括被担保的债务转让、处理担保财产的许可等；第四部分，设立了一个执行程序的体系，实施规则必须适应地方程序性规则；第五部分提供了抵押权登记簿的登记规则。需要说明的是，欧洲复兴与发展银行担保交易示范采取了单一的担保权概念（charge）。这个词可能容易引起误解，将示范法下的担保权等同于英国法中 charge 的概念。但实际上，示范法中 charge 这个词只是英语中的借用词汇，与英国法中的 charge 并非相同。此外，security 没有被示范法使用，因为它常常与"可流通票据意义上"的证券概念相混淆。RÖVER J H. An approach to legal reform in central and eastern Europe：the European bank's model law on secured transactions ［J］. European journal of law reform, 1999, 1（1/2）：119-136.

④ TIBOR T. Comparative secured transaction law ［M］. Budapest：Akadémiai Kiadó, 2002：33-35.

而法国法则是基于"担保法"。二者的范围均比此处的动产担保交易法广泛。在英美法系中，担保利益通常指代以各种类型的财产担保贷款，不包括德国和法国担保法体系中的保证等。但是英语语言文献中已被广泛承认，它所指的就是物权担保或准物权担保。因此，"担保利益"在两大法系有近似相同的含义。①

在大陆法系下，根据担保财产的形式不同，担保可分为人的担保和物的担保。其中，人的担保是指以债务人以外的第三人的责任财产为主债务的清偿所提供的担保，其机理在于通过扩大责任财产的范围，达到增加债权受偿机会的目的。② 而物的担保是指由债务人或第三人提供的特定财产为主债务的清偿所提供的担保，其机理在于使担保权人享有该特定财产上的优先受偿权，从而使其债权获得强势保护。③ 物的担保又有不动产担保和动产（包括权利）担保之分。

一般认为，大陆法系对应的概念是"约定动产担保物权"，不仅包括典型动产担保物权，如动产抵押、动产质押和权利质押，还包括非典型动产担保物权，如所有权保留和让与担保等。④ 需要说明的是，虽然非典型担保物权在传统物权法中并非法定担保物权，但因其被判例和学理所承认，具有与典型的担保物权同样的法律效力和功能，因此也在本书所涉范围之内。而对于留置权、动产先取特权等属于法定担保物权范畴的动产担保物权，本书不作涉及。另外，由于"动产担保交易"这个术语已经得到了国内立法和国际组织的广泛认可，同时为了行文简洁和统一，本书将采取此种表述。

1.1.2 动产担保交易的公示

在美国《统一商法典》中，"公示"（perfection）是第 9 编中的特有制度，也被认为是该编中最难翻译的词汇。概括而言，目前，国内学者对该词的中文翻译主要有以下三种：一是采取直译的方式，翻译为"完善""完

---

① TIBOR T. Comparative secured transaction law［M］. Budapest：Akadémiai Kiadó, 2002：23.

② 郭明瑞. 担保法［M］. 北京：法律出版社, 2010：2.

③ 高圣平. 担保法论［M］. 北京：法律出版社, 2009：3.

④ 英美法系与大陆法系对动产担保交易的规范体系有所不同，大陆法系区分权利和动产分别设定担保制度，权利质权未做特别规定者，准用动产之规定。而英美法系的动产不限于可移动的有形财产，债权、商业证券、商誉、知识产权、债券和股票等权利被称为无体动产，也是动产的一部分。因此，英美法系的动产包括权利。鉴于此，在此特做说明，本书所讨论的动产担保交易，包含动产或权利之上设立的担保交易。

备"，保留了该词的基本中文含义，这主要见于第 9 编被介绍至中国时早期的翻译作品。① 二是认为该词表达的是"生效""确立"之义。如有论者认为，第 9 编确认了四种担保权益创设的方式：登记创设、占有创设、控制创设、自动创设。也就是说，担保利益在"perfection"之前还未设立。② 三是认为结合美国《统一商法典》第 9 编规定的登记、占有、控制等几种"perfection"方式，可知，perfection 一词与大陆法上物权之"公示"意义相当。不过美国法采公示对抗主义。③ 另外，有的日文译本也将其翻译为"具备对抗要件""公示"等。④

第一种将"perfection"直译为"完善"，虽较为直观，但鉴于第 9 编广为各国借鉴，并尽力融于本国法律体系的背景下，采"完善"之义，不仅文意上颇为晦涩，会削弱制度的参考价值，而且还给人以错觉，认为担保权人和债务人之间的担保权益似有缺陷。因此国内学者多将其翻译为"公示"，以对应本土物权法体系中的概念，以上第二种和第三种翻译即是如此，只不过，依照大陆法系的定义，二者分别与"公示生效主义"与"公示对抗主义"中的"公示"含义相符。总体而言，虽然第 9 编中的"perfection"更具体的内涵和外延需进一步的考察，但不可否认的是，国内外学者基本认可其具有与大陆法系物权法的公示类似的含义。

1.2　研究动机

1.2.1　现实意义

谈及动产担保交易公示制度的效力的研究意义，有必要首先分析动产担保交易制度的意义。动产担保交易法是否完善与经济的发展存在着明确的正

---

① 美国法学会，统一州法全国委员会. 美国统一商法典 [M].石云山，袁慎谦，孙亚峰，译.上海：上海翻译出版公司，1990：197. 吴兴光.《美国统一商法典》概要 [M].广州：华南理工大学出版社，1997：55.

② 张胜利，戴新毅. 美国商事法概论 [M].北京：中国政法大学出版社，2012：309-310.

③ 高圣平. 动产担保交易制度研究 [D].北京：中国政法大学，2002：50. 另外，有学者虽然在行文中直接翻译为"完善"，但从文章的逻辑来看，是将其等同于大陆法系的"公示"的。参见董学立. 美国动产担保交易制度研究 [M].北京：法律出版社，2007：94. 张晓娟. 动产担保法律制度现代化研究 [M].北京：中国政法大学出版社，2013：59.

④ 龙俊. 中国物权法上的登记对抗主义 [J].法学研究，2012（5）：136-153.

相关性。① 实证研究表明，动产担保法律制度是否完善，对获得信贷的可能性有着直接的影响。一项在欧洲 27 个国家进行的调查研究显示，当法律规定的可担保的范围和类型越广泛时，获得信贷的可能性就越高。信贷机构不太愿意接受那些对担保权人保护较弱的国家的动产担保。而信贷的规模与经济的发展密不可分，是经济增长的重要因素。由世界银行组织的在中东和北非的调查也表明：在动产担保制度体系完善和拥有可预测性的公示体系的国家，私有经济的信贷规模平均占 GDP 的 60%；相反，在那些担保法律制度相对落后，对债权人缺乏充分保护的国家，其比例只有 30%~32%。此外，与没有提供担保物的借款方相比，利用担保物借贷的借款方可以获得相当于前者 9 倍的信贷额度，借款方也可以享有更长的借款期限（11 倍）和更低的贷款利率（50%）。②

传统物权法认为，所谓"担保物权"，就是以"物"担保债权，以达到"债权保全"目的的制度。③ 换言之，担保物权的功能就是担保债权的实现。它体现在对债权人的精神利益和物质利益上。一方面，债权人因有担保物的存在而相信债权一定可以实现从而安心期待债务的履行，而不至于产生忧虑的心理状态；另一方面，救济债权损失，在债务人不履行债务时，债权人可以就担保物享有优先受偿权。然而，随着经济的发展和社会需求的增长，现代担保物权的制度功能已经发生了很大的变化，从单纯的债权保全型逐渐转向资金融通型。

在经济全球化背景下，担保物权的资金融通功能得到强化，更多的财产特别是动产在全球范围内流动，动产的跨国交易越发频繁。而随着财富结构的改变及房地产泡沫的冲击，国内金融担保交易不再仅仅倚重不动产，而有青睐动产之倾向，更多的动产被个人或者企业广泛地运用于信贷融资中，动产担保交易的重要性日益凸显，这对于处于融资困境的中小企业而言更是如此。总之，动产担保交易为现代金融创设了一种信用手段，在现代金融中处于重要地位。现代动产担保交易法的一个明显趋势是，占有型担保物权逐渐

---

① CASTELLANO G G. Reforming non-possessory secured transactions laws：a new strategy？ [J]. The modern law review,2015, 78（4）：611-640.

② DE LA C AMPA A A. Increasing access to credit through reforming secured transactions in the MENA region 37 [R]. The World Bank, Policy Research Working Paper No. 5613, 2011. Quoted from STACY S P. Follow the leader?：the utility of UNCITRAL's legislative guide on secured transactions for developing countries（and its call for harmonization）[J]. Texas international law journal, 2014, 49（1）：35.

③ 近江幸治. 担保物权法 [M]. 祝娅, 王卫军, 房兆融, 译. 北京：法律出版社, 2000：1.

衰落。占有型动产担保物权（如动产质押）虽然在现代商业融资实践中仍有适用余地，但其重要地位下降，其适应范围主要集中在个人消费融资领域，如珠宝、字画或者其他有价值的动产担保物。而非占有型动产担保权①已经成为现代动产担保交易的主要形态。其经济合理性在于：一方面，它允许债权人获得担保物上的担保利益，以担保债务的履行，并在债务人违约时对抗无担保债权人。这样的机制使得债务人能以较低成本获得信贷。另一方面，中小企业可以通过有形或无形的财产担保债务，不要求转移担保物，能继续以该财产盈利。如何规范以非占有型担保权为中心的动产担保交易法，构建"有效且有效率"的制度，是现代各国的立法追求。而在该领域，现行美国《统一商法典》第9编因其灵活性和效率性成为世界范围动产担保交易制度改革的范本。近年来，为了加强国际经济的深度融合，降低国际交易成本，促进经济的增长，不少国际组织试图以第9编为蓝本建立全球统一的动产担保交易制度。

如今，动产担保交易制度的完善程度已成为衡量一个国家营商环境的重要指标。"营商环境"一词，最初起源于世界银行于2003年首次发布的《营商环境报告》。在世界银行看来，监管的核心在于为营商提供自由和便利。然而，在很多国家或地区，政府的过度干预限制了商事主体自由开展商业活动的能力。为考察推动和限制行业活动的监管法规，以及为鼓励效率和支持经商自由的监管规范提供参考，世界银行《营商环境报告》提出有关商业法规和财产权保护的量化指标，以衡量和评估各国中小企业运营的客观环境。

世界银行创建的指标评价体系涉及影响企业生命周期12个领域的监管法规，分别是开办企业、办理施工许可证、获得电力、登记财产、获得信贷、保护少数投资者、纳税、跨境贸易、执行合同、办理破产、雇用工人以及与政府签订合同。②前述指标被用来分析经济表现和鉴别商业法规改革的有效性。《营商环境报告》对全球100多个经济体在前述领域内的商业活动监管规范展开调查，对各经济体的指标项（一级指标下的多个二级指标）进行逐项评分，并得出综合排名。

---

① 占有型动产担保权要求担保权人或者以担保权人名义的第三人占有担保财产；而非占有型动产担保权包括无须占有担保财产的担保权，以及无形财产上的担保权。

② 前10个为长期指标。"雇用工人"和"与政府签订合同"指标项并不包含在每一年度的排名中。例如，《2020年营商环境报告》和《2019年营商环境报告》就没有将这两项数据纳入营商便利度排名。World Bank Group. Doing business 2020［EB/OL］.（2019-10-24）［2023-02-22］. www.worldbank.org.

在世界银行设计的 12 个指标中，"获得信贷"是用来考察企业在各经济体营商环境下获得信贷的便利度。① 该指标项下设 4 个二级指标，分别为合法权利保护力度指数（strength of legal right index）、信用信息深度指数（depth of credit information index）、信用登记机构覆盖率（credit registry coverage）和征信所覆盖率（credit bureau coverage）。根据世界银行历年发布的营商环境报告，2020 年我国企业营商环境指标在全球 191 个经济体中排名第 31 位，较 2019 年上升 15 位，较 2013 年上升 60 位。可见，我国企业营商环境大幅优化，全球排名显著提升。然而，与总排名趋势不同的是，我国营商环境指标体系中的"获得信贷"指数呈现下降趋势，特别是从 2017 年到 2020 年，由全球第 62 位下降至第 80 位（如图 1-1 所示），值得关注。

图 1-1 2013—2020 年我国营商环境总排名与"获得信贷"指标排名
资料来源：世界银行官网。

从横向比较来看，相对于我国营商环境其他指标的全球排名，"获得信贷"指标的排名也较为靠后。以 2020 年为例，在开办企业、办理施工许可证、获得电力、登记财产、获得信贷、保护少数投资者、纳税、跨境贸易、执行合同、办理破产等 10 个指标中，"获得信贷"排名第 80 位，仅优于纳税

---

① Pre-concept note, business enabling environment（BEE）[R/OL]. (2022-02-04) [2023-02-22]. https：//www. worldbank. org/content/dam/doingBusiness/pdf/BEE - Pre - Concept - Note - - Feb - 8 - 2022. pdf.

指标的排名（第 105 位）（如图 1-2 所示）。

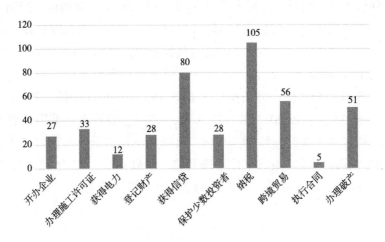

图 1-2　2020 年我国营商环境各一级指标排名情况

资料来源：《2020 年世界银行营商环境报告》。

"获得信贷"指标重点关注动产担保交易法和信用信息系统。世界银行强调，融资渠道仍然是全球近四分之一的公司面临的主要制约因素，对企业运营至关重要，与企业创新正相关，这一点在疫情期间尤为突出。企业获得融资的可能性取决于多种因素，例如宏观经济条件、金融市场和基础设施的发展水平，以及法律规范和信息服务的可用性等。当法律只允许以不动产设立担保时，获得融资可能会受到限制。拥有现代担保交易系统的国家，动产通常用作担保物。在"获得信贷"下设的 4 个子指标中，"合法权利保护力度指数"是用来衡量动产担保交易法和破产法在何种程度上保护借贷双方的利益，考察的内容包含是否存在统一的动产担保体系，现行法下非占有担保利益如何设立、公示和实现，担保登记机构如何运行等，关涉动产担保交易制度的整体构建。北京和上海是世界银行评估我国营商环境的两大标杆城市。据2020 年《营商环境报告》，在"合法权利保护力度指数"的评分上，两城市分别仅得 4 分（满分 12 分），尚有较大提升空间。具体来说，"合法权利保护力度指数"分别涉及 10 个动产担保法和 2 个破产法领域的法律问题。若作出肯定回答，每题可获得 1 分，得分越高，表明制度设计越有利于获得信贷。我国 2020 年"合法权利保护力度指数"仅获 4 分，所涉问题和得分情况见表 1-1。

表 1-1　2020 年我国"获得信贷"指标下"合法权利保护力度指数"得分

序号	合法权利保护力度指数	回答	得分
1	是否具有动产担保交易的统一法律框架，并且该法律框架可适用于功能性担保利益的设立、公示和实现？	否	0
2	法律是否允许企业以单一类别动产（如应收账款、存货等）设立非占有担保，且不要求对担保物作具体描述？	否	0
3	法律是否允许企业以其所有动产设立非占有担保，且不要求对担保物作具体描述？	是	1
4	担保利益是否可以设立在将来或嗣后取得的财产上，并且该担保利益可自动延伸至产品，以及原始担保物的收益和替代物？	否	0
5	担保协议中是否允许对债务和义务作概括性的描述？是否所有类型的债务和义务都可被担保？担保协议能否设定可担保的最高限额？	是	1
6	是否存在一个可供法人和非法人使用的区分财产类型的统一动产担保登记机构，且存在一个按债务人名称为索引的电子数据库？	否	0
7	是否存在一个可适用于功能性担保利益登记的通知登记制的登记机构？	否	0
8	是否存在一个第三人可以在线上进行登记、变更、撤销和查询的现代化担保登记机构？	否	0
9	在破产程序外，当债务人违约时，是否允许担保权人优先受偿（如优先于税收和工资）？	是	1
10	当企业清算时，担保权人是否可以优先受偿（如优先于税收和工资）？	是	1
11	当债务人进入重组程序时，担保权是否会自动暂停行使？法律是否通过明确规定暂停行使的解除条件和期间来保护担保权人的权利？	否	0
12	法律是否允许当事人在设定担保权益时就庭外执行达成一致？法律是否允许担保权人公开拍卖或私下出售担保财产，以及允许担保权人保留担保财产直至债务清偿？	否	0

值得关注的是，2021 年 9 月，世界银行宣布暂停发布《营商环境报告》。在"营商环境"项目中止后，世界银行探索制定一种新方法来评估全球经济

体的商业和投资环境。2022 年 2 月 4 日，世界银行发布了宜商环境（Business Enabling Environment，BEE）评估体系的概念文件，表示自 2023 年 1 月起宜商环境项目将正式开启，并将于 2023 年最后三个月内发布《世界银行宜商环境报告》第一版。①其中，重要数据和报告的设计、试点和实施将考虑专家、政府、私营企业和民间社会潜在使用者的观点。② 这表明，全球商业环境评估进入新阶段。相较于营商环境评估体系，BEE 宜商环境评估体系既有承继，也有创新。

具体来说，BEE 宜商环境项目仍关注企业的整个生命周期，且仍设置 10 个长期指标。但同时，BEE 项目在一级指标和二级指标的设计上进行了提升和改进。一方面，除了保留"纳税"和"办理破产"两个一级指标外，BEE 评估体系新引入 8 项指标（市场准入、获取经营场所、公用事业连接、劳工、获得金融服务、国际贸易、争端解决、促进市场竞争）。另一方面，二级指标也有了较大变化。在 BEE 评估体系中，"获得信贷"指标被"获得金融服务"所取代。"获得金融服务"指标项下设三个二级指标：担保交易、电子支付和绿色金融规范的质量；信贷报告框架的质量；金融服务的便利性。"担保交易"指数重点关注是否存在动产担保交易适用的统一法律框架（例如，允许债务人在动产上设立非占有型担保权益的规则），以及关于动产担保权的实施规则。这一指数也考察各类债权人和债务人设立动产担保方面的权利和义务。"担保交易"指数的评估涉及两个组成部分：第一，衡量是否按照《联合国国际贸易法委员会担保交易立法指南》或其他国际公认的标准，采取一元化的功能式的动产担保交易法。BEE 项目将考量各种类型的动产担保权，以及是否允许以现在和未来财产设立担保，同时还将分析法人实体和非法人实体在设立或获取动产担保时的相关规则（例如，从债务人和债权人的角度），也会确认可担保的义务或债务。第二，侧重于动产担保权益的强制执行。这关涉在债权人违约的情形下，在破产程序之外多个债权对同一财产主张债权时，何者优先受偿。此外，新项目也将分析同意通过自力救济实现担保权益，以

---

① The World Bank. Pre-concept note, business enabling environment（BEE）[R/OL]. （2022-02-04）[2023-02-02]. https：//www. worldbank. org/content/dam/doingBusiness/pdf/BEE-Pre-Concept-Note-Feb-8-2022. pdf.

② The World Bank. Business enabling environment（BEE）public consultation [R/OL]. （2022-02-04）[2023-02-02]. https：//www. worldbank. org/content/dam/doingBusiness/pdf/BEE% 20Pre-concept% 20note_Public% 20Consultation_Consolidated% 20Comments_FOR% 20PUBLICATION_10. 07. 2022% 20（addendum%20updated）. pdf.

及通过公开和（或）私下出售担保物，或同意担保权人直接以担保物抵偿债务的可能性。①可见，虽然全球商业环境评估体系已由"营商环境"评价转向"宜商环境"评价，但是，动产担保交易法律规范的评价仍然是关键的一环。

动产担保交易公示制度是动产担保交易制度的重要组成部分。可以说，动产担保交易制度设计的最大挑战在于公示。根据既有研究文献，研究物权公示的切入点不少，沿着德国物权法发展的历史轨迹，可以清楚地了解物权公示的产生、公示的方法，以及公示的合理性，但本书欲从实用主义出发，具体探讨动产担保交易公示制度的功能变迁。所谓功能，简单来说，是指有利的作用或效能。庞德认为，法律的功能可以解释为法律制度和法律学说的实际社会效果。②法律功能是基于法律与社会发生关系的状态，说明了法律对社会的一种适应性。而制度是法的功能实现的工具。动产担保交易公示制度在随着社会需求变化时，其功能也在发生着变化。当法的功能发生变化时，必然需要一个完善的、与时俱进的内在制度体系予以支撑。动产担保交易公示功能的变化，引发了对制度构造层面的需求。

研究动产担保交易公示制度的功能，其意义在于：了解该制度功能的转变，便于正确把握其发展方向，建立并完善符合我国经济实践所需要的现代动产担保交易公示体系。物权公示概念最早源于德国法，其正当性固然经历了时间的检验，但是随着社会财富结构的变化、功能主义在世界范围内的深入影响、动产担保交易制度的价值取向由安全价值向效率价值转变，动产担保交易公示制度的功能正发生着变化，这也昭示着不动产担保公示规则和动产担保公示规则呈现分离的迹象。从法律移植的角度来说，《中华人民共和国民法典》（以下简称《民法典》）物权法编针对动产担保交易公示一方面仍沿袭传统规则，另一方面又继受了美国法的功能主义，如何实现逻辑自洽需经受考验。本书不仅是基于理论层面的分析，更是将视角部分转向社会需求的角度，以期使本书的论证更为有力，毕竟法律制度的效力是与社会现实和人们生活状况最为相关和贴近的。

"企业的生死在于信用"，在信用经济下，交易者通过设立债权债务关系实现货物和资金的流通。可以发现，动产担保物权发展的历程，也是对传统

---

① The World Bank. Pre-concept note, business enabling environment（BEE）[R/OL].（2022-02-04）[2023-02-02]. https：//www.worldbank.org/content/dam/doingBusiness/pdf/BEE-Pre-Concept-Note-Feb-8-2022.pdf.

② 付子堂. 法律功能论 [M]. 北京：中国政法大学出版社，1999：125.

担保法构造的超越。动产抵押是对"动产质押，不动产抵押"的突破，权利质权是对转移占有的突破，权利移转型担保是对定限物权的突破，浮动抵押是对标的物的突破。这背后的根本原因是经济的驱动。从占有担保到非占有担保、从定限型担保到权利移转型担保等，动产担保制度的变迁无一不是对外部经济需求的回应。在我国的市场经济形态下，中小微企业面临"担保难、融资难"的资金困境，如何缓解传统担保法的制度瓶颈是我国急需解决的难题，而动产担保交易公示制度效力的转变也正是在此背景下促发的。现代动产担保交易公示制度目的和价值的嬗变，需要一个开放灵活、与时俱进的制度体系，以不断适应外部纷繁复杂的社会变化。

1.2.2　理论意义

公示制度，从表面上看似乎是纯技术性的法律问题，但实质上其受制于立法的价值和政策导向，公示制度是否完善关系着立法的功能和价值能否得到有效发挥和落实。总体而言，以动产担保交易公示制度的功能为研究对象，在理论上有以下几层意义：

第一，本书着重分析了以美国法为中心的现代动产担保交易公示制度，该制度围绕功能主义方法（或实质重于形式）的哲学而展开，欲将该制度融入我国现有动产担保法体系之内，必然涉及如何协调功能主义和形式主义的问题。功能主义的整体纳入意味着将突破传统大陆法系下强调形式主义和逻辑推演的动产担保体系，颠覆本国已根深蒂固的物权予以类型化的法律传统，因此，本国动产担保物权制度的完全重塑显然阻碍重重。本书的论证尝试为动产担保交易制度在大陆法系国家的移植提供一种解释路径。该路径选择以承认现代动产担保交易公示制度的功能由体系性向独立性转变为前提，秉持新的公示理念和程式，削弱登记机关作为守门人的理念，公示成为促进当事人沟通、通知和警醒第三人、减少信息不对称的工具。

第二，动产担保交易公示制度功能的变化对物权法的一些基础性问题构成挑战。依据传统物权法原理，公示公信原则是物权法的基本原则之一。而动产担保法引入登记作为表征方式，破坏了传统物权法表征的单一性要求，引发了难以调和的矛盾。在现代动产担保交易的登记中心主义模式下，若同一动产上同时存在登记和占有公示的两种担保权，除了查询登记簿，还需审查占有权源，因此潜在的交易人必须进行双重调查。也就是说，第三人若仅依据登记簿的记载或占有的状态进行动产担保交易，将可能招致自身权利受损。由此，占有或登记是否具有权利正确性推定效力，以及能否适用善意取得制度受到质疑。

第三，传统物权法理论在研究动产担保物权时，通常与不动产担保物权作一体讨论，并多以公示生效主义的思维模式作为出发点，没有考虑到动产担保物权的特殊性。在价值取向上，动产担保法不同于不动产担保物权法，后者以安全价值为首要目标，核心目的在于防止欺诈，以维护第三人交易安全。而世界范围内的改革经验表明，动产担保法领域呈现出效率价值逐渐超越秩序价值的倾向。在效率价值的指引下，应在制度构建上尽量简化动产担保物权的公示规则。有鉴于此，本书的分析将为不动产担保法和动产担保法的区分规范提供论据。

1.3　文献综述

在动产担保交易领域，美国《统一商法典》第9编被认为是世界范围内最成功的立法范式，它对现代社会各国调整和改革国内相关立法有重要的启示作用。本书在剖释现代动产担保交易公示制度的功能时，是以美国法为代表，以介绍美国法的相关学术著作和论文为重点。同时，在分析第9编立法理念和具体规则的继受时，则以法国、日本等近年来动产担保法领域的改革为中心，但囿于外语水平，该部分资料除了已被翻译为中文的文献，其他资料均来源于英文文献。述及传统物权法关于动产担保物权的公示方面，主要参考的是大陆法系国家的物权法基础理论。

1.3.1　文献回顾

1.3.1.1　国内的研究现状

目前，国内学者研究动产担保交易制度的专著和文章不少，本书在广泛研读相关文献的基础上，认为以下著作对该领域的研究最为全面，因此特综述如下（包括但不限于）：①董学立的《美国动产担保交易制度研究》专门围绕美国《统一商法典》第9编展开，阐述了第9编的调整范围、动产担保权的创设、附系、完善、优先次序以及实现。②宰丝雨《美国动产担保交易制度与判例》一书的特色在于除了概述第9编的制度内容，还着重分析了如何权衡担保权人和普通债权人之间的利益冲突，以及消费者和商业、金融之间的利益冲突，对如何构建优先权规则提供了有益启示。③高圣平的《动产担保交易制度比较研究》考察了大陆法系动产担保交易制度的发展和演进，同时全面介绍了美国《统一商法典》第9编诞生的背景及基本内容，并详细分析了第9编对我国台湾地区、加拿大魁北克省、欧洲复兴与发展银行动产担保交易制度的影响。此外，该书还对美国式的功能主义方法，以及大陆法系的物权法定主义做了深入的检讨和分析。④张晓娟的《动产担保法律制度现代化研究》指出动产担保权制度现代化的前提在于市场经济的发展，动产担保现代化的动力在于社会财富结构的变化，并探讨了动产担保法律制度在功能化方法与类型化上的取舍。⑤陈发源的《动产担保制度精要》以我国动产担保制度为中心，具体论述了动产抵押制度、质押制度、留置制度在我国的现状和问题。

1.3.1.2 国外的研究现状

国外对于动产担保交易制度研究的学术著作较国内丰富，本书从比较法的角度出发，选取以下有代表性的著作和论文以作回顾：①詹姆斯·布鲁克（James Brook）所著 Secured Transactions 一书以案例的形式全面介绍了美国动产担保交易中的主要制度、担保物类型、公示方式、优先权顺位，以及担保交易的实现等。②蒂博尔·陶伊蒂（Tibor Tajti）所著 Comparative Secured Transaction Law 一书以美国动产担保交易法为参照物，对比了加拿大、英国、德国、匈牙利等国家动产担保法方面的规定，分析了这些国家在该领域存在的问题。③乌尔里希·德罗布尼格、奥利·伯格尔（Ulrich Drobnig and Ole Böger）共同撰写的 Propriety Security Rights in Movable Assets，阐述了欧洲示范民法典草案中的"动产担保物权规则"，包括原则、主要特点、法条等。④朱利亚诺·G. 卡斯特利亚诺（Giuliano G. Castellano）在"Reforming Non - Possessory Secured Transactions Laws：A New Strategy?"一文中提出了一个非占有担保交易法改革的新路径，认为公示规则可以作为一个在国际层面上统一动产担保法的工具。⑤迈克尔·布里奇（Michael Bridge）等所著文章"Formalism, Functionalism, and Understanding the Law of Secured Transactions"分析了第9编下功能主义方法的利弊，以及魁北克民法典在融合形式主义和功能主义上的成功之处。⑥日本学者小冢治一、藤泽直惠（Souichirou Kozuka and Naoe Fujisawa）在"Old Ideas Die Hard?：An Analysis of the 2004 Reformation of Secured Transactions Law in Japan and Its Impact on Banking Practices"一文中详细介绍了在美国影响下，日本如何改革让与担保的公示规则，并就美日两国在公示规则上的不同探讨了原因。⑦法国学者玛丽-埃洛迪·安塞尔（Marie-Elodie Ancel）在"Recent

Reform in France：The Renaissance of a Civilian Collateral Regime？" 一文中具体分析了法国 2006 年担保法改革的背景、对传统物权法的突破，以及改革的不完善之处。⑧英国学者安德鲁·史蒂文（Andrew Steven）在 "Secured Transactions Reform" 一文中着重介绍和评析了英国目前在动产担保交易制度领域所进行的改革项目和对美国相关制度的借鉴程度。

1.3.2 文献评述

本书的文献评述是基于对上述专著以及其他大量相关论文的研读和分析。

第一，国内学者已对传统物权公示制度的功能达成共识，认为保护动态安全即第三人的交易安全，是物权公示制度最重要的功能（当然，并非唯一功能），这体现在公示的效力上即为公信力。公信力包括权利推定效力和善意取得效力。① 对于两种效力的关系，大多数学者认为前者是后者的基础，第三人信赖物权公示，须以公示的物权被推定为正确的物权为前提。② 整体而言，国内学者对这一问题争议不大。关于物权公示和公信力，特别是公示对抗主义下公示和公信力的关系，有学者认为动产抵押登记一般不具有公信力③；也有学者认为，即使是在公示对抗主义下，登记仍应具有公信力，是否赋予物权公示以公信力系法律政策的选择，与物权变动没有必然的联系④。

第二，就现代（以美国模式为中心）动产担保交易的公示是否具有公信力，持否定观点的学者认为，在动产担保交易中，单纯的占有和登记没有公信力，交易第三人在查询时通常需要进行双重查询。⑤ 该观点也得到其他国外学者的认可，认为公示是促进当事人沟通的工具。公示只提供最少的必要信息，查询人必须从当事人处进一步调查和探究，动产担保交易登记系统类似于储存信息的数据库。⑥ 国内也有学者明确提出动产抵押仅具有警示功能，没

---

① 江帆，孙鹏 . 交易安全与中国民商法 ［M］. 北京：中国政法大学出版社，1997.

② 尹田 . 物权法理论平ың与思考 ［M］. 北京：中国人民大学出版社，2008.

③ 王泽鉴 . 民法学说与判例研究 ［M］. 北京：中国政法大学出版社，1998；王闯 . 规则冲突与制度创新（中）：以物权法与担保法及其解释的比较为中心而展开 ［N］. 人民法院报，2007-06-27（006）.

④ 孙鹏 . 物权公示论：以物权变动为中心 ［M］. 北京：法律出版社，2004.

⑤ BROOK J. Secured transactions ［M］. Frederick, MD：Aspen Publiers, 2011.

⑥ TIBOR T. Comparative secured transactions law ［M］. Budapest：Akadémiai Kiadó, 2010；CASTELLANO G G. Reforming non-possessory secured transactions laws：a new strategy？［J］. The modern law review, 2015, 78：611-640.

有设权效力、公信力以及推定效力，不适用善意取得制度①；动产抵押登记并无公信力，其作用仅在于提请第三人注意特定标的物上可能存在抵押权负担和确立同一标的物上竞存权利之间的优先顺位②。国外对于美国动产担保交易公示制度功能的研究起步较早，理论和实务较成熟；国内对这一问题虽已有所论及，但对其论证和阐述缺乏更为深入的系统性分析和深层次的原因分析。

1.4 研究方法

1.4.1 比较研究方法

本书研究方法之重点在于比较方法。通过对美国法、法国法、日本法、欧洲示范民法典草案等关于动产担保交易公示规则的求异比较，窥探现代动产担保公示规则的发展趋势，为公示规则的设立、解释和适用提供比较法上的参考。

现代担保法快速发展，特别是在国际层面上，这主要得益于现代商业中担保理念的日益重要。商业的需求促使交易商寻求不同的融资渠道，扩展担保交易的类型和范围，这是大陆法系和英美法系共同存在的现象。法律不能无视商业的需求，而应该与实践产生互动。美国法和德国法作为我国动产担保交易制度的主要继受渊源，对母国法的分析甚为重要。如何吸收和借鉴英美法系中的先进部分，与深受德国法熏陶的物权法框架相融合，在体系上实现自洽，殊值探讨。

当前，欧洲民法典正在制定的过程中，动产担保交易法即为其中的一编。传统的支持论认为，欧洲民法典制定的必要性在于市场统一与法的安定性。不可否认的是，大陆法系和英美法系被认为是两个内在精神和法律传统截然不同的法律体系，但二者之间的法律文化差异并非不可逾越。随着时代的发展，两大法系不断融合的趋势逐渐加强。在欧洲大陆，不再只是绝对的成文法，法官也起着越发重要的作用，更加注重对实际问题的归纳性处理。而普通法国家也开始重视对大量复杂和繁多的司法案例加以整理和分析，并通过

---

① 王洪亮. 论登记公信力的相对化 [J]. 比较法研究，2009（5）：31–44.
② 高圣平. 动产抵押登记的审查责任：基于裁判分歧的分析和展开 [J]. 法学评论，2018（1）：167–180.

立法的形式将法律规则系统化和简单化。① 在这种背景下，欧洲民法典的制定并非会消灭欧洲多元的法律文化，相反，欧洲民法典若能成功制定和有效施行，则将意味着两大法系具有充分的共生性和可行性。② 此外，从实践的角度考察，鲁道夫·施莱辛格（Rudolf B. Schlesinger）通过研究发现，虽然两大法系中司法裁判引用的法律依据不一，但在处理结果上却有一定的统一性。③ 由此看来，我国在动产担保交易公示制度方面对英美法系的借鉴和吸收具有理论和实践上的可行性。

1.4.2 历史研究方法

本书研究目的是论证动产担保交易公示制度在功能上的变化，因此有必要对动产担保交易公示制度的源流和发展进行考察。历史的研究方法是本书论证不可缺少的基础，它以发展和变动的视角为分析的立足点，虽然可能不尽全面和彻底，但可从相关制度的发展脉络中得到一定启发。从罗马法、日耳曼法以及近代大陆法系和英美法系动产担保公示制度（主要是占有公示和登记公示）的发展历程中，充分了解公示制度功能的演变趋势，并从本质上探求其功能变革的原因，把握现代动产担保交易公示制度的发展方向，以期为我国相关制度的构造和解释及适用提供理论基础和立法对策。

1.4.3 实证研究方法

本书在分析我国金融担保创新背景下催生的新型担保类型时采取了案例实证研究的方法。针对存货动态质押、账户质押、碳排放权质押、融资租赁等担保形式的公示方式及效力问题，选取适格的案例，进行定量和定性分析。

例如，在论述普遍适用于供应链金融实践中的存货动态质押时，本书以我国 2012—2020 年涉存货动态质押的 553 份民事裁判文书为分析对象，从案件的数量变化、地域分布、运作模式以及制度优势等多维度梳理该类担保的司法适用现状，并从审判实践考察非转移出库模式下存货动态质押的特殊公示方式，以及该公示方式对存货动态质押实务所导致的司法困境。基于前述

---

① 张斐. 欧洲法律一体化研究：以制定《欧洲民法典》为中心 [D]. 上海：华东政法大学，2003：29-31.

② 王利明. 经济全球化对物权法的影响 [J]. 社会科学，2006（2）：131-137.

③ 张斐. 欧洲法律一体化研究：以制定《欧洲民法典》为中心 [D]. 上海：华东政法大学，2003：29-31.

实证研究，本书认为缓解司法困境的审判路径在于，以《民法典》及其司法解释的思路为指引，正确认识存货动态质押中的"交付"，进一步肯认"共同占有"作为交付新类型的效力，并明确监管人在动态质押这种特殊法律构造下作为委托人和保管人的双重身份。

又如，在介绍我国账户质押的公示和效力时，本书以从中国裁判文书网搜索的 385 个适格案例为样本，整理和分析涉及保证金账户质押、出口退税专用账户质押、工资账户质押、证券经纪账户质押、封闭贷款等多种账户质押纠纷，并基于此将我国账户质押进行了类型化分析，分为银行存款账户质押与证券经纪账户质押、特殊存款账户质押和普通存款账户质押、作为收益的账户质押和原始账户质押。同时，通过对司法实务中账户质押裁判分歧的展开，探讨我国账户质押交易对物权客体特定原则、物权公示原则的挑战。针对司法实践中的不同判决，本书提出鉴于物权公示中"占有"认定标准的不断虚化，是否构成"转移占有"取决于质权人对账户支配和管领的实质。在公示方式层面，基于立法政策和交易习惯的考量，我国账户质押的公示方式应回归占有理论，对于账户共管模式，可适用统一共同占有予以解释。

1.5 本书结构安排

本书将以动产担保交易公示制度的功能变迁为中心，研究我国动产担保交易制度的功能定位和制度设计。除去绪论和结语，本书的核心共包括四个部分，这四个部分的逻辑关系如下：第一部分，以问题意识为导向，阐述我国动产担保交易制度在公示方式、公示模式和公示内容上出现的深刻变革，以及由此引发的物权法上的一系列问题，而这些问题的答案在于我国动产担保交易公示制度应发挥何种功能。第二部分，从传统动产担保交易公示制度的功能出发，以德国法、日本法等典型大陆法系国家为中心，整理和评析了传统动产担保交易中动产质权、权利质权、动产抵押权及非典型动产担保权的公示制度，并论证了在传统物权法下占有和登记公示均具有公信力，公示制度最主要的功能在于通过其公信力保护交易安全。即基于物权公示的基础理论，论证传统物权法下物权公示制度的价值。第三部分，以美国法为基点展开，阐明现代动产担保交易公示制度的功能。通过相关制度的考察，得出现代动产担保交易公示制度的功能仅在于警示第三人，该功能的形成具有多方面的原因，现代社会财富结构的变化和动产担保交易制度的效率价值导向属于客观原因，而功能主义方法的运用则是主观因素。第四部分，由于我国动产担保权公示规则上的混合继受，需在体系和具体制度构建上寻求逻辑自洽，因此本部分立足于我国现行动产担保交易公示制度的特点及社会现实状况，论证我国动产担保交易公示制度应符合现代社会趋势，转变功能定位。而在具体制度的构建上，应迥异于不动产担保权之公示，以适应时代之需；构建的具体措施和建议也正是解决本书开头提出的问题的对策之所在。

2
变革中的我国动产担保交易公示制度及问题分析

2021 年 1 月 1 日正式实施的《民法典》对动产担保物权的公示模式、公示效力、公示内容等规则进行了重要的制度创新。登记取代占有成为动产担保物权的主要公示方式，建立统一的动产抵押和权利质押登记制度已成大势所趋，登记模式由传统的"交易登记"制转向"声明登记"制，登记事项大大简化。同时，《民法典》引入功能主义，赋予经济功能上相同的动产担保权与传统动产担保权同等的法律地位，并可以适用相同的登记对抗和优先顺位等规则，实现了功能主义和形式主义的融合。但同时，这也造成了一系列的法律困境。

2.1　动产担保交易公示方式的革新

随着数字经济时代的到来，担保物权的标的不断扩展，从不动产到动产、有形资产到无形资产、现有资产到将来取得资产、单一物到集合物、固定资产到流动资产，大数据、虚拟财产等新型无形财产跃升为融资工具，数字化赋能传统行业，推动金融担保深入发展。正是在此背景下，动产担保交易的公示方式发生了重大变化。

从历史源流上说，我国动产担保物权在制度渊源上呈现多元化。在物权法框架上，主要遵循德国法传统，然而在具体制度的构建上，如动产抵押、浮动抵押及购置款抵押权（PMSI）等制度，我国则吸收和借鉴了美国《统一商法典》第 9 编。可以说，我国形成了独具特色的动产担保法体系。随着动产担保在融资活动中的作用与日俱增，我国动产担保交易公示制度已发生深刻变革。在《民法典》颁布之前，有学者指出，原《物权法》较之原《担保法》的规定，从外在体系来看，与法国、德国、日本民法典的规定并无太大区别。抵押权和质权仍是动产担保交易制度的两种主要形态。但从实质内容来看，原《物权法》的规定已大异其趣。[①] 而《民法典》则对原《物权法》中的动产担保交易的制度规范又作出了进一步的变革，在体系上保留了传统大陆法系的结构安排，物权编以物权法定为基本结构性原则，同时又突破了形式主义，不再限定担保合同的具体范围，而是以担保功能为导向，扩大了担保合同的形态，从而使功能性担保有了法律上的名分。[②]

---

① 徐同远. 担保物权论：体系构成与范畴变迁 [D].北京：中国政法大学，2011：187.
② 王利明. 担保制度的现代化：对《民法典》第 388 条第 1 款的评析 [J].法学家，2021（1）：30−39.

2.1.1　公示方式的登记主义

《民法典》对我国动产担保交易制度进行了一系列的重大改革，表现之一在于，登记成为动产担保交易的主要公示方式，这改变了传统物权法中的占有中心主义。具体而言，动产担保交易公示方式的登记中心主义主要表现在以下三个方面。

第一，动产抵押财产范围的泛化。

我国 1986 年颁布的《民法通则》由于受到苏联的影响，未区分抵押权和质押权。抵押包括转移占有的抵押和不转移占有的抵押。但是因为没有考虑到两者的区别，在实践中造成了很多问题，如抵押物是否应移转占有等很难确定。① 直到 1995 年《担保法》的实施才明确二者的界限，赋予质押的独立地位。二者以是否占有标的物标准划分，动产质押的设立要求动产移交债权人占有，而抵押则需办理抵押物登记。②

大陆法系担保物权结构基于不动产和动产的不同特质，形成了动产质押、不动产抵押的二元模式，事实上否认了动产抵押在民法典中的存在空间。而我国关于动产抵押的规定有别于其他大陆法系国家。在 1995 年《担保法》的基础上，2007 年《物权法》第 180 条以正面列举和反面排除的兜底条款相结合的方式，将可抵押财产范围扩展至"法律、行政法规未禁止抵押的其他财产"，赋予了当事人选择抵押财产的广阔空间。由此，我国可抵押的动产标的物范围趋于广泛，凡法律不禁止的动产皆可抵押。《民法典》第 395 条保留了原《物权法》的规定，延续了扩张抵押权的做法。此外，《民法典》第 396 条还规定了"浮动抵押"制度，使得企业、个体工商户、农业生产经营者可以将现有的以及将有的生产设备、原材料、半成品、产品抵押融资。根据抵押权登记公示的原则，在我国庞大的抵押权下，原则上所有的动产均可成为抵押权的标的。

第二，权利质权登记范围的扩展。

在立法格局上，2007 年《物权法》承袭 1995 年《担保法》的基本框架，除有特殊规定外，权利质权准用动产质权的相关规则，但在登记公示的范围上有其特殊之处。2007 年《物权法》第十七章第二节规定，在没有权利凭证

---

① 高言.担保法理解适用 [M].北京：人民法院出版社，1996：163.
② 参见 1995 年《担保法》第 33 条、第 63 条。

的有价证券，以及基金份额、股权、注册商标专用权、专利权、著作权等知识产权中的财产权上设立质权的，依其性质均可以登记的方式公示。此外，更值得一提的是，根据2007年《物权法》第228条的规定，当事人以应收账款出质的也以登记为公示方式。"应收账款"来源于英美法，借用了会计法上的概念，实质上属于大陆法系上的一般债权。这一规定改变了德国法上一般债权质押公示准用权利让与的规则，即突破了"交付债权凭证+通知"的传统公示方法。① 中国人民银行征信中心于2007年根据2007年《物权法》的授权建立应收账款质押登记公示系统。此后，2013年在该平台基础上建成动产融资统一登记系统，促成了多种担保物权的统一公示和查询。随着权利证券化和金融电子化的发达，该统一登记系统已经成为越来越多权利质押的登记平台。在《民法典》编纂过程中，中国法学会民法典编纂项目领导小组和中国社会科学院民法典编纂工作组分别提供了《民法典分则各编学者建议稿》，两者均建议规定统一的动产担保制度。《民法典》顺应了建构统一的动产担保登记制度的要求，删除了权利质押具体登记机构的规定，为建立统一的动产抵押和权利质押登记机构预留了空间。②

第三，隐形担保中引入登记对抗制度。

我国《民法典》动产担保交易制度的重大变革之一，即是在隐形担保中引入登记对抗制度，从而使其显形。具体而言，《民法典》合同编针对所有权保留买卖，第641条第2款规定"出卖人对标的物保留的所有权，未经登记，不得对抗善意第三人"；《民法典》合同编针对融资租赁，第745条规定"出租人对租赁物享有的所有权，未经登记，不得对抗善意第三人"；《民法典》合同编针对保理，第768条规定，当多个保理主张权利时，遵循"登记在先权利在先"规则。③

2.1.2 控制

控制，被认为是我国动产担保实践中承认的一种公示方式，但我国《民法典》并没有将其明确规定为动产担保交易的一种公示方法。

2.1.2.1 存货动态质押中的"控制"

近年来，供应链金融在我国呈现快速发展的势头。在供应链金融中，金

---

① 陈本寒. 我国《物权法》上权利质权公示方式之检讨 [J]. 法学，2014（8）：123-132.
② 谢鸿飞. 动产担保物权的规则变革与法律适用 [J]. 国家检察官学院学报，2020（4）：3-19.
③ 龙俊. 民法典中的动产和权利担保体系 [J]. 法学研究，2020（6）：22-42.

融机构从整个产业链角度出发，开展综合授信，把供应链上的相关企业看成一个整体，根据交易中构成的链条关系和行业特点设定融资方案，将资金有效注入供应链上的相关企业，提供灵活运用的金融产品和服务。① 物流领域的供应链金融在当前的理论界和实务界备受关注。存货动态质押是在物流金融创新背景下发展起来的物流融资模式，也是当前我国供应链金融的核心模式之一。在这种融资模式下，企业既可获得融资，又能保障正常经营。因此，存货动态质押是中小企业盘活存货和拓宽融资渠道的有效方式。

目前，相关金融主管部门已意识到存货动态质押这种供应链金融模式的潜在价值，并出台多项政策予以支持。2020 年 6 月 19 日，中国银行保险监督管理委员会办公厅颁布《关于 2020 年推动小微企业金融服务"增量扩面、提质降本"有关工作的通知》，鼓励各银行业金融机构持续跟进产业链上下游小微企业的复工复产需求，加大应收账款、仓单、存货等质押融资产品的研发推广。2020 年 9 月 23 日，中国人民银行、工业和信息化部、司法部等八部门联合印发《关于规范发展供应链金融 支持供应链产业链稳定循环和优化升级的意见》，提出规范发展供应链存货、仓单和订单融资，增强对供应链金融的风险保障支持。作为实践中新出现的担保类型，存货动态质押虽然得到了金融机关及相关各方的认可，但司法判决态度不一。

存货融资，又称为库存融资（inventory financing），是指供应链上核心企业的上下游企业（一般为中小企业）以存货为质物向金融机构申请贷款的融资模式。在我国的实践操作中，基于存货质押的融资业务分为两种：①融资企业将存货质押后，质物不能变动，直到贷款清偿之后质物才允许重新流动，即存货静态质押，早期的物流金融模式即是此种业务模式。② ②金融机构对于融资企业质押的存货价值设定最低限额，允许在限额以上的存货出库，融资企业可以以货易货，即存货动态质押。③ 现行实践中，由于存货动态质押模式允许融资企业以货易货，质押设定对于生产经营活动的影响相对较小，而银行又可将以货易货授权给第三方物流企业进行，其操作成本明显小于存货静态质押，因此应用广泛。

---

① 王国刚，曾刚. 中外供应链金融比较研究［M］. 北京：人民出版社，2015：13.

② 于博. P2P 物流金融借贷平台及其融资模式创新［J］. 中国流通经济，2014（6）：122-128.

③ 2013 年 11 月 1 日，商务部在《动产质押监管服务规范》（SB/T 10978—2013）和《质押监管企业评估指标》（SB/T 10979—2013）中首次提出了动态质押的概念，即在质押期间，质物可以增加、置换、部分解押的业务形态。

在司法裁判文书中，存货"动态质押"又被表述为"滚动质押"、"流动质押"或"浮动质押"。以这四个关键词分别在中国裁判文书网搜索，经筛选后得到裁判文书共 553 件（统计数据截至 2020 年底）。[①] 经过整理和分析发现，我国动态存货质押的司法适用具有非常明显的时间变化特征和地域特征（如图 2-1 所示）。具体来说，包含存货动态质押的裁判文书数量近七年来增长迅速。从 2012 年只有 1 件，2013 年增长至 11 件。这与 2012 年上海钢贸行业爆发的一系列重复质押的骗贷事件有关。2014 年至 2016 年案件数量呈现快速增长的趋势，分别为 57 件、71 件、92 件，2019 年达到 105 件。这表明司法实践中采用存货动态质押融资行为的增多。同时，缺乏制度供给、定性模糊等导致该领域纠纷难以解决，引起诉争。从地域分布上看，存货动态质押案件所涉地域广泛，除了西藏、海南外，我国其他各省、自治区、直辖市都有所涉及。但相对而言，相关纠纷主要集中在我国东部和南部，山东（110 件）、湖南（62 件）、浙江（45 件）、江苏（45 件）、上海（32 件）居于案件数量的前列，共占总样本数的 58%。究其原因，一是我国东部地区和南部地区经济发展水平较高，中小企业众多，融资需求旺盛；二是存货动态质押融资多适用于钢贸信贷和煤炭信贷等领域，而上述地区也多分布着这些资源。

分析案例样本可知，依据作为质物的存货是否存放于融资企业的自有场库内，存货动态质押的操作模式有转移出库模式和非转移出库模式之分。非转移出库模式，是指质物仓储于融资企业自身的场库内，由第三方物流企业以象征性租金（如 1 元）租赁融资企业的场库对质物进行监管。[②] 据统计，在存货动态质押的司法实践中，有 80% 的第三人监管采取非转移出库模式。[③] 该模式的操作流程如图 2-2 所示。

[①] 截至 2020 年年底，以"动态质押"为关键词检索得到民事案件 267 件，其中，一审案件 183 件，二审案件 70 件。以"滚动质押"为关键词检索得到民事案例 178 件，其中，一审 111 件，二审 57 件。以"流动质押"为关键词搜索共得到民事案件 53 件，其中，一审 23 件，二审 24 件。以"浮动质押"为关键词搜索得到民事案件共 89 件，其中，一审 45 件，二审 40 件。此处以一审和二审的案例为样本进行考察，共 553 件。

[②] 例如，赣州银行股份有限公司与三瑞科技（江西）有限公司别除权纠纷一审民事判决书［（2017）赣 0302 民初 258 号］；中信银行股份有限公司东莞分行与东莞市惠迪进出口贸易有限公司、李永辉金融借款合同纠纷一审民事判决书［（2015）东中法民二初字第 14 号］；上海浦东发展银行股份有限公司石家庄分行、中国农业发展银行深圳市支行金融借款合同纠纷二审民事判决书［（2017）冀民终 725 号］。

[③] 陆晓燕. 动产"动态质押+第三人监管"模式下权利冲突的解决路径［J］. 人民司法，2016（1）：47-53.

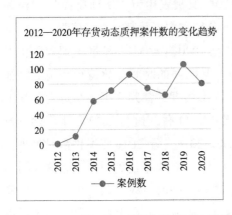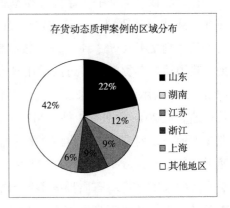

图 2-1　我国存货"动态质押"民事案件的时间及区域分布

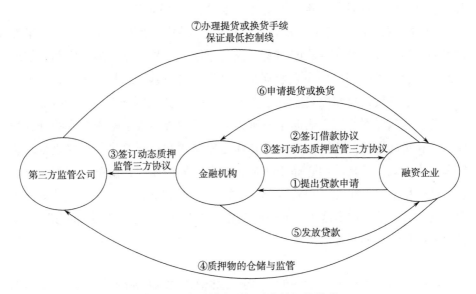

图 2-2　存货动态质押融资的运作模式

　　具体而言，首先，融资企业向金融机构提出存货动态质押授信申请，通过审核后，金融机构与融资企业签订借款协议。同时，融资企业、金融机构、物流企业（第三方监管人）签订动态质押监管三方协议，确定质物的价值或数量的最低控制线。其次，融资企业将质物存放于自有场库内的特定货位，由金融机构委托第三方物流企业进行驻场监管。再次，质押期间，融资企业有权提出置换或提取质物的申请，第三方监管人在协议约定的最低控制线下为融资企业办理相关提货或换货手续。若提货可能导致质物的实际价值低于协议规定的最低要求，融资企业须补充质物或存入相应保证金或归还融资款项。最后，债务到期后，若融资企业未偿还全部款项，金融机构有权处置质物以所得价款优先受偿。

转移出库模式包括质物转移于第三方物流企业场库内的质押监管和质物转移于第四方企业场库内的质押监管两种情形。在第一种情形下，质物存放于监管人仓库，由监管人在自身所有或自营仓库内进行监管。例如，2015 年9 月京东金融联手中国邮政速递物流推出针对电商企业的动态质押贷款产品"云仓京融"采取的就是这种监管模式：电商客户将存货质押给京东金融，由京东金融担任资金出借方，由中国邮政速递担任存货的储存和监管方，为电商企业提供快速融资。① 在第二种情形下，第三方监管人与第四方企业签订保管协议，由第四方企业负责储存和保管质物。除此之外，在其他的具体流程上，动态质押的转移出库模式与非转移出库模式基本一致。

在利用存货进行融资的动产担保实践中，存货质押融资具有创新性。相较而言，存货动态质押融资模式更好地平衡了动产担保物权制度的效率价值（担保物的流通性）与安全价值（担保权的担保力），为存货动产融资担保提供了理想的制度供给。② 它克服了动产静态质押融资模式下质物缺乏流动性的缺陷。静态质押模式中虽已开始引入第三方物流，从根本上改变了传统质押业务中银行与融资企业的两方关系，但物流企业的角色大多以仓储服务为主。在静态质押模式下，融资企业不允许以货易货，必须打款赎回，要求较为苛刻。而动态质押的最大特色则在于，质押期间货物可以正常进出，融资企业有权在正常经营过程中处分质物，只要质物的价值或数量在一个合理的范围内浮动以控制风险即可。

同时，存货动态质押也弥补了动产浮动抵押融资模式下担保力弱的瑕疵。由于动态质押担保形态下质物具有明显的流动性，因此常被与浮动抵押制度比较。浮动抵押制度源于英格兰衡平法上的浮动担保，因其最大限度实现了担保物的利用以及企业融资能力的增强，备受我国原《物权法》的青睐。《民法典》第 396 条（原《物权法》第 181 条）创新性地移植浮动抵押，为推动

① 京东金融联手邮政速递推库存动态质押融资模式 [EB/OL]. (2015-09-09)[2023-02-03]. https：//www.sohu.com/a/31209494_115475.
② 孙鹏，邓达江. 动产动态质押的生成逻辑与立法表达：以民法典物权编动产担保立法为中心[J]. 社会科学研究，2019（5）：91-100.

融资和信贷发展提供了制度供给。采取存货浮动抵押虽也能保证担保物的流动性，但在担保力的保障上还存在制度缺陷：因抵押权财产在抵押权确定之前处于流动状态，故抵押权的实现面临较大风险。为此，有些国家将抵押人限于股份有限公司这种财务状况被严格监管、运营状况稳定的法人主体，以降低抵押风险。① 我国原《物权法》则是将抵押权人的范围扩展至企业、个体工商户、农业生产经营者，一定程度上对担保权的实现带来挑战。加之，我国浮动抵押的标的范围仅限于动产，阻碍了托管人制度的介入，导致抵押权人对抵押物的控制力的弱化。正因为如此，在具体操作中，为了保障债权，质权人有时会就同一批货物设立浮动抵押后，又设立动态质押，引入第三方监管机制，与出质人、第三方监管人共同签订动产监管协议，以克服浮动抵押权人控制力不足的弊端。②

物流监管是物流金融的核心和灵魂。③ 存货动态质押的融资方式正是借助物流服务而衍生的新型担保模式。实践中，通常会引入第三方物流企业作为监管人，由出质人、质权人、物流企业签订质押监管协议。此类监管协议往往约定，由物流企业代替质权人占有质物，按照质权人的指示监管质物。监管期间，物流企业必须保证出质人提货或换货后的质物最低价值不低于某个特定值。在存货动态质押融资的过程中，关键之处在于物流企业的监管义务。当然，该义务也包括对质物的审查和核验义务，二者并非截然划分，只不过监管义务更侧重对质物的监控和管理，其主要目标是保证质物不低于约定的质物数量及价值的最低控制线，出质人不得随意提取或置换货物。实务中的具体要求是，监管期间从物流企业接收出质人交付的质物签发出质通知书（回执）、质物进仓单时开始，到向出质人释放所有质物时结束。在监管期间内，物流企业执行质物的日常监督，有限度地允许出质人提取或置换货物。物流企业需定期查验，核对质物种类，清点质物数目、出入库情况、质物的现状等。当质物出现异常，如短少、毁损、变质、灭失等情形时，物流企业应及时通知质权人，并采取适当的应急措施。需要说明的是，尽管存货动态监管义务的核心是确保被监管质物不低于出质人交付时的总量及价值的最低

---

① 杜万华.担保案例审判指导［M］.北京：法律出版社，2018：26-28.

② 例如，平安银行股份有限公司大连分行与安徽省金杰汽车销售服务有限公司、周金杰金融借款合同纠纷一审民事判决书［（2014）大民三初字第152号］；中国民生银行股份有限公司西安分行、中国银行股份有限公司渭南分行金融借款合同纠纷二审民事裁定书［（2018）最高法民终504号］。

③ 宋华.供应链金融［M］.北京：中国人民大学出版社，2016：273.

要求，但并不意味着监管义务的完成仅此而已，进出库质物自身的状况如种类、质量、权属等也需符合约定的条件，也是妥善监管职责之所在。倘若因物流企业放任出质人替换质物，导致权属无争议的质物替换为权属有争议的质物，物流企业仍面临违反监管义务的法律风险。①

存货动态质押融资主要涉及金融借贷、动产质押、保管、监管等多重法律关系。其中，有争议的是，质押监管协议中质权人（金融机构）与监管人（物流企业）之间的法律关系该如何定性。存货动态质押交易构造的特殊性决定了其定性上的困境。归纳起来，司法裁判中存在以下三种不同观点：第一，保管合同。该类判决通常从保管合同和委托合同的区别入手，指出保管合同是实践合同，当保管物交付保管人时成立，其目的是为寄存人保管物品。而从质押监管协议中质物入库、质物移交、届时返还质物等内容和合同履行情况来看，更符合保管合同的特征。② 还有判决认为，合同法中的委托侧重于代理，而监管协议所涉及的法律关系不属于代理，因此定性为保管合同更合理。③ 第二，委托合同。该观点认为，从质押监管协议的主要内容来看，其目的并非仅是保管货物并返还该物，监管人和质权人应是委托关系。④ 此类协议应理解为，物流企业作为受托人，接受金融机构的委托，在授权范围内对质物进行保管、仓储及监督管理。⑤ 第三，兼具委托和保管的双重性质。该观点认为，质押监管协议中关于占有和保管质物，以及返还质物的内容，契合保管合同的特征，而监管方接受质权人委托对质物进出的控制、质物清点和协

---

① 上海中远物流配送有限公司诉上海祝源企业发展有限公司等债权转让合同纠纷一案二审民事判决书［（2015）沪一中民四（商）终字第 405 号］。

② 南宁市虎邱城北钢材市场有限公司、中国农业银行股份有限公司南宁友爱支行保管合同纠纷二审民事判决书［（2019）桂 01 民终 6246 号］；中国外运湖北公司、中国外运长航集团有限公司保管合同纠纷二审民事判决书［（2016）鄂民终 1028 号］。

③ 中国东方资产管理公司南京办事处与元利瑞德资产监管有限公司保管合同纠纷二审民事判决书［（2016）苏 06 民终 738 号］。

④ 中国工商银行股份有限公司铅山支行、江西省邮政速递物流有限公司上饶市分公司委托合同纠纷二审民事判决书［（2017）赣民终 521 号］。

⑤ 交通银行股份有限公司郴州分行、湖南中海物流有限公司委托合同纠纷二审民事判决书［（2020）湘民终 37 号］；上海中远物流配送有限公司诉上海祝源企业发展有限公司等债权转让合同纠纷一案二审民事判决书［（2015）沪一中民四（商）终字第 405 号］；浙江安吉农村商业银行股份有限公司与元利瑞德资产监管有限公司委托合同纠纷一审民事判决书［（2015）湖安递商初字第 405 号］；交通银行股份有限公司上饶分行、中海华东物流有限公司合同纠纷二审民事判决书［（2017）赣民终 336 号］。

助质权人实现质权等内容，又符合委托合同的法律性质。^① 一般认为，质押监管协议不能简单归属于合同法中的委托合同或保管合同，而应定性为两者兼具的双重性质的混合合同。质权人与监管人之间法律关系的多重性，决定了存货动态质押公示问题的复杂性。

从司法裁判中反映的问题来看，存货动态质押设立的效力问题在转移出库模式中争议不大。当质物由质权人委托第三方监管人进行直接占有并监管时，构成现实交付。根据民法原理，现实交付并非必须由动产物权的让与人之手直接移交到受让人之手，还可以通过占有媒介人来进行。^② 此时，第三方监管企业作为质权银行的占有媒介人为其获得占有，质权银行成为间接占有人。当质物仓储于第四方企业而出质人间接占有，第三方监管人租赁第四方企业仓库实施监管时，构成指示交付。在这种情形下，第三方监管人是通过占有媒介关系（租赁）取得第四方仓库的使用权，并派员驻场监管。这二者均未违背动产质押的设立规则。

然而，在非转移出库模式下，也即物流企业实行"原地监管"时，由于其可能构成以占有改定的方式设立动产质权而引发争议。传统民法认为，动产质权以占有质物为成立要件与存续要件，不得依占有改定的方式设立质权。目前，不允许依占有改定的方式设定质权，是大陆法系国家和地区立法例采用的原则。^③ 我国《民法典》第 429 条（原《物权法》第 212 条）也明确规定，质权自出质人交付质押财产时设立。据此，我国动产质权是以出质人移转质物的占有为设立和生效要件。

多数判决认为，"原地监管"并不直接导致存货动态质押的无效，考察的重点是物流企业作为监管人是否对质物享有实际控制。例如，有法院认为，监管存货动态质押是否有效关键在于交付的认定。在非转移出库模式下，当第三方监管人履行监管义务时，视为完成交付，此时质权设立。^④ 还有法院进一步指出，在"原地监管"的情况下，质物的交付不是一般意义方式的交付，

---

① 交通银行股份有限公司无锡分行与中海华东物流有限公司委托合同纠纷二审民事判决书［（2015）苏商终字第 00578 号］。

② 王利明，杨立新，王轶，等．民法学［M］．北京：法律出版社，2008：274.

③ 参见《德国民法典》第 1204～1206 条，《瑞士民法典》第 884 条、第 888 条第 2 项，《法国民法典》第 2076 条，《日本民法典》第 345 条，我国台湾地区所谓"民法"第 885 条。

④ 中信银行股份有限公司东莞分行与东莞市惠迪进出口贸易有限公司、李永辉金融借款合同纠纷一审民事判决书［（2015）东中法民二初字第 14 号］。

而是通过改变质物的实际控制来实现。① 同时，有些法院结合司法判决的导向功能和社会效应，强调不能轻易否认动态质押的效力，否则可能会对这类新型的融资担保模式造成冲击。再者，基于目前倡导的拓宽融资渠道、降低融资成本而服务于实体经济的产业政策，应当对该质押方式予以认定。②

然而，也有不少司法判决否定以"原地监管"方式设立的存货动态质押的效力。经整理分析，相关裁判文书中陈述的理由分为以下两类：其一，违背物权法定原则。如有案件以出质人代质权人占有之物，不符合动产质权设立的法定条件，判定质押权不生效。③ 还有判决认为，动产浮动质押担保不是法定物权类型，不产生物权效力。④ 其二，与物权公示原则相悖。如有法院指出，"原地监管"无法产生公示的效果，"对于第三人而言，无法判断动产占有人质权状态，更无法对其占有和动产上的权利之间某种程度的联系产生足以让人合理的信赖"，因此不能产生动产质权设立的公示效力。⑤ 甚至还有法院认为，动产质权可以以占有改定的形式设立。⑥ 上述分析表明，我国法院对存货动态质押的设立和公示的方式仍有分歧。

有学者将存货动态质押的公示方式称为"控制"。例如，有学者提出，对于动态质押，"债权人许可出质人或债务人代其占有质押财产的，质权不成立，但质权人以适当方式控制质押财产、表彰质权的除外"⑦。还有学者也认为，在监管人控制货物期间，占有虽未发生转移，但质权人通过控制与（控制人）意思表示的方式可以有效公示仓储货物上担保权益的存在。⑧ 实际上，在进口仓储领域以及商品寄售领域，利用控制实现公示的动产担保活动也比

---

① 中国民生银行股份有限公司西安分行、中国银行股份有限公司渭南分行金融借款合同纠纷二审民事裁定书［（2018）最高法民终504号］。

② 中国信达资产管理股份有限公司江西省分公司与三瑞科技（江西）有限公司别除权纠纷一审民事判决书［（2017）赣0302民初801号］。

③ 甘肃博鑫信用担保有限公司等诉玉门市勤峰铁业有限公司质押合同纠纷案民事判决书［甘肃省高级人民法院（2013）甘民二终字第163号］。

④ 平安银行股份有限公司大连分行与安徽省金杰汽车销售服务有限公司、周金杰金融借款合同纠纷一审民事判决书［（2014）大民三初字第152号］。

⑤ 南宁市虎邱城北钢材市场有限公司、中国农业银行股份有限公司南宁友爱支行保管合同纠纷二审民事判决书［（2019）桂01民终6246号］。

⑥ 浙江天和食品有限公司、龙泉市龙宝食用菌专业合作社借款合同纠纷一审民事判决书［（2016）浙0104民初2077号］。

⑦ 刘保玉. 完善我国质权制度的建议［J］. 现代法学，2017（6）：48-60.

⑧ 徐海燕，柴伟伟，冯建生. 动产担保权公示及优先顺位规则研究［M］. 北京：法律出版社，2016：134-135.

较普遍。如在我国沿海港口地区，一些进口商需要大量地、多次地从国外进口商品，为了获得银行等金融机构的贷款，一些资金短缺的进口商将在其进口的商品上设定担保，但设定质押将影响进口商品的处分，与其当初进口商品的目标相背离。而有些进口商品因属于种类物，不适合办理抵押登记，因而无法通过登记设定动产抵押。对此困境，实践中的解决办法是，进口商、贷款人和仓储公司达成三方协议：进口商以存储在港口的仓储公司的进口商品作为抵押物，向银行等金融机构借款。为防止进口商随意处分进口商品而侵害贷款人的利益，由仓储公司提供监管，控制与贷款金额相当的进口商品，在进口商到期不能偿还借款时遵从贷款人的指令行事，而无须征得进口商的同意，并对因其失职行为而给贷款人造成的损失承担赔偿责任。[①]

2.1.2.2　账户质押中的"控制"

近年来，在金融担保创新和国家经济政策的鼓励下，账户质押作为一种新型的担保方式在我国被频繁使用。这种担保方式不仅降低了银行信贷的风险，又为中小微企业的融资开辟了新路径，在金融实践中备受推崇。然而，由于账户质押与传统物权法存在差异，司法裁判对其效力和公示的认识不一。所谓账户质押，是指债务人或者第三人以其账户作为质押标的，以担保债务的履行。截至2021年9月，以"账户质押"为关键词在中国裁判文书网上搜索，得到一审和二审民事判决书共2 381份，剔除重复案例和与本书主题无关的案例，经筛选后得到适格案例385个。经类型化分析，我国司法实践中的账户质押有以下几种分类。

第一，银行存款账户质押与证券经纪账户质押。

经统计，在本书所研究的案例样本中，涉及保证金账户质押（320件）、出口退税专用账户质押（50件）、工资账户质押（7件）、证券经纪账户质押（6件）、封闭贷款（2件）等多种情形。概括而言，账户质押主要包含银行存款账户质押和证券经纪账户质押。前者主要是指质押标的为银行为存款人开立的办理资金收付结算的人民币活期存款账户，如保证金账户、出口退税账户、工资账户等。后者是指委托理财合同的受托人以其自己所有的或实际控制的证券经纪账户为委托人或融资相对方提供的担保。[②] 相对于银行存款账

[①] 徐海燕，柴伟伟，冯建生. 动产担保权公示及优先顺位规则研究 [M]. 北京：法律出版社，2016：94-95.

[②] 高民尚. 审理证券、期货、国债市场中委托理财案件的若干法律问题 [J]. 人民司法，2006（6）：27-37.

户质押，证券经纪账户质押的法律关系更为复杂，涉及证券账户和资金账户的一体质押。在 6 份样本案例中，证券经纪账户质押的争议焦点主要集中在委托理财合同的性质和效力，对证券账户和资金账户质权的设立问题鲜有分析。① 目前，由于我国证券经纪账户质押纠纷尚无明确法律规定，相关民事纠纷亦较为少见，本部分的探讨主要围绕银行存款账户质押进行。

第二，特殊存款账户质押和普通存款账户质押。

特殊存款账户质押是指将资金独立存放于特定的账户，并以此作为质押标的。从所搜集的案例来看，大部分案例属于特殊存款账户质押，如保证金账户质押、出口退税专用账户质押、封闭贷款等，共计 372 份判决书，占总体样本的 96.6%。在实践中，前述质押类型均要求资金放置于特定账户或专门账户。

对于何为专门账户，各法院并未达成共识。例如，有法院指出，保证金账户质押中的账户必须为法定的"专用存款账户"②，若无法认定涉案保证金账户是专用存款账户，则账户上的质权不成立。③ 也有法院认为，设立法定的"专用存款账户"并非硬性要求，关键是考察账户和资金是否独立，是否符合专款专用的要求。④ 原《最高人民法院关于适用〈中华人民共和国担保法〉若干问题的解释》（以下简称原《担保法司法解释》）第 85 条只提到"特户"，大多数案例中当事人也并未设立"专用存款账户"。对此，现行《最高人民法院关于适用〈中华人民共和国民法典〉有关担保制度的解释》（以下简称《民法典担保制度的司法解释》）第 70 条采用了"专门的保证金账户"的表述，并在该条第 2 款进一步明确"在银行账户下设立的保证金账户"也属于专门保证金账户。⑤ 这表明保证金账户质押中的专门账户可以设立法定的

---

① 参见（2018）赣民终 442 号民事判决书、（2017）晋 01 民初 740 号民事判决书、（2014）西中民三终字第 00243 号民事判决书。

② 根据《人民币银行结算账户管理办法》第 1 条第 1 款的规定，单位银行结算账户按用途分为基本存款账户、一般存款账户、专用存款账户、临时存款账户。第 13 条规定，专用存款账户是存款人按照法律、行政法规和规章，对其特定用途资金进行专项管理和使用而开立的银行结算账户。

③ 参见（2018）宁 0104 民初 14943 号民事判决书。

④ 参见（2012）粤高法民二终字第 12 号民事判决书。

⑤ 《最高人民法院关于适用〈中华人民共和国民法典〉有关担保制度的解释》第 70 条规定：债务人或者第三人为担保债务的履行，设立专门的保证金账户并由债权人实际控制，或者将其资金存入债权人设立的保证金账户，债权人主张就账户内的款项优先受偿的，人民法院应予支持。当事人以保证金账户内的款项浮动为由，主张实际控制该账户的债权人对账户内的款项不享有优先受偿权的，人民法院不予支持。在银行账户下设立的保证金分户，参照前款规定处理。当事人约定的保证金并非为担保债务的履行设立，或者不符合前两款规定的情形，债权人主张就保证金优先受偿的，人民法院不予支持，但是不影响当事人依照法律的规定或者按照当事人的约定主张权利。

"专用存款账户"，也可以在银行的一般存款账户下设立保证金分户，无论采取何种形式，只要采取专用账户的形式即可。①

实践中也有少数普通存款账户质押的情形，即未以专门账户存放资金的存款账户质押，如工资账户质押。在相关的 7 份样本案例中，虽有 5 份支持质权人对设质的工资账户享有优先受偿权，但均是直接以质押协议有效肯定工资账户质押的效力，对账户质权的设立要件未作分析。② 有 2 份否认工资账户质押的合法性。③ 在其中一份判决书中，法院判定质权人未将工资账户内的资金冻结、占有、特定化，因此账户上的质权未设立。④ 另一份判决书则明确指出，工资账户既不属于动产，也不是权利凭证，由于没有证据证明账户内货币已经"转移占有"或"交付"，因此质权人的优先受偿权利无法得到支持。即使质权人的本意是以出质人可能的工资收益为债权提供担保，也有悖于原《担保法司法解释》第 85 条的规定。⑤

第三，作为收益的账户质押和原始账户质押。

在某些情形下，账户是作为其他担保财产的收益或孳息而成为担保标的的一部分。如在应收账款质押中，当事人约定在银行开立特殊存款账户或专用账户，将其作为质押应收账款的回款账户，未经质权人同意，出质人不得对账户内资金进行支取或其他任何处分。⑥ 实务中如此操作的目的是使应收账款特定化，以保证质权人的权利在将来更好地得以实现，其本质上为应收账款质押，而非此处所探讨的账户质押。

然而，实践中应收账款质押和账户质押极容易混淆，最为典型的是出口退税账户质押。在有关出口退税专用账户质押的 50 份判决中，24 份样本赞同出口退税账户质押属于应收账款质押，需通过登记才能生效。⑦ 有 1 份样本承

---

① 最高人民法院民事审判第二庭. 最高人民法院民法典担保制度司法解释理解与适用 [M]. 北京：人民法院出版社，2021：580.

② 参见（2020）辽 0213 民初 4526 号民事判决书、（2020）鄂 0104 民初 1228 号民事判决书、（2020）赣 0121 民初 1297 号民事判决书、（2019）赣 0121 民初 4150 号民事判决书、（2021）川 1321 民初 2175 号民事判决书。

③ 参见（2020）黑 0402 民初 547 号民事判决书、（2020）渝 0113 民初 6674 号民事判决书。

④ 参见（2020）黑 0402 民初 547 号民事判决书。

⑤ 参见（2020）渝 0113 民初 6674 号民事判决书。

⑥ 参见（2018）辽民终 458 号民事判决书。

⑦ 参见（2020）闽 03 民终 1192 号民事判决书、（2019）粤 0304 民初 34989 号民事判决书、（2020）鄂民终 810 号民事判决书、（2017）闽 06 民初 237 号民事判决书、（2015）厦民初字第 554 号民事判决书、（2018）陕民终 706 号民事判决书。

认出口退税权利性质不同于应收账款权利，但由于出口退税账户质押缺乏明确的法律依据，而应收账款质押与之最为相似，因此参照应收账款之规定，认定涉案出口退税权利质押自登记时设立。① 只有 3 份样本明确指出出口退税账户质押构成账户质押，并适用原《担保法司法解释》第 85 条作为法律依据进行判决。② 有 10 份样本直接适用《最高人民法院关于审理出口退税托管账户质押贷款案件有关问题的规定》（以下简称《出口退税账户质押司法解释》）第 3 条的规定，判定质权人享有出口退税账户的优先受偿权。③ 其他样本则未严格区分合同效力和物权效力，认定出口退税质押合同有效，从而认可质押的效力。④

对于出口退税账户，不少法院判决持"应收账款说"的原因主要在于，《出口退税账户质押司法解释》虽明确将出口退税质押定位为动产质押，但该司法解释在 2008 年已被废止，法院在处理相关纠纷时缺乏明确的法律依据。而出口企业未来取得的退税款，本质上也是一种未来债权，从定义上符合应收账款的应有之义。但需注意的是，应收账款质押和账户质押在金融实践中有明显的差异。例如，在质权的实现阶段，应收账款质权实现的财产范围不仅包括专用账户中的既有资金，还包括应收未收的款项，即使回款未进入账户，也不影响对该应收账款已经形成的质押权利。⑤ 然而，对于出口退税账户质押来说，质权人通常只能就出口退税账户中的金钱享有优先受偿权，而不能及于未进入账户中的资金。在这种情形下，出口退税账户质押与特殊存款账户质押没有本质的区别，应属账户质押的范畴。但如果质权人的权利可以延伸至尚未进入退税账户的应退未退的款项，则应适用应收账款质押的一般规范。⑥

此前我国实务中审理账户质押的主要法律规范是原《担保法司法解释》第 85 条。该条遵循的是动产质押的思路，认定质押的客体是金钱或货币。⑦

---

① 参见（2018）陕 01 民初 143 号民事判决书。

② 参见（2019）粤 0802 民初 1143 号民事判决书、（2018）浙 0110 民初 19468 号民事判决书、（2014）宣中民二初字第 00040 号民事判决书。

③ 参见（2015）漯民初字第 53 号民事判决书、（2016）川 2081 民初 3293 号民事判决书、（2018）粤 5202 民初 801 号民事判决书、（2019）粤 5281 民初 1147 号民事判决书。

④ 参见（2014）洪民二初字第 173 号民事判决书、（2014）厦民初字第 1092 号民事判决书、（2015）揭榕法民一初字第 306 号民事判决书、（2017）粤 5202 民初 920 号民事判决书。

⑤ 参见（2020）冀 06 民初 115 号民事判决书、（2020）皖 15 民终 340 号民事判决书。

⑥ 张力毅. 出口退税账户质押的法律规制与银行风险防范：基于司法实践的考察 [J]. 上海金融, 2014（4）：92-95.

⑦ 徐化耿. 保证金账户担保的法律性质再认识：以《担保法司法解释》第 85 条为切入点 [J]. 北京社会科学, 2015（11）：109-116.

在这种裁判思路下，我国仅承认特殊存款账户质押，需满足账户资金特定化和转移占有两项要件。虽然也有案例认可普通存款账户的效力，但裁判理由有失准确，也不具说服力。账户质押的最大特点之一在于金钱数额的不确定性。有学者指出，出质后账户内的资金必须是固定的，资金应被封存或"冻结"。若债务人仍能使用账户资金，质押的客体处于不特定状态，浮动账户质押的支配性受到质疑，无法满足动产质押"移交占有"的要求。① 对此，不少案例表示支持，认为只有资金固定化，质押人无法自由使用资金，银行对资金实施完全的管理和控制，才构成金钱的"特定化"，否则质押关系不成立。②

然而，2015年公布的最高人民法院第54号指导案例"中国农业发展银行安徽省分行诉张大标、安徽长江融资担保集团有限公司保证金质权确认之诉案"中，终审判决指出，当事人依据约定在质权人处开设保证金账户，且该账户由出质人控制，满足金钱质押的生效要件，虽该账户内资金数额有所波动，但不影响该质权的设立。最高人民法院第54号指导案例的判决突破了过往的判决理念，承认了浮动账户质押的效力。对于账户质押如何公示，该判决认为，"债权人占有"即为债权人对物进行控制和管理的事实状态。"存款人对存款的支配受到质权人的制约……因案涉账户本来就开立在农发行，农发行取得对该账户的控制权，实际控制和管理该账户，符合出质金钱移交债权人占有的要求。"③ 由此，司法实践中仍将账户质押的公示方式认定为占有，与普通动产一致。④

对此，有学者持反对意见，认为占有本义是对有形财产的物理控制，难以适用于无形财产的公示。例如，有学者针对《民法典担保制度的司法解释》（征求意见稿）第68条⑤提出修改意见，认为担保物权人无法对无形财产实施

---

① 曹士兵. 中国担保诸问题的解决与展望 [M]. 北京：中国法制出版社，2001：311.

② 参见（2011）二中民终字第15465号民事判决书、（2021）川01民终1231号民事判决书、（2017）黑0104民初7757号民事判决书、（2017）冀0981民初411号民事判决书、（2016）内0621民初4124号民事判决书、（2019）辽0381民初6255号民事判决书。

③ 孙萧. 保证金账户质押相关法律问题探析 [J]. 中国律师，2015（10）：103-105.

④ 如以下案例均直接或间接承认保证金账户质押的性质属于金钱（动产）质押：中国农业银行福建省分行营业部与福建省轻工业品进出口集团公司等返还开证保证金纠纷上诉案 [最高人民法院（2000）经终字第261号]；金光油籽（宁波）有限公司诉中国粮食贸易公司委托合同纠纷案。

⑤ 第68条规定：债务人或者第三人将其金钱以特户、保证金等形式特定化后，移交债权人占有作为债权的担保，债务人不履行债务时，债权人主张就该金钱优先受偿的，人民法院应予支持。债务人或者第三人将其金钱存入保证金账户等特定账户作为担保，能够实际控制特定账户的债权人主张就该特定账户内的款项优先受偿的，人民法院应予支持。当事人约定的保证金不符合前两款规定的情形，债权人主张就保证金优先受偿的，人民法院不予支持，但是不影响当事人依据约定主张权利。

物理形态的占有，账户的占有并不是一个合理的表达，应采用比较法上针对银行账户等无形财产的控制（control）公示的方式。① 从比较法视野看，"控制"在美国《统一商法典》第 9 编中主要用于公示无形金融资产上的担保利益。当存款账户作为原始担保物时，其唯一的公示方式为控制。② 而且，与登记公示相比，控制公示更符合自然事实。它以一种自然的方法实现对他人权利的管理与控制，同时可以节省登记公示的交易成本。③ 值得注意的是，现行《民法典担保制度的司法解释》第 70 条在规范保证金质押时删除了"占有"的行文表述，而是采纳了"实际控制"的表达。

占有说则主张，控制与传统民法中转移占有的内涵没有本质上的区别。控制本身并非一个独立的公示方式，实际上是占有（交付）的一种特殊形式。④ 它仅仅是对占有内涵和功能的另一种说法。⑤ 但在司法实践中，也有判决对控制和占有含义的理解持有不同意见。例如，有法院认为，虽然账户质押的当事人通过控制协议约定未经质权人同意，债务人不得处置质押财产，但该约定只是起到债务人对该账户内存款"限制使用"的作用，这种"限制使用"并不符合法律意义上的"移交占有"。"限制使用"与"移交占有"不是一个法律概念，不能混为一谈。⑥ 由此，虽然账户质押是否以控制公示在学说和案例中仍颇有争论，但"控制"与"占有"的区别已然受到关注。

2.2 动产担保交易公示模式的变化

2.2.1 公示事项

如前所述，我国动产担保交易公示方法呈现登记中心主义的特征。我国动产担保交易公示模式上的变化，主要反映在登记公示的事项上。以动产抵押为例，依据 1995 年颁布实施的《企业动产抵押物登记管理办法》（已废止）

---

① 江苏省法学会担保物权法研究中心. 最高人民法院关于适用《中华人民共和国民法典》担保部分的解释（征求意见稿）》修改建议［EB/OL］.（2020 - 11 - 23）［2023 - 02 - 10］. https：// mp. weixin. qq. com/s/uCWhjOgIq7BgsKUJrA0sgw.

② See UCC § 9-312（b）（1）.

③ 耿林. 论银行账户担保的控制公示方法［J］.法学杂志，2020（2）：22-33.

④ 高圣平. 担保法前沿问题与判解研究：第五卷［M］.北京：人民法院出版社，2021：520-521.

⑤ 陈本寒. 企业存货动态质押的裁判分歧与规范建构［J］.政治与法律，2019（9）：134-147.

⑥ 参见（2018）冀 0403 民初 4013 号民事判决书、（2019）冀 0403 民初 151 号民事判决书。

第 4 条，动产抵押需登记主合同和抵押合同。而 2019 年修订的《动产抵押登记办法》则部分借鉴了美国《统一商法典》第 9 编下通知登记模式的相关规定，不再要求登记基础关系，而只需提交抵押人、抵押权人签字或盖章的动产抵押登记书。① 目前，根据《国家市场监督管理总局关于修改和废止部分规章的决定》，2019 年修订的《动产抵押登记办法》已被废止。这主要是为了贯彻实施《民法典》，以及促进部门规章与《民法典》的有效衔接。

按照《国务院关于实施动产和权利担保统一登记的决定》（国发〔2020〕18 号）的要求，自 2021 年 1 月 1 日起，在全国范围内实施动产和权利担保统一登记。原由市场监管总局承担的生产设备、原材料、半成品、产品等动产抵押登记职责由人民银行承担。市场监管部门不再受理动产抵押登记的设立、变更、注销申请。我国已经建立了统一的动产和权利担保登记制度，登记平台为中国人民银行征信中心"动产融资统一登记公示系统"。该系统最先是基于应收账款质押登记系统而设立，于 2007 年 10 月由中国人民银行建立并启用，是参照美国动产担保登记系统而设立的完全基于互联网的电子化登记系统。依照现行《动产和权利担保统一登记办法》，动产担保交易的登记事项进一步简化，"登记内容包括担保权人和担保人的基本信息、担保财产的描述、登记期限"。

需要注意的是，担保物的描述规则也发生了较大的变迁。原《担保法》第 39 条和第 65 条均要求对担保财产进行具体描述，要求担保合同应当包含担保物的"名称、数量、质量、状况、所在地、所有权权属或者使用权权属"。原《物权法》承袭了前述规则，虽将"应当包括"修改为"一般包括"，在法条性质上属于倡导性规范，但实践中已将其视为强制性规范。② 然而，担保物描述的概括化趋势也逐渐凸显。如 2015 年 12 月工商总局公布的《动产抵押登记办法》（征求意见稿）中，规定抵押物的描述可以是对"抵押财产的名称、数量、质量、状况、所在地、所有权归属或者使用权归属等情况的详细或概括性描述"。这意味着，可以将担保物描述为某一类别的财产，

---

① 2019 年《动产抵押登记办法》第 4 条规定："当事人设立抵押权符合本办法第二条所规定情形的，应当持下列文件向登记机关办理设立登记：（一）抵押人、抵押权人签字或者盖章的《动产抵押登记书》；（二）抵押人、抵押权人主体资格证明或者自然人身份证明文件；（三）抵押合同双方指定代表或者共同委托代理人的身份证明。"

② 谢鸿飞. 担保财产的概括描述及其充分性［J］. 法学，2021（11）：99-114.

如"一家生产企业的生产线"或"一家贸易企业的所有库存"。① 2019 年修订的《动产抵押登记办法》虽然没有可概括性描述的规定，但对描述内容进行了大幅缩减，只需要描述抵押财产的名称、数量、状况等概况。②

2019 年修订的《中国人民银行征信中心动产融资统一登记公示系统操作规则》更是直接规定，担保财产可以进行具体描述或概括描述，但应达到可以识别担保物的程度。《民法典》顺应趋势，第 400 条和第 427 条规定，担保物的描述仅包含名称、数量等情况。而《民法典担保制度的司法解释》第 53 条则明确规定，"当事人在动产和权利担保合同中对担保财产进行概括描述，该描述能够合理识别担保财产的，人民法院应当认定担保成立"。

2.2.2 审查模式

登记审查是维护物权公示之公信力，确保登记真实性的重要保障。基于对交易安全的保护，登记审查责任应趋向严格。学理和实践中对于动产担保交易的登记究竟应采形式审查还是实质审查，意见不一。

基于登记目的在于维护公众信赖的传统理念，早期有不少司法案例主张实行实质审查。如在"宁都县浩翔木竹制品有限公司与宁都县工商行政管理局动产抵押纠纷上诉案"③ 中，主审法官认为，"登记机关办理动产抵押登记还应兼顾物权法与担保法的规定，进行实质审查"，对于主合同的效力问题、抵押物的权属问题均应予以审查。理由在于，虽然现行《动产抵押登记办法》未对需要审查的内容作出规定，其上位法《物权法》和《担保法》也未对审查事项作出明确规定，但不等于无须履行审查义务。依照《物权法》第 184 条第 4 项、第 187 条，《担保法》第 44 条，以及《动产抵押登记须知》的规定，动产抵押登记不实行形式审查模式；且实际中，"抵押物容易被抵押人私自买卖而且不易被发现，进而造成抵押权人权益缺乏保障，因此，片面理解

---

① 高圣平. 动产抵押登记的法理：以《动产抵押登记办法》的修改为中心 [J]. 法学，2016 (2)：15-27.

② 2019 年《动产抵押登记办法》第 5 条规定："《动产抵押登记书》应当载明下列内容：（一）抵押人、抵押权人名称（姓名）、住所地等；（二）抵押财产的名称、数量、状况等概况；（三）被担保债权的种类和数额；（四）抵押担保的范围；（五）债务人履行债务的期限；（六）抵押合同双方指定代表或者共同委托代理人的姓名、联系方式等；（七）抵押人、抵押权人签字或者盖章；（八）抵押人、抵押权人认为其他应当登记的抵押权信息。"

③ （2012）赣中行终字第 64 号。

物权法的有关条款，难以有效维护交易安全"①。再如，在"邢纯运、赵振亚诉商丘市工商行政管理局梁园分局案"中，法官认为："工商行政机关在行使行政处罚权时，仅通过对申请材料进行形式审查显然无法确认证明文件虚假或申请人其他陈述不实，必然采用将抵押物与相关权属证明文件进行核对等实质审查方式。""在动产抵押登记实务操作中，工商行政管理机关执行的书面审查实际上是实质审查标准，而非形式审查。"②

当然，也有大部分的地方登记行政主管部门赞成形式审查。③ 如《福建省工商行政管理局办公室关于进一步规范我省动产抵押登记工作的通知》（2008年1月22日）明确了登记机关应仅就申请人提交的材料进行书面审查。形式审查无需实地勘验，无需对基础交易的合法性进行审查。《吉林省工商行政管理局关于贯彻国家工商总局〈动产抵押登记办法〉的实施意见》（2007年12月3日）也指出，对于动产抵押登记，应实行形式审查。④ 对此，也有学者表示支持。如有学者认为，我国动产抵押登记未实行实质审查制度，而动产种类和数量的繁多也导致其无法采用实质审查模式。⑤ 而早在2016年，就有学者指出，目前动产抵押登记采用的是电子和纸质登记混合的模式，从长远来看，完全电子化是必然趋势。一旦过渡，登记机关几无审查责任，电子登记系统完全能实现自查。⑥

2020年12月，根据《优化营商环境条例》《国务院关于实施动产和权利担保统一登记的决定》的要求，中国人民银行、国家市场监督管理总局发布《关于生产设备、原材料、半成品、产品等四类动产抵押登记有关过渡安排公告》。该公告提出，自2021年1月1日起，中国人民银行征信中心承担生产设备、原材料、半成品、产品等四类动产抵押的登记工作，并设置2年过渡

---

① 曾照旭.动产抵押登记部门应对抵押物的权属进行审查[J].人民司法，2013（2）：99-101.

② （2010）虞行初字第52号。

③ 高圣平.动产抵押登记的审查责任：基于裁判分歧的分析和展开[J].法学评论，2018（1）：167-180.

④ 《吉林省工商行政管理局关于贯彻国家工商总局〈动产抵押登记办法〉的实施意见》第6条"动产抵押登记的简便要求"规定："动产抵押登记具有备案登记的性质，登记机关要尊重当事人的意思自治，对抵押财产状况不做勘验，对抵押财产再次抵押、将有的抵押财产情况以及所有权和使用权的归属只作形式审查。"

⑤ 王闯.规则冲突与制度创新（中）：以物权法与担保法及其解释的比较为中心而展开[N].人民法院报，2007-06-27（006）.

⑥ 高圣平.动产抵押登记的法理：以《动产抵押登记办法》的修改为中心[J].法学，2016（2）：15-27.

期。这也就意味着，自 2023 年 1 月 1 日起，市场监督管理部门不再提供前述四类动产抵押登记服务。其他动产抵押登记数据，也将由市场监督管理部门在实现历史纸质登记信息电子化后，向中国人民银行征信中心动产融资统一登记公示系统移交全部电子数据。

此外，针对《动产和权利担保统一登记办法》（中国人民银行令〔2021〕第 7 号）第 2 条列举的六类典型的动产和权利担保类型之外的机动车、船舶、知识产权担保等，在北京、上海、重庆、杭州、广州、深圳六个城市开展试点工作，推动机动车、船舶、知识产权等担保登记主管部门探索建立以担保人名称为索引的电子数据库，实现相关担保信息与动产融资统一登记公示系统的共享互通。① 2022 年 5 月 30 日，北京作为国务院确定的六个营商环境创新试点城市之一，率先完成机动车、船舶、知识产权担保登记信息接入动产融资统一登记公示系统的改革。

随着我国统一化的动产和权利担保登记平台的建立，登记机构功能弱化的趋势更加彻底地凸显出来。动产融资统一登记公示系统被设计为一个自助电子化的登记平台。在现代动产担保交易的登记理念下，登记机关不负担任何审查责任，其义务仅是运行、维护该登记系统，对用户进行身份审查。由当事人自行录入信息，并对登记内容的真实性、合法性和准确性负责。② 具体来说，根据《动产和权利担保统一登记办法》的相关规定，我国动产担保交易登记采取的是担保权人单方登记主义。由担保权人注册为"动产融资统一登记公示系统"的用户，担保权人将填写完毕的登记内容提交登记公示系统，登记平台类似于"银行自动存取机一样"，由担保权人单方办理展期、变更登记、注销登记，并对担保财产的真实性、担保财产描述及担保人信息的正确性等自行承担责任。③ 可以说，在我国，动产担保交易登记的审查模式连形式

---

① 参见《国务院关于开展营商环境创新试点工作的意见》。

② "登记的目的在于提醒第三人注意动产担保物权状况，当事人自主办理登记，并对登记内容的真实性、完整性和合法性负责。登记机构不对登记内容进行实质审查。"关于动产融资统一登记的理念，参见中国人民银行征信中心官方网站（https://www.zhongdengwang.org.cn/cms/goDetailPage.do?oneTitleKey=djyf&twoTitleKey=djln）。

③ 《动产和权利担保统一登记办法》第 23 条规定：担保权人开展动产和权利担保融资业务时，应当严格审核确认担保财产的真实性，并在统一登记系统中查询担保财产的权利负担状况。第 24 条规定：担保权人、担保人和其他利害关系人应当按照统一登记系统提示项目如实登记，并对登记内容的真实性、完整性和合法性负责。因担保权人或担保人名称填写错误，担保财产描述不能够合理识别担保财产等情形导致不能正确公示担保权利的，其法律后果由当事人自行承担。办理登记时，存在提供虚假材料等行为给他人造成损害的，应当承担相应的法律责任。

审查都称不上。该登记系统被认为是一个自我调试、自我管理式的数据库。就目前的登记系统来看，具体实务中相关的纠纷也暴露出其漏洞和风险。如在"中国农业银行股份有限公司上海市分行与上海金源国际经贸发展有限公司等应收账款质权纠纷再审案"① 中，由于登记机构对应收账款质押登记不承担审查责任，质权人对于应收账款本身及基础合同的有效性和真实性等情况不具备实质审查的能力，再加上社会的诚信缺失以及对出质人缺乏相应的法律规制，导致出质人的信用风险无法控制，严重影响应收账款融资的现实可能性。②

依据传统物权法的立法和实践，登记审查是贯彻登记公信力的重要程序和基本前提。然而，当前的动产担保交易登记的理念和制度构建已与传统的动产担保物权登记迥异。登记机构无法保证登记内容的准确、有效，现行的制度设计在一定程度上增加了法律风险，登记是否能发挥公示公信及维护交易安全的作用受到质疑。

2.2.3　效力模式

关于动产抵押登记的效力，根据原《担保法》第42条的规定，在特殊动产之上如交通工具，以及企业的生产设备的抵押登记，与不动产抵押一样，实行的是登记生效主义。而对于除去第42条列举的动产之外的其他动产抵押，采取的是登记对抗主义。但与此矛盾的是，根据《民用航空法》第16条、《海商法》第13条的规定，在航空器、船舶等特殊交通工具上设定抵押的，采登记对抗主义。可以说，在动产抵押的登记效力模式上，原《担保法》的立场并不清晰，这主要源于原《担保法》没有理顺不动产抵押和动产抵押的关系，未区分不动产和动产作为抵押标的物性质的不同，从而导致抵押登记效力规则模糊不清，一般法和特别法存在立法冲突。原《物权法》对以上立法缺陷进行了修正，明确了在船舶、航空器和机动车之上设定抵押实行登记对抗主义。由此，原《物权法》统一了动产抵押的公示效力模式，与不动产物权的变动规则予以区分。《民法典》基本承袭了原《物权法》的规定。

除动产抵押外，目前我国的动产质权和权利质权采取的仍是公示生效主义，动产质权自出质人交付质押财产时设立；以基金份额、股权、知识产权

---

① 最高人民法院民事裁定书（2012）民申字第1019号。
② 袁小梁. 应收账款质权与法定抵销权冲突的司法处理［J］.人民司法，2012（14）：88-93.

中的财产权、应收账款等权利出质的，质权自登记时设立。但需注意的是，学界早已意识到登记生效模式理念与现代互联网背景下的动产担保交易立法理念存在偏差。前已述及，我国动产担保交易登记平台——"动产融资统一登记公示系统"，最早发源于应收账款质押登记公示系统。针对当时的应收账款质押登记实践，有学者就指出，不应混淆应收账款质权的设立要件和公示要件，既然应收账款质押登记系统是一个有效率的基于互联网的电子登记系统（快速及时、查询便捷、操作简单、成本低廉和使用安全），整个应收账款质押登记系统就应该在登记对抗主义的逻辑下展开，而登记制度和规则的设计应符合电子化登记趋势下的登记职能。《最高人民法院关于审理担保物权纠纷案件适用法律若干问题的解释（2012 年讨论稿）》曾拟就应收账款质权登记改采登记对抗主义，以与动产抵押登记的效力相一致。① 以上建议虽只是讨论稿，但也反映出动产担保交易登记制度在本土化的过程中出现的错位。

2.3　动产担保交易公示内容的扩展

目前，我国动产融资统一登记公示系统除了可以提供传统的法定担保权登记，如生产设备、原材料、半成品、产品抵押、应收账款质押、存款单、仓单、提单质押，还提供应收账款转让（保理）、融资租赁、所有权保留登记等多种动产融资登记与查询服务。根据中国人民银行征信中心 2023 年 1 月发布的数据，功能性担保交易的登记需求远高于传统的担保交易类型，如应收账款转让（保理）和融资租赁的登记数量分别达到 212 090 笔和 330 536 笔。② 可以看出，我国动产担保交易统一登记的类型不再局限于传统的担保物权，而是扩展至具有担保功能的可以登记的大部分动产和权利担保。③

2.3.1　应收账款转让的公示

应收账款转让，是现代债权融资的交易方式之一，拓宽了中小企业及农民的融资渠道，具有重要的社会意义。应收账款转让是指直接转让应收账款

---

① 高圣平. 应收账款质权登记的法理：以《应收账款质押登记办法》的修改为中心 [J]. 当代法学，2015（6）：86-97.

② 参见中国人民银行征信中心官网（https：//www. zhongdengwang. org. cn/cms/goDetailPage. do? oneTitleKey=ssdj）。

③ 纳入我国动产和权利担保统一登记范围的担保类型，不包括机动车抵押、船舶抵押、航空器抵押、债券质押、基金份额质押、股权质押、知识产权中的财产权质押。

上的债权，以代替提供担保物或保证人，从而获得贷款资金的融资形式。它与应收账款质押均能起到担保的功能，但本质上是两种不同的法律关系，其区别主要在于：第一，法律性质不同。因为当债权完全转让时，受让人将完全取代转让人的地位，原合同关系消灭，产生一个新的合同关系，本质上是债权处分的行为，法律依据是合同法的相关规定；而质押关系则由物权法等调整。第二，权利人介入的时间不同。在转让关系下，受让人负责催收和承担回款不足以清偿其欠款的责任；而当应收账款质押时，只有当债务人违约不能如期还款时，担保权人才需介入，此时则涉及担保权的实现。

然而，实践中应收账款质押和应收账款转让的界限模糊，难以区分。基于二者在经济或者商业上具有相同的功能（在破产、会计上有区别），有外域立法上将应收账款转让与应收账款质押适用相同的规则，如美国《统一商法典》第 9 编就认为应收账款转让应适用应收账款质押之规定。如此规定的理由有三个：第一，在很多的商业融资交易中，应收账款担保与转让之间的界限是模糊的，难以区分，这种"归一"的方法避免了定性困难的问题。第二，从商业角度而言，二者可达到相同的结果。在应收账款转让的情形下，通常的做法是，受让人预付一部分（如 80%），当账款全部收回时，剩余部分（如 20%）需抵扣有关费用（如准备金、利息费用、手续费、客户在付款时的现金折扣等）。这与在应收账款质押关系中，受让人需将超过其融资的收回资金退还转让人客户结果是类似的。第三，基于立法政策和交易安全的考虑，立法者认为有必要作出强制性规定，要求应收账款的转让也受制于第 9 编下的登记和优先权规则，防止出现缺乏公开性的法律漏洞。此外，在《联合国国际贸易应收款转让公约》(United Nations Convention on the Assignment of Receivables in International Trade) 下，应收账款质押被"视为"应收账款转让，适用应收账款转让的规则。2007 年《联合国国际贸易法委员会动产担保交易立法指南》（UNCITRAL Legislative Guide on Secured Transactions)[①] 也将应收账款转让纳入动产担保交易登记规则之下，以避免隐性担保。

我国立法者显然也意识到应收账款质押和应收账款转让的复杂关系。基

---

① 考虑到担保信贷法对经济的积极影响，联合国国际贸易法委员会于 2001 年着手拟定关于商业活动所涉货物（包括库存品）的担保权益的法律制度。为确保相关工作成果具有适当的灵活性，在 2002 年第 35 届会议上，联合国国际贸易法委员会决定采用立法指南的形式，作为制定动产担保交易示范法的基础。经过数次审议和研讨，《联合国国际贸易法委员会动产担保交易立法指南》的文本于 2007 年 12 月 14 日予以通过。

于应收账款转让登记有实践无指引，立法的缺失导致实际中同一笔应收账款重复转让，或先转后质的现象，2017年《应收账款质押登记办法》进行修订时，其"征求意见稿"出于回应市场需求的考量，提出增加应收账款转让登记参照质押规则的规定，试图赋予登记以对抗效力。① 可见，当时立法者有将债权转让和质押进行统一登记的倾向。而这一倾向也最终被予以确定在2017年修订的《应收账款质押登记办法》第33条中，即权利人在登记公示系统中办理以融资为目的的应收账款转让登记，参照应收账款质押登记的相关规定。之后，2019年再次修订的《应收账款质押登记办法》第34条也确认，权利人在登记公示系统办理以融资为目的的应收账款转让登记，参照应收账款质押。而2020年12月29日颁布的《国务院关于实施动产和权利担保统一登记的决定》更是明确地将应收账款转让（保理）纳入动产和权利担保统一登记范围内。

还有学者进一步指出，在合同法及物权法中分别规定债权让与和应收账款质押的双轨制设计，并未顾及二者在法律关系的同构性、制度功能的同质性、规范路径的统一性，使得两套规则形成割裂，应在《民法典》中统合债权让与和债权质押规则，包括统一标的范围，统一对外效力与对内效力规则，仅就债权质押的个别特殊事项设置特别规则。② 应收账款转让和应收账款质押规则之间的裂痕突出表现在二者的效力上。在现行法之下，应收账款质押和应收账款转让均可登记，但不同的是：于前者，登记是应收账款质押生效的要件；而于后者，登记不具有强制性，应收账款转让无须登记亦可生效，但需通知债务人，否则该转让对债务人不发生效力。曾有司法判决认为，即便应收账款转让已经登记，也不能免除通知的义务，否则不对次债务人产生对抗力。中国人民银行征信中心对应收账款转让登记提供的只是"公示服务"，登记不发生排他性对抗效力，不能替代《合同法》中规定的债权转让通知。③

应收账款转让与应收账款质押法律关系结构与物权变动类似，同样面临交易安全问题。④ 针对应收账款转让登记的对抗效力，早有地方司法文件作出回应，如2014年《天津市高级人民法院关于审理保理合同纠纷案件若干问题

---

① 参见2017年《应收账款质押登记办法》修订说明。

② 李宇. 民法典中债权让与和债权质押规范的整合 [J]. 法学研究, 2019 (1): 56-77.

③ 中国工商银行股份有限公司上海市青浦支行与上海康虹纺织品有限公司、上海大润发有限公司等债务纠纷案 [（2012）沪二中民六（商）终字第147号]。

④ 李宇. 民法典中债权让与和债权质押规范的整合 [J]. 法学研究, 2019 (1): 56-77.

的审判委员会纪要（一）》第 9 条的规定，明确了登记和查询具有对抗力，登记可以产生对抗善意保理商的司法效力。最终出台的《民法典》在制度框架上仍然保留了双轨制，但也明确认可了应收账款转让登记的对抗效力，在其第 768 条中规定，应收账款债权人就同一应收账款订立多个保理合同，致使多个保理人主张权利的，也遵循"登记在先则权利优先"规则，从而与后述担保物权的统一优先顺位规则相一致。① 由此，在现行法下，登记使得原本的应收账款转让行为具备了物权的效力。

2.3.2 融资租赁的公示

改善中小企业融资环境，解决融资难题，增强微观主体活力，需要引导和推进新业态和新模式的发展。近年来，在金融担保创新和国家经济政策的鼓励下，催生了多种新型的担保形式，融资租赁就是其中之一。融资租赁，是一种特殊的租赁交易，存在与担保交易类似的特征，出租人保留所有权的作用是担保主债权的清偿。② 融资租赁是各种融资担保创新方式中最为常见的一种，一般用于融资购买生产型设备，多适用于那些能够产生稳定现金流的项目，如涉及电费、水费、交通费、学费、房租以及煤炭、石油、钢铁等大宗货物生产等。③

融资租赁，因为其融资和融物的特性，在法律性质上具有特殊性：在承租人租赁期届满之后，出租人有选择是否购买该财产的权利。这种租赁关系隐秘了他们最深层次的身份——贷款人和借款人。借贷双方正式用租赁模式中的安稳去实现信贷关系的保障，即由于金融机构是设备的所有权人，因此当债务人资不抵债时，金融机构可取回财产。这比直接将资金借贷给企业，由后者获取所有权更有保障。这种保障性使得融资租赁有别于传统的租赁业务。④

在推动经济高质量发展及畅通国内外经济双循环的背景下，我国自贸区建设蓬勃发展，遍地开花。融资租赁是我国各自贸试验区内最蓬勃发展的金融担保创新模式。目前，我国自贸区建设"由沿海扩展至内陆，连点成线，

---

① 龙俊. 民法典中的动产和权利担保体系 [J]. 法学研究，2020（6）：22-42.
② 高圣平. 中国融资租赁法制：权利再造与制度重塑——以《开普敦公约》及相关议定书为参照 [J]. 中国人民大学学报，2014（1）：82-91.
③ 宰丝雨. 美国动产担保交易制度与判例 [M]. 北京：法律出版社，2015：186.
④ 李世刚. 法国担保法改革 [M]. 北京：法律出版社，2011：184.

连线成面，进入全面推进阶段"。以北京自贸区为例，建立北京自由贸易试验区是党中央、国务院作出的重大决策，是新时代推进改革开放的重要战略举措。自贸区所在的地方立法的意义，并不限于自贸试验区本身的法治保障，还兼具为中央立法提供立法实践经验和立法试验的独到作用。2018 年 3 月，北京市金融局已下发《关于进一步优化金融信贷营商环境的意见》，要求金融机构降低金融信贷成本、压缩金融信贷审批时间、拓展贷款抵（质）押物范围，并定制小微企业针对性的金融服务。融资担保首先解决的小微企业融资的可获得性，是解决小微企业融资难问题的有形之手。在金融创新服务的背景下，为回应中小微企业融资的要求，北京在政策层面鼓励银行开展和拓宽动产质押业务，创新担保抵押机制。

金融担保模式创新应如何推进，是自贸区建设的重要课题，也是贯彻和践行习近平法治思想的重要体现。随着北京自贸区各项政策的落实，金融领域开放创新的深化，自贸区从事金融担保交易的企业增多，市场准入门槛降低，金融担保业务也会不断创新。总之，自贸区的"虹吸效应"将会带来纠纷数量的逐渐上升，而担保业务的创新也会带来诸多法律疑难问题。同时，由于自贸区属于"境内关外"，政策、国内法、国际法等相互交错，这给金融担保创新纠纷的解决带来挑战。2016 年 12 月 30 日，最高人民法院发布《关于为自由贸易试验区建设提供司法保障的意见》，鼓励自贸试验区所在地基层法院积累审判经验，统一裁判尺度。

根据《中国（北京）自由贸易试验区总体方案》的部署，北京自贸区涵盖科技创新、国际商务服务、高端产业三大片区，涉及海淀区、昌平区、朝阳区、通州区、大兴区等五个市辖区。结合上述我国金融担保创新的实践情况，在北京法院审判信息网上，整理分析北京涉自贸区相关的民事裁判文书可知，权利担保创新表现突出，并且类型丰富，是金融担保创新的主要领域，如公用事业收费权质押、股权回购、商业保理、融资融券、股权让与担保等，而涉金融担保创新纠纷中以融资租赁相关案例居多。[1] 现实中，融资租赁业在充分利用外资、有效控制资金流向、直接服务于实体经济等方面发挥着重要

---

① 本次检索对象是截至 2021 年年底北京自贸区所涉 5 个市辖区的民事判决书。经过整理，涉及金融担保创新的类型主要有融资租赁、保理融资、股权回购、融资融券、让与担保、公用事业收费权质押、账户质押和独立保证。其中，融资租赁纠纷相关的民事判决数量为 3489 件，在所有纠纷中的比重达 65.7%。

作用。① 近几年，融资租赁作为金融创新的重要工具发展迅速。截至 2020 年 6 月底，我国共有 12151 家融资租赁公司，北京有 256 家，占全国的 2.11%。② 随着北京自贸区的设立和金融服务业的扩大开放，融资租赁将迎来新的契机。《中国（北京）自由贸易试验区总体方案》中明确提出"允许区内注册的融资租赁母公司和子公司共享企业外债额度，将区内注册的内资融资租赁企业试点确认工作委托给北京市主管部门"等利好政策。在新的政策和措施的刺激下，北京自贸区融资租赁企业数量将急剧增加，也会推动该领域的业务创新。在这种背景下，由于融资租赁业务创新的速度远远快于法律制度革新的速度，因此必然会导致相关案件数量的增加。

依据《中国（北京）自由贸易试验区总体方案》和《北京市商务领域"两区"建设工作方案》，融资租赁是北京自贸区建设的重点发展领域。通过梳理涉及融资租赁的法律制度，以及各自贸区总体方案、公开发布的融资租赁相关的实施细则发现，根据法律文件规范的对象，融资租赁立法可分为两个层次：组织法和行为法。③ 前者关注融资租赁公司本身，如北京市地方金融监督管理局出台《北京市融资租赁公司监督管理指引（试行）》，对融资租赁业务的机构设立、变更、终止、业务范围、行业自律组织、监管和管理作出了规定；后者则是规范融资租赁法律行为，主要体现在《民法典》第三编合同编中的第十五章"融资租赁合同"。目前，自贸区融资立法注重组织法。在自贸区建设的背景下，国务院立足于顶层设计，先后公布了《关于印发中国（上海）自由贸易试验区总体方案的通知》（国发〔2013〕38 号）、《关于印发中国（天津）自由贸易试验区总体方案的通知》（国发〔2015〕19 号）等 14 份规范性文件，以推动自贸区融资租赁业的发展。

同时，国务院部委相继发布文件，支持融资租赁行业创新，先试先行。如 2015 年 7 月，商务部办公厅颁布《关于融资租赁行业推广中国（上海）自由贸易试验区可复制改革试点经验的通知》，在全国推广上海自贸区的试点经验，引导和协调各地融资租赁行业。2016 年 3 月，商务部、国家税务总局公布《关于天津等 4 个自由贸易试验区内资租赁企业从事融资租赁业务有关问题的通知》，将上海、天津、福建、广东自贸区内的内资租赁企业融资租赁业务试点确认工作委托给省级商务主管部门和国家税务局。此外，各个自贸区

---

① 曾大鹏. 融资租赁法制创新的体系化思考 [J]. 法学，2014（9）：116-128.

② 参见租赁联合研发中心公布的《2020 年上半年融资租赁业务发展情况报告》。

③ 曾大鹏. 融资租赁法制创新的体系化思考 [J]. 法学，2014（9）：116-128.

也根据地域差异和定位，制定了符合当地特色的融资租赁政策。如福建自贸区重点扶持飞机、汽车、船舶等运输工具的专业融资租赁服务；① 河南自贸区支持融资租赁企业与互联网融合发展，加强与银行、保险、信托、基金等金融机构合作；② 上海则以其国际海港的地域优势推进融资租赁规模化发展。③

总体而言，融资租赁立法存在"重组织法、轻行为法"的失衡状态。④即对融资租赁公司的管理规范过多，而对融资租赁法律行为未予以足够重视。从组织法角度而言，相较于现有规定，作为我国制度和政策创新的高地，自贸区融资租赁立法态度相对宽松。这体现在降低准入门槛（机构准入和业务准入），如包括北京在内的 14 个自贸区放开融资租赁企业试点审批权限，14 个自贸区支持设立项目子公司，无注册资本金限制。⑤ 同时，7个自贸区允许融资租赁公司可兼营与主营业务相关的商业保理业务，有些自贸区（如天津自贸区）还规定已设立的融资租赁公司兼营保理业务无需市场准入，由工商部门直接办理增项。⑥ 而现有规定则仍然遵循商务部下发的《关于商业保理试点有关工作的通知》中明确的商业保理应独立经营、不得混业的原则。

从行为法的角度而言，融资租赁是否一种严格意义上的担保方式存有异议，因为设立担保不是该种合同订立的主要目的。在融资租赁关系中，所有权是出租人的债权的从属，当企业不能支付租金导致融资租赁合同解除时，金融机构收回财产，但这并不是实现担保的方式，金融机构仍然享有请求企业支付租金的权利。所有权没有被用于担保租金的支付，因此没有构成真正意义上的担保。⑦ 根据我国原《合同法》第 242 条的规定，融资租赁合同中，出租人享有租赁物的所有权。承租人破产的，租赁物不属于破产财产。也就是说，在承租人破产时，出租人可以基于所有权取回租赁物。而在此之前，

---

① 参见 2015 年 9 月 4 日公布的《福建省人民政府办公厅关于支持福建自贸试验区融资租赁业加快发展的指导意见》（闽政办〔2015〕123 号）。

② 参见《河南省人民政府办公厅关于促进融资租赁业发展的实施意见》（豫政办〔2016〕181号）。

③ 李强. 上海自贸区国际航运服务创新进展、计划与建议 [J]. 中国流通经济，2015（8）：16-25.

④ 曾大鹏. 融资租赁法制创新的体系化思考 [J]. 法学，2014（9）：116-128.

⑤ 2020 年 4 月 7 日公布的《北京市融资租赁公司监督管理指引（试行）》第 12 条规定：对融资租赁公司设立的子公司，不设最低注册资本限制。

⑥ 参见 2015 年 9 月 1 日《天津市商务委关于融资租赁行业推广中国（上海）自由贸易试验区可复制改革试点经验的通知》。

⑦ 李世刚. 法国担保法改革 [M]. 北京：法律出版社，2011：184.

1996 年最高人民法院《关于审理融资租赁合同纠纷案件若干问题的规定》第 17 条则规定：承租人破产时，出租人可以将租赁物收回，同时出租人也可以申请受理破产案件的法院拍卖租赁物，以拍卖价款偿还债务。这实则构成别除权的行使，其权利来源于担保物权。融资租赁性质判断标准的不明确，带来了出租人在承租人破产之时救济方式在法律地位上的矛盾。根据 2014 年 3 月 1 日起施行的最高人民法院《关于审理融资租赁合同纠纷案件适用法律问题的解释》（以下简称《融资租赁司法解释》）第 1 条的规定，一般情形下，融资租赁合同的性质仍为债权，但不排除存在构成担保关系的可能，具体要依据合同当事人的权利和义务条款判定。① 简言之，一般情形下，融资租赁合同的性质仍为债权，但不排除"名不副实"的情形，存在构成担保关系的可能。2020 年修正的《融资租赁司法解释》对此予以承袭。

《民法典》进一步确认了融资租赁的担保功能。在动产担保制度国际立法趋势的影响下，我国《民法典》对动产和权利担保制度进了实质性的变革，虽然其并未将融资租赁重构为动产担保交易，但通过第 388 条第 1 款规定"担保合同包括抵押合同、质押合同和其他具有担保功能的合同"，扩大了担保合同的适用范围。此条将融资租赁、保理融资、让与担保、股权回购、融资融券等具有担保功能的交易形态都包含在内，为担保创新预留了空间。《民法典》第 388 条第 1 款的规定符合了现代动产担保制度下灵活性的要求，可以缓解物权法定主义下法律体系的相对封闭和僵化。

对于融资租赁的公示以及公示的效力，《融资租赁司法解释》（2014 年）第 9 条第 3 项将是否进行融资租赁登记查询作为判断第三人是否构成善意的标准之一，即第三人"未按照法律、行政法规、行业或地区主管部门的规定在相应机构进行融资租赁交易查询的"，不适用善意取得的规定。有些案例已将是否登记作为认定出租人是否尽到注意义务的标准之一。② 值得注意的是，2020 年修正的《融资租赁司法解释》删掉了前款规定。而 2014 年 3 月颁布、至今有效的中国人民银行《关于使用融资租赁登记公示系统进行融资租赁交易查询的通知》（银发〔2014〕93 号）也明确鼓励融资租赁登记，规定商业

---

① 《关于审理融资租赁合同纠纷案件适用法律问题的解释》（2014 年）第 1 条规定："人民法院应当根据合同法第二百三十七条的规定，结合标的物的性质、价值、租金的构成以及当事人的合同权利和义务，对是否构成融资租赁法律关系作出认定。对名为融资租赁合同，但实际不构成融资租赁法律关系的，人民法院应按照其实际构成的法律关系处理。"

② 常熟市人民法院审理顾俭民与光大金融租赁股份有限公司执行异议诉讼案件［（2014）熟民初字第 0111 号］。

银行在办理抵押、质押、受让等业务时，需要对担保财产的权属、价值和可执行性进行严格审查，同时负有对标的物的权属状况进行查询的义务。[①] 一些地方政府也颁布规范性文件，引导当事人进行融资租赁的查询和登记。[②]

在自贸区的建设中，推动统一登记是融资租赁立法的一大特色。目前，上海、天津、广东、福建、辽宁等 9 个自贸区明确支持推动融资租赁统一登记。对此，《中国（北京）自由贸易试验区总体方案》未予以明确。但《北京市融资租赁公司监督管理指引（试行）》第 43 条明确租赁物权属应依法登记。同时，《国务院关于实施动产和权利担保统一登记的决定》将融资租赁纳入统一登记的范围，由当事人在中国人民银行征信中心动产融资统一登记公示系统自主登记。随着金融业扩大开放和自贸区国际金融交易平台的构建，投资者对于创造与国际规则和国际惯例相适应的法律环境的需求越发强烈。而融资租赁在立法上的转变也符合这一趋势。至于融资租赁公示的效力，《民法典》第 745 条规定："出租人对租赁物享有的所有权，未经登记，不得对抗善意第三人。"由此，融资租赁登记后则具有了对抗第三人的效力。

2.4 我国动产担保交易公示制度的问题分析

2.4.1 动产担保交易公示的公信力存疑

在大陆法系传统物权法中，不动产物权登记规则与动产物权登记规则通常作一体讨论，没有区分。从前述分析可以看出，我国动产担保交易公示模式正在发生深刻变革，公示事项、审查模式、效力模式已在本质上与我国不动产物权登记存在巨大的差异。这种差异的具体表现是：首先，动产担保交易不再要求登记基础关系，登记信息大大简化，仅限于当事人的身份信息、担保财产的描述、登记期限等最低限度的交易信息。其次，在审查模式上，虽然在早期的司法实践中，出于公示在于维护交易安全的固有理念，对于动

---

① 在中国人民银行《关于使用融资租赁登记公示系统进行融资租赁交易查询的通知》（银发〔2014〕93 号）出台后，司法判决已承认银行在办理动产抵押业务时有查询登记的义务，未在登记系统进行查询的难以成就善意取得。参见安徽信成融资租赁有限公司与乐山市沙湾中盛陶瓷有限公司、乐山市商业银行股份有限公司沙湾支行物权保护纠纷案 [（2015）沙湾民初字第 850 号]。

② 如《天津市关于做好融资租赁登记和查询有关工作的通知》规定，各融资租赁公司在办理融资租赁业务时，应在中国人民银行征信中心办理登记，且查询相关标的物的权属状况是各金融机构办理资产抵押、质押、受让业务时的必要程序。

产抵押登记有判决仍坚持形式审查,但随着动产和权利担保统一登记平台的建立,基于完全的电子化自助平台,由担保权人单方办理登记,没有受理和审核程序,登记机关不负有审查责任,其审查模式甚至连形式审查也算不上。最后,在登记的效力模式上,动产抵押登记统一采登记对抗主义,动产和权利质押登记虽实行登记生效主义,但由于其构建之法理本身乃基于登记对抗主义,现行的规则设计因与该法理相违背而被诟病。登记对抗主义在动产担保交易领域正成为趋势。

综上,随着登记内容及程序的简化,审查义务弱化,登记对抗主义的扩张,我国动产担保交易登记的设计理念与传统不动产登记呈现出天壤之别,登记是否仍然具有公信力,是否能够起到保障交易安全的作用不无疑问。以动产抵押为例,在原《物权法》颁布之前,动产抵押的公信力在我国的司法实践中一直被认可。[①] 根据原《担保法司法解释》的规定,不论是不动产抵押还是动产抵押,登记均具有公信力。[②] 然而,这显然忽略了动产抵押在其公示模式和效力上的特殊性,登记信息的不可靠性使得登记失去了第三人信赖的合理基础。有实务人员就曾提出,动产抵押登记公信力薄弱,金融机构对其并不十分接纳,不愿向申请动产抵押融资的人发放贷款,动产抵押登记数量呈现逐年下降的趋势。[③] 而从原《物权法》和现行《民法典》的规范来看,原《担保法司法解释》第 61 条赋予动产抵押登记公信力的立场似乎并未得到沿袭。总之,变革之后的动产担保交易登记是否具有公信力存有疑问。

2.4.2 占有和登记的二重效力冲突

登记中心主义成为我国现代动产担保交易公示的最大特色。随着登记广泛应用于动产担保权的公示,以及动产和权利担保统一登记系统的进一步完善,实践中以登记公示和占有公示的动产担保权同时存在于同一动产之上的情形大大增加。占有公示和登记公示的效力冲突,在动产担保权领域主要体现在动产抵押权人与质权人之间。如动产所有人将其财产设定抵押后质押给第三人,或者先将其财产设定质押再抵押给第三人。抵押人基于对登记的信赖,而质押人基于占有的公信力,无论何者优先都是对相对方的利益损害。

---

① 王洪亮. 动产抵押登记效力规则的独立性解析 [J]. 法学,2009 (11):88-98.

② 原《最高人民法院关于适用〈中华人民共和国担保法〉若干问题的解释》第 61 条规定:抵押物登记记载的内容与抵押合同约定的内容不一致的,以登记记载的内容为准。

③ 何小英. 当前动产抵押登记的困惑和思考 [J]. 衢州工商,2010 (8):20-22.

当抵押人优先时，占有的合理信赖消失殆尽；当质权人优先时，登记的对抗效力规则受到冲击。质权人和抵押权人之间的利益应该如何平衡，殊值探讨。登记引发的二元公示冲突的另一个表现是在动产抵押权人和动产受让人之间。动产抵押依登记进行公示，而动产的转让一般情形下以占有为公示方式。《民法典》第406条修改原《物权法》第191条之规定，允许抵押人在抵押期间转让抵押财产，但抵押权人能够证明抵押财产转让可能损害抵押权的，可以请求抵押人将转让所得的价款向抵押权人提前清偿债务或者提存。实践中，抵押人转让抵押财产的情形不在少数。抵押权人和抵押物受让人之间的利益冲突由此引发。登记公示的引入，打乱了长期以来动产物权公示方式的单一化模式，而这种二元表征模式在性质上有不可化解之特征，因为任一表征方式战胜另一表征方式，均可能几近摧毁以另一表征方式为基础的物权体系。[①] 这也就意味着，在动产担保权下，依据占有公示进行交易时可能无法获得保护。这与物权法的公示公信原则、维护交易安全的理念背道而驰。[②]

对于如何解决登记和占有二重效力冲突，从历史的角度看，原《担保法司法解释》第79条曾规定，登记的公示效力优先于占有。[③] 这种解释规则背后的法理在于，相较于占有，登记具有更强的公信效力，因为公共权力的介入使得登记具有更大的权威性，不仅具有程序要求和规则，可信度高，而且登记内容的稳定性好，便于世人的查询；而占有所表征的权利形式，有时并不能实际反映标的物上的物权状态，如无权占有人的占有和基于债权的占有。因此，既然几种公示方式的公示力存在差异，那么，对于同一标的物的不同的物权公示方式在公示的内容上冲突时，就应当以公示力强的公示为准。[④] 不难发现，原《担保法司法解释》第79条的逻辑前提是登记本身具有较强的可信度和公信力，但有疑问的是，若登记本身的公信力受质疑，占有和登记的冲突应该如何化解，值得研究。

---

① 叶金强.动产抵押制度：价值目标之偏离与矫正 [J].安徽大学法律评论，2004 (1)：84-89.

② 孙鹏，杨会.论动产抵押物的转让：兼析动产公示方式之调整 [J].西南政法大学学报，2005 (2)：29-34.

③ 《最高人民法院关于适用〈中华人民共和国担保法〉若干问题的解释》第79条第1款规定：同一财产法定登记的抵押权与质权并存时，抵押权人优先于质权人受偿。

④ 屈茂辉.物权公示方式研究 [J].中国法学，2004 (5)：62-71.

2.4.3 可予公示的动产担保交易类型

如前所述,我国动产融资统一登记平台允许融资租赁、应收账款转让等非法定的担保物权进行登记,登记程序、登记内容、登记效力、登记审查与传统担保物权差异明显,而其司法效力逐渐得到认可。诚然,应收账款转让和融资租赁有别于传统的买卖和租赁关系,均具有实质的担保功能,但并非我国《民法典》中明定的担保物权,对二者的规范也主要处于合同法的层面。简言之,在性质上,应收账款转让和融资租赁应归属于债权的范畴。

根据物权法理论,由于物权具有排他性,而公示的方法和形式有限,为了保护第三人免受物权排斥之风险,限定物权的种类和内容是必然选择,在物权法定主义之下,占有或登记所反映的只能是法定物权。然而,实践中立法者为了明晰权利边界,实现财产权效用的最大化,化解不必要的纷争,允许没有法律规定的权利类型也可以进行公示,公示内容因此扩展,不再单纯是法定的物权。然而,债权因为依附于登记的公示,具备了对世性,从而构成物上负担。而司法实务中广泛出现的浮动账户质押或存货动态质押等非法定的担保方式,事实上也是交易当事人为适应企业融资和金融机构担保创新的需求,创造了新的公示方法,从而使其具备了物权的对抗效力。简言之,即使是未上升为实定法上担保物权的动产担保类型,也可通过公示方式的创新和制度保障获得物权上的对抗效力。我国动产担保融资公示内容、程序的简化,以及公示权利类型的扩充,使得债权和物权有了互换的实际可能。如此一来,物权法定的稳固地位受到了较大的挑战。而带来这一客观后果的直接原因,就在于我国动产担保交易公示制度在公示技术和效能上发生了巨大变化。

2.5 小结

我国动产担保交易制度继受了多元化的制度渊源,虽在立法框架上主要遵循德国法传统,但在内容上已大有不同。首先,在动产担保公示方式方面,在动产担保交易中,占有型动产担保重要性式微,登记成为动产担保的主要公示方式,如动产抵押财产的范围扩展至一般动产,权利质权类型不断增加,二者在现行法规定下皆可登记。同时,实务中出现了新的公示方式——控制,它的特点在于允许质押财产有条件地流动,在浮动质押中应用广泛。其次,在动产担保交易公示模式上，具体表现为公示事项的极大简化、登记机关审查责任的弱化、登记采对抗主义的趋势。最后，在动产担保交易公示内容上，可予公示的权利类型已扩充至非法定的担保物权，如融资租赁、应收账款转让等均可以公示，且公示的司法效力已得到认可。

　　我国动产担保交易公示规则的上述巨变引发了物权法法理上的诸多思考。例如：登记的可信赖程度降低，是否具有公信力存疑；在同一物上登记和占有共存的现象趋于明显的背景下，如何缓解动产担保二重公示的冲突；公示的内容不再是法定物权，而延伸至债权范畴的理由何在。以上问题的答案的根源在于我国动产担保交易公示制度应发挥何种功能。法律的功能在于法律制度所产生的社会效果，制度作为法的功能实现的工具，必然需要法的功能指引，当法的功能发生变化时，制度构造也应相应变化。

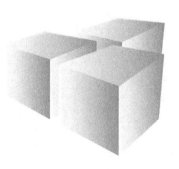

3
传统动产担保交易公示制度的功能
——保护交易安全

3.1 物权公示与交易安全

物权公示，指的是以一定方式（占有或者登记）表现物的权属状况，并使外界通过这一方式知晓和信赖该状况并产生相应效力的法律制度。[①] 物权公示的概念根源于数百年前的德意志法律，其根基设定在物权形式主义的物权变动模式之下。大陆法系物权法理论在讨论物权公示时，通常将其放在"物权变动"一章进行论述，称为物权变动的公示原则。这已经成为一种毋庸置疑的通例。[②]

3.1.1 物权公示的价值

物权的公示原则，作为物权三大原则之一，因其极具实践性价值而被广泛讨论。物权公示的效力，是物权公示制度的基本内容。因此，在讨论物权公示的效力之前，有必要先对物权公示的价值目标予以明确。一般认为，物权公示具有保护静态安全和动态安全的双重价值。前者是指对既有之利益的保护，而后者是对交易主体之合理的信赖利益的保护。

静态安全的保护在于物权具有强大的排他效力和优先效力。这是由物权的绝对权和支配权所决定的。基于排他效力，同一物上不能存在两个相互冲突的物权；基于优先效力，同一物上存在的物权和债权，物权优先。因此，一方面，物权公示向外界表明权属状况，明晰物权关系，使不特定的任何人知晓物权人之权利，从而减少物权的损害和纠纷。另一方面，物权一经公示，对权利人之外的每一个人都产生效力，第三人应该尊重物权，对其负有消极的不作为义务。物权公示制度是保护静态安全的有效机制。[③] 在这种观点下，物权公示有助于明确权利归属，定分止争，第三人负有不侵犯物权的义务，从而达到保护物权人、稳定财产秩序的目的。

然而，市场经济下，交易需求旺盛，财产流转频繁，动态的安全保护比静态的安全保护更为重要。维护交易安全，是公示原则最重要的功能。[④] 综观中外民商法学的论述，很多学者赞同目前动态安全是交易安全概念的通常见

---

① 江帆，孙鹏. 交易安全与中国民商法 [M].北京：中国政法大学出版社，1997：69.
② 赵守江. 论物权变动与物权公示的分离 [J].烟台大学学报，2007（2）：39-45.
③ 江帆，孙鹏. 交易安全与中国民商法 [M].北京：中国政法大学出版社，1997：68.
④ 王利明. 物权法研究：下卷 [M].北京：中国人民大学出版社，2007：172.

解，即法律对交易主体依自己的行为取得的新利益的保护。① 至于前述物权公示对于静态安全之保护，正如学者所指出的，"物权的享有"和"物权的公示"是两个迥异的概念，物权的享有不一定必须以物权公示为前提，如在物权变动意思主义的法域下，物权没有公示，不等于物权不存在，物权人仍然可以依其权利请求保护。"定分止争"的功能，以及第三人不作为的义务，并不是基于物权的公示。物权公示的主要作用在于，使物权关系得以透明，使第三人拥有一种判断物权种类、物权内容以及物权人的途径，保证第三人的信赖利益不致遭受损害。第三人的利益是交易秩序的化身，保护第三人的利益就是保护交易的安全。② 由此，物权公示制度的主要功能在于保护交易安全。

3.1.2　物权公示的效力

3.1.2.1　公示的对抗力

一般认为，物权公示具有公信力和对抗力两种效力。公示的对抗力包含两个方面，即"公示可以对抗"与"未经公示不得对抗"。前者是对静态安全的保护，即维护物权享有的公示，一旦登记可以对抗第三人；后者侧重于交易安全的保护，即没有公示之物权，不能对抗第三人。③

一方面，"公示可以对抗"赋予已公示之物权人对抗第三人的效力。与所有权的公示相比，担保物权的公示有其特殊之处。基于物权的排他效力，在同一物上不得同时存在两个所有权；但对于担保物权而言，在物尽其用和高效融资的客观需求下，同一物上设定多个担保权抵押是常态。而公示的对抗力是确定优先权的依据所在，即只有在担保物权公示之后才产生对抗效力，从而产生优先权问题。至于优先权的顺位问题，以抵押权为例，大陆法系国家普遍遵循先登记原则和同序原则，即已登记的抵押权之间的优先效力以登记时间的先后为准，同时登记的，顺序相同，按照债权比例清偿。如《德国民法典》第 879 条、《日本民法典》第 373 条均设定了类似的顺位规则。④ 这

---

① 孙鹏. 物权公示论：以物权变动为中心 [M]. 北京：法律出版社，2004：2.

② 孙宪忠. 论物权法 [M]. 北京：法律出版社，2008：52.

③ 江帆，孙鹏. 交易安全与中国民商法 [M]. 北京：中国政法大学出版社，1997：83.

④ 《德国民法典》第 879 条规定："同一宗土地上设定数个物权时，如果这数个权利登记在土地登记簿的同一栏内，则它们之间的顺位关系以权利登记先后次序确定。如果这些权利登记在不同的栏目内时，以登记日期在先者为优先顺位；登记日期相同时，其顺位平等。"《日本民法典》第 373 条第1 款规定："为担保数个债权，而就同一不动产设定抵押权时，抵押权的顺位，依登记的先后而定之。"

种先后顺序确定的理论基石首先在于物权的优先效力，即同一物上存在互不冲突的多项物权时，设立在先的物权优先于设立在后的物权。其次，这符合"先来后到"的基本常理，法律为追求确定性和稳定性，以时间节点作为权利顺位优劣的依据也是顺理成章。

另一方面，"未经公示不得对抗"也具有部分保护动态交易安全的作用。对此，核心问题是未经公示不得对抗的第三人的范畴。采意思主义物权变动模式的日本，在该问题的研究上颇为深入。根据《日本民法典》第177条的规定，未经登记的不动产物权变动不得对抗第三人。由于该条未对"第三人"作任何限定，早期判例支持文义解释，主张无限制说，后逐渐倾向限制说。而如何限制第三人的范围成为学理上的主要争议点。其中争议最大的是"一般债权人"。[①] 实际上，对于"一般债权人"，日本法指的是"狭义的一般债权人"，即最普通的、最具有一般性的债权人。最典型的情形是债权人对债务人有金钱债权，而债务人尚未陷入破产，也不处于执行程序的情形。而其他的债权人，包括破产债权人、扣押债权人、参与分配债权人，都是日本法中典型的不登记就不得对抗的第三人。[②] 也就是说，未登记的担保权物权能对抗的债权人范围狭窄。正如学者所指出的，尽管公示的对抗力也保护部分第三人，但其着眼点是保护权利人，主要作为物权人对付第三人的权利主张；而公信力则旨在保护第三人。[③]

3.1.2.2　公示的公信力

相对于对抗力，公信力是以全然牺牲真正权利人的利益（静态安全）为代价，是对交易安全提供更直接更彻底的保护。物权法正是通过赋予公示的物权以对抗力来保护物权人，稳定财产秩序；通过赋予公示的物权以公信力来保护第三人，维护交易安全。正如学者谢在全指出的，公示方法有保护交易安全的机能，在法律效果上，这种机能就是公信力。[④]

公示之公信力，又称公信原则，是指"依公示方法所表现之物权纵不存在或内容有异，但对于信赖此项公示方法所表示之物权，而为物权交易之人，法律仍承认其具有与真实物权存在之相同法律效果，以为保护之原则"[⑤]。物

---

① 龙俊.中国物权法上的登记对抗主义 [J].法学研究，2012（5）：136-153.
② 龙俊.中国物权法上的登记对抗主义 [J].法学研究，2012（5）：136-153.
③ 尹田.物权法理论评析与思考 [M].北京：中国人民大学出版社，2008：304.
④ 谢在全.民法物权论 [M].北京：中国政法大学出版社，1999：60.
⑤ 谢在全.民法物权论 [M].北京：中国政法大学出版社，1999：60.

权法上所说的公信力表现为两个方面：第一，登记记载的权利人在法律上推定其为真正的权利人。依据《德国民法典》的规定，登记簿的权利推定效力包含积极效力和消极效力两个方面，登记簿 上登记即推定享有该权利，涂销登记则推定不享有该权利。① 前者是登记的正确性推定效力，后者是登记的完整性推定效力。第二，凡是信赖登记所记载的权利而与权利人进行的交易，在法律上应当受到保护。即使登记记载的权利和内容与真实的情形不符，第三人对此的信赖也会受到法律的保护。

由此，物权公示的公信力具有权利推定效力和善意取得效力的双重效力。在德国不动产法上，登记簿的公信力是一种形式化的、绝对的交易保护，被称为法定公信力或绝对公信力。推定效力是善意取得效力的基础，第三人信赖物权公示，须以公示的物权被推定为正确的物权为前提。虽然从本质上而言，推定效力规则仅是程序意义上的规则，但登记公信力使得推定效力具有实体法的效果，成为不可推翻的推定，在完整性推定方面对登记推定效力进行了补充。因此，在适用公信力规则时，只要当事人对登记的正确性或完整性产生怀疑即可，即使与真实权利状况不一致也可适用。德国法赋予不动产登记簿公信力的正当化基础在于，从生活经验出发，登记簿通常是正确和完整的。②

从第三人角度出发，国家机关的参与与审核最大限度地保障了登记的可信性，也使得第三人的信赖具有无可归责性。公示既然具有推定效力，对信赖该公示之推定的权属状况而为交易等行为者，其信赖被赋予存在合理的法律依据，基于信赖而发生的物权交易结果亦应受到法律保护，否则交易安全不能得到有效维护。③ 善意取得效力是指立法者在真权利人的利益和第三人的利益衡量中，优先保护后者。为了避免这一制度过度损害真权利人的利益，需要采取预先措施确保登记的权利状态与真实状态尽可能地相符，使得公示的权利正确性推定效力具有恰当性。而这一目标的达成需要其他制度的支撑，例如，对于登记公示而言，审查模式、登记程序、登记内容等都是保证登记公信力的制度基础。④

---

① 《德国民法典》第 891 条规定："（1）在土地登记簿上，某项权利被为某人的利益而登记的，推定此人享有该项权利。（2）在土地登记簿上，某项已登记的权利被涂销的，推定该项权利不存在。"陈卫佐. 德国民法典［M］.4 版. 北京：法律出版社，2015：336.

② 王洪亮. 论登记公信力的相对化［J］.比较法研究，2009（5）：31-44.

③ 尹田. 物权法理论评析与思考［M］.北京：中国人民大学出版社，2008：298-299.

④ 对此，本章后部分将展开具体的讨论，在此先不详述。

3.1.3 物权公示效力的立法模式与公信力

根据大陆法系物权法理论，公示使担保物权以一种物质形态昭然于世，为公众了解物权归属状况提供公开的、法定的信息；同时，公示为当事人提供某种方式的激励，使其因公示获得某种利益，因不公示而蒙受某种不利益。这种激励在立法上体现为两种不同的模式，即公示生效主义和公示对抗主义。① 有疑问的是，物权的公示和公信力之间是否存在某种必然的法律上的关系？如果答案是肯定的，为何法国、日本等不承认公示的公信力，特别是不动产登记的公信力？该问题事关传统物权下公示是否都具有保护交易安全的功能，殊值探讨。

3.1.3.1 公示生效主义与公信力

在公示生效主义下，物权公示的完成是物权变动的条件，非经公示，物权变动不能产生。在公示生效主义下，不存在对抗力的问题，而是事实上物权变动根本没发生，非为物权。一旦公示，具有了对世性，第三人能够获知交易的信息，公示也因此具备对抗的效力。大陆法系的德国即是采取公示生效主义的典型国家。② 一般认为，在公示生效主义下，公示具有公信力，那么原因何在？有学者认为，公示生效主义将设权效力、权利推定效力和公信力融为一体。决定物权存续的公示是推定效力的出发点，推定效力是公信力的出发点。③ 其中的逻辑是，在公示生效主义下，公示是物权变动的依据，决定着物权的存在，法律推定公示的物权归属和内容具有正当性。而公示以保护交易安全为宗旨，基于物权的排他效力和优先效力，为维护社会公众的信赖和交易的稳定合法性，公示具有保护善意第三人的公信力由此而生。对于占有公示来说，在传统物权法下，大陆法系只存在占有生效主义，占有公示具有公信力。而对于登记公示来说，物权变动模式采用形式主义的德国和瑞士，通常都承认登记具有公信力。④

---

① 孙鹏. 物权公示论：以物权变动为中心 [M]. 北京：法律出版社，2004：3.

② 根据《德国民法典》的规定，任何动产物权之让与，非经交付，不发生物权效力；而不动产物权的变动，原则上需经登记而发生。

③ 常鹏翱. 物权法的基础与进阶 [M]. 北京：中国社会科学出版社，2016：271-272.

④ 《德国民法典》第 892 条第 1 款规定：为以法律行为取得土地上的某项权利或此种权利上的某项权利的人的利益，土地登记簿的内容视为正确，但对正确性的异议已被登记或不正确性为取得人所知的除外。为某一特定人的利益，权利人在处分已登记于土地登记簿的权利方面受到限制，仅在该项限制可由土地登记簿看出或为取得人所知时，该项限制才对取得人有效力。《瑞士民法典》第 973 条第 1 款规定："出于善意而信赖不动产登记簿的登记，因而取得所有权或其他权利的人，均受保护。"

3.1.3.2 公示对抗主义与公信力

公示对抗主义，是指法定的公示方式不决定物权变动发生法律效果，只是在不具备公示手段之前，物权变动的事实不能对抗第三人，但物权变动的效果在当事人间产生。[①] 在公示对抗主义下，由当事人自由决定设立物权的时间和条件，公示不决定物权的生效，只是基于对世性产生对抗第三人的效力。日本和法国是采用公示对抗主义的典型国家。由于大陆法系大多数文献在讨论公示与公信力的关系时，没有区分不动产和动产，且通常是以不动产登记为例展开讨论，有鉴于此，下文将以日本的不动产登记为例，来探讨公示对抗主义和公信力的关系。

日本学者认为，现代的公示制度，是现实市民社会为保证物权交易的安全而建立起来的。公示制度的基本意义在于，经过公示的物权是得到认可的，未经公示的物权发生变动，与经过公示的物权发生冲突时，这种变动不会被认可。[②] 日本民法采取物权变动模式采取的是意思主义，登记并非不动产物权变动的要件，对于不动产登记，通说和判例的观点是不承认其具有公信力。[③] 对此，日本学者的解释是：第一，不动产登记簿相当不完备，构成不实登记的可能性极大。第二，日本尚难建立一种能尽量使得登记权利的变动符合真实情况的制度。如德国采物权行为理论，登记官仅审查物权合意的效力；瑞士不采物权行为理论，但是要求就原因行为设有公证制度。而日本二者皆不兼具，因此登记官无法确保原因行为的有效性。此外，中国台湾地区学者认为，除了上述理由外，还存在以下两个方面的原因：第一，不动产交易本身并不发达，保护交易安全的社会必要性不显著；第二，既然日本采取的是登记对抗主义，则意味着登记并非物权生效的要件，如果因第三人信赖登记而认为有该权利关系的存在，无异于承认登记以创设物权的效力，这构成解释不能，即登记对抗主义与公信力在理论上互相矛盾。

总体而言，日本不承认不动产登记的公信力主要是基于以下几点的考量：第一，彼时不动产交易不发达，赋予登记公信力不具社会必要性；第二，登记制度不完备，如登记反映真实权利概率不高等；第三，意思主义与公信力之间存在理论上的相互矛盾。[④]

---

① 孙鹏. 物权公示论：以物权变动为中心 [M]. 北京：法律出版社，2004：3.

② 田山辉明. 物权法 [M]. 陆庆胜，译. 北京：法律出版社，2001：30.

③ 田山辉明. 物权法 [M]. 陆庆胜，译. 北京：法律出版社，2001：31.

④ 刘春堂. 民商法论集 [M]. 台北：三民书局，1985：188.

针对上述三个理由，本书认为：理由一，现在看来已经明显过时，与社会现实不符。不动产交易之频繁性和复杂性在现代社会与旧时相比已经不可同日而语。事实上，目前，随着登记簿在不动产交易中作用的提升，日本国民已适应了不动产交易应该登记的交易习惯，实践中确实赋予了登记簿相当程度的信赖。[①] 理由二，因登记制度的不完备而否认登记之公信力，是基于对真权利人和静态安全的保护。而随着登记制度趋向完善，承认登记之公信力并非不可能。理由三，则是从法律逻辑的层面质疑。对于这一点，民法学者孙鹏认为，其错误在于混淆了物权变动的内容效力与外部效力，以及混淆了登记的形成力和公信力。[②] 对此，本书表示赞同，传统物权法中赋予登记公信力是为了第三人交易时保障交易安全，而在不涉及第三人时，内部关系是采取"实事求是"的原则，即根据真实权利状态确定权利人。而且公信力的实质本就是在公示错误时，维系信赖公示而有所作为者的交易预期。[③] 简而言之，公信力是针对物权的外部关系而言的，内部关系仍然以当事人的合意为准，因此，意思主义和公信力之间不存在逻辑层面的矛盾。

综上，日本学界通说认为不动产登记簿的记载没有公信力的主要理由是基于法律价值判断的考量，即保护交易静态安全，以及不动产交易的现实等。换言之，不承认公示对抗主义下登记的公信力实则是立法价值取向的体现。这也是为何日本又通过类推适用日本《民法典》第94条中虚伪意思无效不得对抗善意第三人的规定使得对抗具有相对公信力。[④] 这种技术上的转变正好也说明了立法者在法律价值上的转变。由此，本书认为，物权公示效力模式和公信力没有法律逻辑上的必然关系。是否赋予物权公示以公信力，是立法者基于当时社会现实，取决于对真权利人和第三人权利之间利益的协调和平衡。[⑤] 即物权公示是否具有公信力是立法政策选择的结果，无论是在公示生效主义还是公示对抗主义之下，均是如此。

3.2　动产质权的公示

德国学者指出，动产物权的基础思想之一是公示性。赋予法律外观，使

---

① 龙俊. 中国物权法上的登记对抗主义 [J]. 法学研究, 2012 (5)：136-153.
② 孙鹏. 物权公示论：以物权变动为中心 [M]. 北京：法律出版社, 2004：284-285.
③ 孙鹏. 物权公示论：以物权变动为中心 [M]. 北京：法律出版社, 2004：273.
④ 王洪亮. 论登记公信力的相对化 [J]. 比较法研究, 2009 (5)：31-44.
⑤ 尹田. 物权法理论评析与思考 [M]. 北京：中国人民大学出版社, 2008：301-302.

得物权的静态状态与动态变化得以被每个人识别。① 既然物权公示的最重要的目的是维护交易安全，那么物权的存在和变动须具有法律认可的外观标志。传统物权法中，动产担保交易的主要形式是动产质押，公示方式是以占有为中心。

3.2.1 动产质权的演进

在罗马法上，最早的动产担保形式是信托质，即债务人为了取得债权人的贷款等给付，将自己财产的所有权以要式买卖或拟诉弃权的方式让渡给债权人。在原始社会和自给自足的农业经济社会，所有权概念还没有高度抽象，只能提供所有权担保的方式。但由于这种债务担保制度存在目的和手段之间的失衡，信托质的法律结构发生了巨大变化，与质押制度几近相同，最终随着要式买卖的废弃而衰落，直至被质押制度完全取代。

罗马法上的"质权"制度由大法官创造，目的是适应罗马共和国中后期商业兴盛和经济迅速发展的要求。质权是指为了担保债权，债权人可以在给付未履行前留置债务人或者第三人交付的质物，并于债务人给付迟延时，出卖质物以清偿债务。② 与信托质相比，质押的设立更为简便，只需转移占有即可，没有烦琐的形式要求。另外，以权利为标的的质权，是罗马法质权制度的重要特色。可质押的权利类型主要有：可转让的永佃权、地上权、居住权、役权等不动产用益权；可转让的债权以及质权。

在罗马法中，占有与所有权是分离的，占有是一种事实，控制人必须以所有的意思进行占有，否则不能享有占有保护的利益。最初，法律仅承认质权人持有质物，债务人对于质物仍居于所有人和占有人的地位，虽有"占有令状"的保护，但因占有只是事实而非权利，质权人对质物没有物权保障。③后来为了弥补质权对质权人保护不周，以及转移财产的占有有碍生产和生活的缺陷，由萨尔维裁判创立以其名字命名的诉权，建立了抵押制度。

虽然当时罗马法上质押和抵押并存，但是二者并没有明确的界限，"质权和抵押似乎是一个统一的制度，因为抵押只不过表现为对质权的完善，因而有关的理由和诉权都是共同的。只不过按照更地道的方法，如果在履行协议时由债权人转移了占有，人们通常说是质权，如果标的仍由债务人占有，人

---

① 普律廷. 德国动产物权法与所有权保留 [J].庄加园，译. 北航法律评论，2011 (1)：273-279.

② 周枏. 罗马法原论：上册 [M].北京：商务印书馆，2014：440-442.

③ 周枏. 罗马法原论：上册 [M].北京：商务印书馆，2014：440-442.

们则称其为抵押。二者的区别体现在，如果出质人将质押标的转移给债权人占有即为质押，如果出质标的物仍由债务人占有则为抵押权"①。因此，质押和抵押的界限并不明显。事实上，在罗马法早期，质押和抵押经常被混用，因为抵押可以被视作质押的特殊形态。② 此时，乌尔比安确立质押和抵押区别在于担保物是否移转，并被运用在实践中，由此二者开始逐渐分立。直到优士丁尼皇帝时期，《法学阶梯》才特别将质押限定为转移担保物的占有于质权人，而抵押用来专指不移转占有的情况。③ 然而，抵押标的不区分动产和不动产，其范围也极为广泛，任何具有流通性的财产都可以进行抵押。这主要是因为当时没有抵押权须公示的观念，缺乏公示制度的支持。④ 因此，抵押权的存在不能为公众所知悉，使抵押权的效力大受影响，特别是动产，因极易隐藏、转移、毁弃或与其他物发生混同，对抵押权人尤为不利。抵押权成为一种极不安全的担保形式，其优越性难以得到充分发挥。因此，在罗马法时代，占有质权处于中心地位是必然。

日耳曼法上存在所有质和占有质（古质）两种动产担保形态。其中，所有质不同于罗马法系上的信托质，因为日耳曼法没有像罗马法那样的"所有权"观念，占有和权利合一，占有是一种物权，只要拥有对物的实际管领力，均享有占有保护。占有与真实的支配权相结合，构成了权利的外观，被称为"权利的外衣"。因此，转移所有权其实是一种占有的转移。而占有质，最初是在法兰克时代发展出来，即不动产质，债务人不将所有权而仅将占有转移于债权人。因此，无论是占有质还是所有权质，事实上均是转移占有的担保物权。这主要与欧洲中世纪封建主义制度下的社会经济状况密切相关。⑤

直至 11 世纪，由于城市的兴起、商人阶层的出现，商业贸易日渐兴旺，信用交易得到普遍运用，许多不同的商事法律制度，如票据、有担保的债

---

① 费安玲．比较担保法 [M].北京：中国政法大学出版社，2004：153.

② 广义上的质押（pignus）制度，包括了给付质押（pignus datum）和协议质押。前者指需要转移物的占有给债权人以确债的实现的制度；后者泛指不转移所有权的物的担保制度，包括近现代民法中的质押和抵押。马尔西安（Marciano）在《抵押的程式评注》中也认为，质押和抵押的区别仅在于名称的不同。参见向东．传统担保物权法律定位问题研究：以私法史为视角 [J].湘江青年法学，2015（1）：258-276.

③ 李娟．论抵押与质押：兼评知识产权担保方式的合理定位 [J].中国海洋大学学报，2012（1）：99-104.

④ 费安玲．比较担保法 [M].北京：中国政法大学出版社，2004：156.

⑤ 费安玲．比较担保法 [M].北京：中国政法大学出版社，2004：157-158.

权和联营，这些经济因素推动了担保制度的进一步发展。一种对担保物的占有不作转移（非占有担保）的担保方式发达起来，即所谓"新质"，新质至近代法发展成为抵押权。[①] 在日耳曼法上，"新质"的适用范围由最开始的不动产扩大到动产之上，主要是船舶等重量大的物品以及债权人也不便占有的动产。不过，这种动产的非占有质，担保形式只在欧洲各大商业城市采用，并未得到广泛采用。此外，古代日耳曼法没有抽象出权利质权制度，因为日耳曼法上的财产概念包括动产和不动产，权利未被当作无体物规定在财产中。

无论是罗马法还是日耳曼法，基于当时的经济条件和发展水平，占有质是最主要的担保形态，反映了最原始的担保机制。在古代动产担保法上，虽然有占有担保和非占有担保并存的情形，但主要以占有担保为主。

在近代社会，随着物权公示观念的兴起，大陆法系国家基本确立了以占有质为原则的动产担保交易制度。18世纪至19世纪，由于公示主义被倡导，占有质成为唯一的动产担保手段，结束了动产上占有担保和非占有担保并存的局面。在传统的民法典中，对于动产担保物权，唯一的形态是动产（包括权利）质押，动产物权的设立需转移占有。如根据《德国民法典》第929条的规定，任何动产物权之让与，非经交付，不发生物权效力。而不动产物权的变动，原则上需经登记而发生。即使是在奉行物权变动意思主义立法模式的日本和法国，在一般动产质权的规定上，仍然需要占有标的物才能生效，如《日本民法典》第344条规定，质权的设定，以向债权人交付标的物而成立；《法国民法典》第2071条规定，质押契约为债务人将作为担保的物件交付于其债权人的契约。动产质权作为一种担保物权，有其独特的结构和价值。债务人转移占有的作用在于：使担保物处于债权人的实际控制之下，避免第三人随意处分担保物，以及解决"虚假财富"的问题，以免误导第三方相信担保物上无财产负担。

3.2.2 动产质权占有的公信力

占有具有三大功能，即保护功能、取得本权的功能和公示的功能。占有之所以具有表彰本权的作用，是因为本权通常经由占有而得以实现，占有其物者，

---

① 李娟. 论抵押与质押：兼评知识产权担保方式的合理定位 [J]. 中国海洋大学学报, 2012 (1)：99-104.

大都系具有本权。① 按照传统民法理论，动产物权一般以占有或交付为其公示方式。交付和占有分别从动态和静态表征物权关系，占有是交付的结果。②

交付包括现实交付和观念交付，前者是对物的现实的直接的支配和管领。通过交付，动产上物权的变动才能够从外部加以识别，也只有当受让人取得了单独占有并且出让人不享有任何占有时，交付才算完成。后来为了使交易更加快捷和便利，观念交付得到承认。观念交付是占有的观念的移转，包括简易交付、指示交付和占有改定。在简易交付下，由于受让人已经占有动产，基于交易的需要，无须再要求受让人首先将动产占有转移给让与人，再由让与人将动产占有转移给他。而在指示交付中，在设定或转让动产物权时，如果转让动产物权或者为他人设定动产物权之人的动产由第三人占有，该负有交付义务的人可以将其享有的针对第三人的返还请求权让与受让人，以代替现实交付。③ 在占有改定中，原直接占有人放弃了作为所有权人的意图，成为持有人，而受让人则从此刻起成为间接占有人。如所有权人将物出卖之后在一段时间内保留一项债法上的使用权。④

从历史沿革来看，动产占有的公信力，早期罗马法基于"不得以大于自己所有之权利让与他人"的法谚，物权人可以追及，无法保障善意第三人的权利。而在日耳曼法上，占有被认为是权利的外衣，占有具有转移物权的效力，实行"以守护手"原则，失去占有将导致权利保护减弱的法律后果，由此占有具有了类似于公信力的法律效果。随着各国和地区对交易安全的保护，占有均被赋予了公信力，如法国、日本、我国台湾地区等都通过条文对动产占有的公信力做出了明确的规定。⑤

如前所述，权利推定效力是公信力的基础，而公信力是推定效力的具体适用形式。相比登记而言，占有的公信力与物权公信原则的联系更为紧密，对于第三人而言，动产占有人即为动产物权人，除了法律明确规定的特殊动产外，所有动产的占有人均应推定为该动产的物权人。⑥ 占有作为动产物权的

---

① 徐海燕，柴伟伟，冯建生. 动产担保权公示及优先顺位规则研究 [M].北京：法律出版社，2016：74-77.

② 向逢春. 动产让与担保公示问题研究 [J].求索，2013（5）：165-168.

③ 王利明，杨立新，王轶，等. 民法学 [M].北京：法律出版社，2008：273-275.

④ 萨科，卡泰丽娜. 占有论 [M].贾婉婷，译. 北京：中国政法大学出版社，2014：162.

⑤ 孙鹏. 物权公示论：以物权变动为中心 [M].北京：法律出版社，2004：300.

⑥ 魏盛礼. 一般动产抵押：一种法律理论的虚幻——兼评《物权法草案》关于一般动产抵押的规定 [J].南昌大学学报，2005（6）：70-74.

主要公示方式，第三人依据交付或者占有的事实外观，即可判断动产上的权利状况，因信赖该事实外观所从事之交易理应受保护。① 在德国学者基尔克看来，当让与人基于占有状态从事交易时，占有中被赋予了表现出来的实体权，从而获得了有效处分他人所有权以及物权的权限。占有人的占有状态就表明了权利之存在，他无需另行证明，占有即权利乃一自足的命题。根据"占有即本权"的法谚，占有的事实能获得权利上的推定效力，善意第三人可以仅凭借占有的事实进行正常交易，而无需过问占有人的权利是否真实。② 而占有之所以具有权利推定效力的功能，是基于这样一个前提，即占有表征的权利与真实情况多数情况是吻合的。占有的事实与权利相伴者为常态，有占有的事实而无权利者系例外。而作为权利推定效力前提的占有事实，对质权的设定而言，通常是现实占有（或交付）。在罗马法和日耳曼法上，动产质权的设立都以债权人取得质物的占有为要件。近代大陆法系国家均继承了该理论，构建了自己的质押制度，基本上都要求质权的成立必须现实占有标的物，债权人如不占有标的物，动产质就不能成立。正如学者所说，占有的交付在设立质权的行为中是必须的、不可代替的事实。占有和质权的存在相互伴随，失去占有，质权将不复存在。③ 无论是在形式主义物权变动模式下，还是在意思主义物权变动模式的法域下，均是如此，即以占有公示的动产质权，皆实行的是公示生效主义。④

那么问题在于，对于有体动产的质押，为何必须要求转移占有才能生效？这与占有质的独特结构和价值目的有关。质权的运行是以标的物的所有权和占有权分离为前提条件的。这对债权人的好处是，对质押财产的留置权是一项实际的控制，一种安全感。更重要的价值在于，剥夺债务人对标的物的占有，在贷款融资的法律关系中具有重大的适用价值：在设定质押后，使与债务人行为的第三人不会被假装的信用所欺骗（即交付其占有的财产事实上已

---

① 陈发源. 动产担保制度精要［M］. 北京：知识产权出版社，2015：26-27.

② 江帆，孙鹏. 交易安全与中国民商法［M］. 北京：中国政法大学出版社，2007：40-41.

③ 尹田. 法国物权法［M］. 北京：法律出版社，2009：477.

④《德国民法典》第 1205 条规定，为设定质权，所有人必须将物交付给债权人，且双方必须达成关于债权人应享有质权的合意。我国台湾地区所谓"民法"第 885 条规定，质权之设定，因移转占有而生效力，质权人不得使出质人代自己占有质物。《日本民法典》第 344 条规定，质权的设定以向债权人交付标的物而成立。《法国民法典》第 2071 条规定，质押契约为债务人将作为担保的物件交付于其债权人的契约。《法国民法典》第 2076 条规定，在所有情况下，仅在出质物已交付给债权人并继续由其占有，或者已交付给当事人约定的第三人并继续由该第三人占有时，始对出质物存在优先权。

被特别用作债务人的担保）。[1] 也就是说，质权设定要求现实占有，实行公示生效主义的根本目的在于保护交易安全。在上述交付的类型中，对于简易交付和指示交付来说，由于原占有人丧失了占有，受让人取得占有，其结果至少在外观上已经完成了占有的转移，因此具有明显的公示效能。但对于占有改定，一般而言，出质人不得以占有改定的方式而继续占有标的物。其原因在于，一是占有状态没有发生改变，仍然是由原占有人保留占有，动产物权受让人取得标的物的间接占有，以代替该动产现实转移的交付，不具公示效果，如此必将有害于交易安全。二是由于出质人直接占有质物，因此质权人无法对质物加以留置，质权的留置效力丧失殆尽。

3.2.3 占有公示的局限性

自近代大陆法系国家民法典化运动以来，物权公示和物权法定原则逐渐被确定为物权法的基本原则。依据物权公示制度，动产以占有公示，不动产以登记公示成为传统定论。然而，占有公示本身具有局限性。首先，占有的外观虽然能向世人公开占有人与某动产之间存在控制或管领的状态，但第三人并不能从该状态中推断出占有人享有的究竟是何种物权，无法真正起到表征担保物权的外观效果。[2] 也就是说，移转占有只是质权成立的生效要件，以及防止出质人再转让的手段，而不是公示质权的有效方式。[3] 其次，当事人之间设定动产质权，必须转移质物的占有，这虽然给予了质权人留置担保物的效力，造成出质人的心理负担，间接促使其尽快履行债务，但同时占有标的物会增加质押人的保管费用；并且，在质押期间，质押人无法对动产进行使用和受益，限制了担保物的经济利用效率。最后，随着经济的发展，物权从所有到利用的转变，占有公示的公信力和可靠性受到质疑。与占有制度产生之初相比，现代社会的经济样态有着天壤之别，社会分化为生产者和劳动者、经营者和消费者几大阵营，资源日益集中到最能对其善加利用、发挥其最大功效的人手中，所有权和占有的分离已成为一种普遍社会现象，"占有是权利的外衣"这一日耳曼法的古老法谚已经不合时宜。[4] 在很多情形下，占有对其

---

① 江帆，孙鹏. 交易安全与中国民商法 [M]. 北京：中国政法大学出版社，2007：40-41.

② 邹海林. 动产担保物权的公示原则表达：以民法典物权法分编的制度设计为样本 [J]. 法治研究，2017（6）：51-60.

③ 高富平. 物权公示与公信力原则新论 [J]. 华东政法学院学报，2001（5）：23-33.

④ 张晓娟. 动产担保法律制度现代化研究 [M]. 北京：中国政法大学出版社，2013：120-121.

所表征的权利外观和物权的实际状态不具有高度盖然性，这显然削弱了占有的公信力。因此，为了克服占有的上述缺点，各国在动产担保物权的公示方面采取了一些补救和强化的措施，特殊动产抵押上的登记制度即是其中之一。

3.3　权利质权的公示

3.3.1　权利质权的发展

权利质权是以所有权以外的可转让的财产权（如各类债权或者其他权利）为客体而设定的质权。① 权利质权起源于罗马法后期出现的债权质。根据罗马法对"有体物"和"无体物"的区分，权利属于"无体物"的一种，被认为也具有经济价值，可作为担保财产的标的，是动产的延伸。由此，动产质权的客体范围扩张。法国民法对于权利质权的地位未明确承认，因为法国民法将债权、知识产权、股权等作为动产或无体动产，但1804年《法国民法典》首次提出权利可以成为质权的标的。而德国民法则将权利质权作为与动产质权并列的一类质权规定在物权法中。《瑞士民法典》第899条第1款、《意大利民法典》第2086条、中国台湾地区有关规定也均承认在债权和其他可让与的权利之上设立质权。

权利质权和动产质权皆以取得担保物的交换价值为目的，同属价值权，在本质上无差别。立法上为避免重复，关于权利质权的规定，通常是准用动产质权的一般规则。在罗马法上，权利质权制度即被看作是动产质权制度的特殊部分，立法上未对其设定和实现规定特别程序。② 大陆法系国家民法典继受了罗马法的特色，权利质权在民法典中长期依附于动产质权的地位。如1804年《法国民法典》将权利质权作为动产质权和不动产质权的组成部分。但是与罗马法相比，《法国民法典》的进步之处在于：一是权利担保标的范围扩大，如根据《法国民法典》第529条的规定，债与诉权、股份与利息等都可以设定质权。二是在权利质权的设定上有特殊的规则。《法国民法典》第2075条规定，权利质权的设定，除了遵循动产质权的一般规则外，需要通知相关的第三人。《德国民法典》在此基础上，扩展了权利担保的标的范围，涵

---

① 王利明，杨立新，王轶，等. 民法学［M］.北京：法律出版社，2008：427.
② 徐洁. 担保物权论［M］.北京：法律出版社，2006：260.

盖了证券质权、抵押权质权，以及土地债务或者定期金债务人上的质权。如《德国民法典》在第八章第二节"权利质权"中，分别规定了债权上的质权（第1279条）、指示证券之出质（第1292条）、无记名证券上的质权（第1293条）。这主要与当时的社会状况和财富结构有关。虽然《德国民法典》关注了权利质权的特殊性，并规定了权利质权根据权利转让规定设定的一般性原则，但第1273条第2款规定"权利质权准用动产质权规定"。《瑞士民法典》和《日本民法典》也将权利质权看作特殊的动产质权。至于可质押的权利，一般认为，作为权利质权的客体必须是债务人或第三人有权处分的权利，且必须是可以依法转让的财产权利。

3.3.2 权利质权中的占有

现代社会，权利质权的地位与作用日益扩张，使用范围和优越性不在动产质押之下。从历史来看，权利质权的确曾是动产质权的补充形式，但是今日地位已大不同。随着大量的无形财产的产生和企业融资需求的日益旺盛，可以出质的财产种类空前繁多，无形财产的质押成为融资新亮点，特别是股权、应收账款、有价证券、知识产权等财产性权利，在现代经济中扮演着越来越重要的角色。因此，如何物尽其用、发挥无形财产促进信用交易的作用至关重要。物权公示是大陆法系的基本原则，权利质权发展的过程，实际上是权利质权公示方式演进的过程。不同于有形财产，如何赋予权利质权外在的物态化形式，以表彰物权变动，维护交易安全，是各国立法的重点。我国《民法典》物权编单辟一节对权利质权进行专门的规定，并提供了有章可循的公示制度。

如前所述，权利质权的设定通常是比照动产质权设定规则。在传统民法理论中，动产质权的设立是以转移标的物的占有为要件。由此，权利质权的公示，一般认为是通过权利的占有移转来进行的。如史尚宽先生认为："权利质权依债权证券之交付、质权设定之通知或其他方法，使发生占有之移转或其类似之效力。"① 在债权质权场合，债权证书的交付意味着债权的占有移转。② 对有权利凭证的财产，如无记名股票、可流通票据等，我国台湾地区有关规定和《日本民法典》第363条均要求必须交付证书，并以证书的交付作为权利质权设定生效的标志；对无权利凭证的一般债权，针对不同种类分别

---

① 史尚宽. 物权法论 [M]. 北京：中国政法大学出版社，2000：388.

② 《日本民法典》第363条规定，以债权为质权标的的，如有债权证书时，质权的设定，因证书的交付而发生效力。转引自胡开忠. 权利质权制度的困惑与出路 [J]. 法商研究，2003（1）：42-46.

有通知、记载、背书等公示方式。① 而对于知识产权质押，通常采用登记的方式进行，如《法国知识产权法典》即是如此要求。

然而，在权利质押之下，如何才能实现权利的移转和占有呢？学者根据现实的需要，在传统"占有"的基础上引入"准占有"的概念，并创造性地提出了权利占有转移的概念，即"当财产权由一方的控制之下转入另一方的控制之下时"，应当认为发生了权利的占有转移。② 对权利的准占有不同于对有体物实施的控制，对其标准各国和地区规定不尽相同。如《日本民法典》第 205 条从质权人主观状态强调权利的占有是以"自己意思而行使财产权"；而我国台湾地区则从客观角度出发，强调行使财产权的行为本身，认为行使财产权之人即为准占有人。但二者区分不大，实则都源于对传统"占有"概念的理解，即若质权人能够行使某种财产权，则意味着该权利处于该质权人的现实支配之下，这与对有体物的管领和控制在本质上是相同的。

尽管权利是无形财产，但当权利物化于某种载体之上时，则可以通过对该载体的控制实现对权利的控制。如在一般债权质押的情形下，权利的占有通常要求向质权人转移债权证书。③ 但有疑问的是，转移债权证书是否适宜作为一般债权质权的公示方式？第一，债权证书只是当事人之间债权债务关系的一个凭证，债权证书的丢失的确会给质权人行使权利带来一定的不便和障碍，但并不必然意味着债权质权的灭失。第二，债权证书不同于流通证券，其交付给质权人，也无法剥夺出质人对债权的处分权。第三，无债权证书的债权出质时，不存在债权占有的转移，但依然能够成立债权质押。由此，债权质权以债权证书的移转作为公示的方式难以自圆其说，其无法起到如同占有有体物或占有证券债权证书的效力。这也引发了现代权利质押在公示方式上的改革。

---

① 李莉. 登记公示型动产担保物权人权利研究 [D]. 北京：对外经济贸易大学，2014：43.
② 胡开忠. 权利质权制度的困惑与出路 [J]. 法商研究，2003（1）：42–46.
③ 我国台湾地区所谓"民法"第 904 条规定："以债权为标的物之质权，其设定应以书面为之。如债权有证书者，并应交付其证书于债权人。"《日本民法典》第 363 条规定："以让与时需要交付证书的债权作为质权标的时，质权的设定以交付其证书而发生效力。"《瑞士民法典》第 900 条规定："（1）无契约证书或者仅有债务证书的债权，须以书面形式订立质权契约，始得出质。有债务证书的债权，并应移交该证书。（2）质权人及出质人可将质权的设定通知债务人。（3）其他权利设质，除需书面质权契约外，还需遵守规定的有关权利转让的形式。"

3.4 动产抵押权的公示

在传统理念下，在动产上设定不转移占有的抵押，不仅与物权公示规则不符，更会损害交易安全，因此近代大陆法系国家普遍废弃了动产抵押制度。如在德国，"质权＝动产担保制度，抵押权＝不动产担保制度"的理念根深蒂固。《德国民法典》指出，抵押权以不动产为客体，而质权的客体为动产和权利。因此《德国民法典》上动产担保的形式只有一种，即设定质权。欧洲其他一些主要国家，如法国、瑞士、意大利等也坚持在不动产上设定抵押权、在动产上设定质权的原则。① 其中，1804 年《法国民法典》更是明确禁止在动产之上设定抵押权。② 然而，随着 19 世纪各国先后开启工业革命，社会经济迅速发展，动产和权利的种类和价值逐渐上升。工商业利用不转移财产的占有获得融资的需求愈来愈强烈。由此，在经济因素的驱动下，20 世纪之后大陆法系国家原本禁止动产抵押的态度开始动摇，动产抵押制度得益于特别法和判例法下的承认而随之复苏和发展。

3.4.1 动产抵押登记的公信力

如前所述，公示生效主义下的登记具有公信力自不待言，有疑问的是公示对抗主义下的登记是否具有公信力。针对此问题，前文已用日本的不动产登记为例，论证了物权变动模式与登记是否具有公信力没有必然的联系，公信力的赋予与立法价值取向有关。此处，本书欲借助此结论，以分析登记对抗主义下的动产抵押登记是否具有公信力。

经考察发现，凡规定有动产抵押制度的国家和地区，皆以登记为公示方式。在这些国家和地区，主要存在三种立法例：意思成立——登记对抗主义、书面成立——登记对抗主义和登记成立主义。③ 日本和我国台湾地区采取的是登记对抗主义。本书认为，即使是在意思主义的物权变动模式之下，公示仍有被赋予公信力的可能，在传统物权法理念下，公示是为了保护公众信赖，公示的价值正是通过公信力来保障交易安全。正如学者所言，"公示和公信构成手

---

① 徐海燕，柴伟伟，冯建生. 动产担保权公示及优先顺位规则研究 [M].北京：法律出版社，2016：100.

② 转引自张晓娟. 动产担保法律制度现代化研究 [M].北京：中国政法大学出版社，2013：67-68.

③ 王泽鉴. 民法学说与判例研究：第 1 册 [M].北京：北京大学出版社，2009：108.

段和目的的关系，公示的目的就是为了产生公信力，没有公信力的公示在民法上是无意义的"。① "物权公示最根本的作用是给物权的各种变动提供有公信力的法律基础。"②

物权公示保护交易安全的功能必须通过公信力表现出来，否则物权公示的必要性存疑。既然是否具有公信力取决于立法政策的选择，即保护静态安全和交易安全的价值衡量，若保护交易安全，则公信力成为必要。③ 总而言之，物权的公示公信原则的正当性就在于，在法律赋予物权表征方式的前提下，引导第三人信赖权利表征的权利状况进行交易，从而使物权关系获得一个稳固的基点，即保护第三人免受不测之害，维护交易安全。从保护第三人的角度出发，登记并非动产抵押权成立的要件，非登记只是不能对抗第三人，已经登记的可以对抗第三人。抵押权人可以凭借登记排除抵押财产上的竞存利益，而不赋予登记公信力则导致善意第三人因错误登记而无法获得救济，这对于第三人来说未免有失公允。因此，动产抵押登记应该具有公信力。

3.4.2　动产抵押登记公信力的制度基础

考察大陆法系动产担保登记制度可以发现，通常将其与不动产担保登记作一体讨论，未作严格区分，动产担保登记基本上是参照不动产担保登记进行管理，动产抵押即是如此。登记机关是公众信赖的守门人，为了尽量避免瑕疵公示，确保登记之现象与实质权利相一致，立法者对动产抵押的登记范围、登记事项、审查责任等方面均有严苛的要求。

第一，登记范围有限。

事实上，大陆法系大多国家，如德国、法国、瑞士、意大利等抵押权普遍以不动产为原则，禁止动产抵押。如前所述，出于融通资金和利用动产发展生产的需求，也为了解决现代市场经济发展引发的制度危机，动产抵押制度得到承认，但可抵押的财产范围相当有限。大陆法系主要国家，如法国、德国、日本均采取严格限制主义，动产抵押只能设定在某些特定的动产之上。如德国在民法典生效后先后制定《有关已登记船舶及建造中船舶权利之法律》《船舶登记法》《农地用具租赁人员资金融通法》等，规定对于船舶、航空机、海底电缆、

---

① 梅夏英. 民法上公示制度的法律意义及其后果 [J].法学家，2004（2）：115-123.
② 孙宪忠. 中国物权法总论 [M].北京：法律出版社，2014：301.
③ 孙鹏. 物权公示论：以物权变动为中心 [M].北京：法律出版社，2004：282.

农地用具租赁人属具（牛、马、锄锹等）及营业财产可以设定动产抵押权。法国也通过特别法的形式确立了对船舶、航空机、汽车、耕耘机、家畜、农业动产、收获物、旅馆营业用具、石油、石油生产物及营业财产的动产抵押权。① 在日本，允许设定抵押的物包括农业机械和牛马、各类机动车、船舶、航空器、建设机械等，且只能设定抵押，不能设定质押；而对该范围内的其他动产，如流通中的商品、企业的在库商品和加工原料等，只能设定质权或通过让与担保来解决。② 我国台湾地区虽对动产抵押标的物有所扩展，但其范围仍有限制，可抵押物有明确的品名和名录，未列入的不允许抵押。③

总之，登记作为动产担保物权公示的范围均受到一定程度的限制，对于有形动产，多为有体特殊动产，如航空器、船舶、机动车、工农业原材料及设备等。之所以允许这些动产适用于抵押登记，一方面在于其性质的特殊性，它们一般价值大，流动性强，要求登记是国家出于对重要财产实行管理所需和某些方面的经济要求。另一方面，此类动产是生产或生活所必须，占有此类动产不利于债务人和担保财产的生产能力，转移占有将影响物的价值，有违"物尽其用"。

不可否认的是，动产抵押制度是在取得以登记为公示方法的条件下建立起来的，它克服了古罗马法上动产抵押一直无公示方式的缺点，使其不再是一种危险的权利，而具有一定的合理性和较高的安全性。但是，以特别法的形式确认的做法也有缺陷：其一，动产抵押制度缺乏一般概括性规定，各种动产抵押是以特别法的形式规定的后果是不仅导致各特别法间容易产生冲突，而且还造成了很多条文规范的重复设置。其二，一项特别法仅仅规定一种动产抵押，这种立法是相当不经济的。与此同时，动产的数目、种类也随着经济的迅速发展而日益增多，这种立法也是相当被动的。④

同时需要指出的是，虽然作为不动产物权公示方式的登记已延伸至特殊动产，但是由于大多数国家对于动产抵押登记的范围均持谨慎态度，一般动产的担保交易仍以占有公示，占有和登记公示的二元冲突并不明显。原因是，虽然在特殊动产之上确实可能存在着以占有公示的质权与以登记公示的抵押

---

① 林咏荣. 动产担保交易法新诠［M］. 台北：三民书局，1993：10.

② 刘玉杰. 动产抵押法律制度研究［D］. 上海：复旦大学，2010：47.

③ 根据我国台湾地区有关规定，机器、设备、工具、原料、半制品、成品、车辆、农林渔牧产品、牲畜及总吨位未满20吨之动力船舶或未满50吨之非动力船舶，均得为动产担保交易之标的物。

④ 高圣平. 物权法与担保法：对比分析与适用［M］. 北京：人民法院出版社，2010：200.

权并存的情形，但并不多见，因为动产抵押的机能本在于扩充动产的可担保性及用益职能，以登记的方式取代标的物的占有，以适应工商业及农业资金融通的需要，因此，现实中较为常见的仍是以抵押登记的方式获取特殊动产之担保利益。而对于除去特殊动产的一般动产来说，同一种财产上的公示方式只有一种，不存在同一动产既可以占有公示又可以登记公示的情形。权利担保也是如此，只存在单一的公示方式。也就是说，从目前主要大陆法系国家关于动产担保物权公示的法律规定来看，除了特殊动产之外，鲜少发现在同一个动产（包括权利）的担保之上存在两种不同的公示方法。在大陆法系国家及地区的民法体系中，物权法定原则不仅要求种类强制、种类固定，公示方式的明确且唯一也是其中的应有之义，同一物上不能出现竞合。而这种公示方式的单一对应性也正是为了避免物权公示方式的混乱，从而保障交易安全。

第二，登记事项具体详细。

在简单商品经济条件下，极少有物的占有权和所有权分离的现象，占有也是动产唯一的公示方式。但随着非占有型担保形式获得广泛承认和发展，占有公示的局限性不断凸显，登记作为占有的替代性公示方式而逐渐发展起来。诚然，现代登记制度在解决如何公示不宜占有的有形财产和无形财产上发挥了重要作用，但交易安全问题也随之凸显。出于对交易安全的保护，传统的登记制度要求的登记信息详细且具体，如当事人的身份证明、担保物状况、交易基础关系等，以具体地揭示债权债务关系，维护交易安全。这种模式被称为"交易登记"（transaction-filing）模式。它的目的是最大限度地保障登记内容的真实和准确。

对于动产抵押而言，在我国台湾地区，设立动产抵押需要提交登记申请书、登记原因的契约、当事人身份证明文件、标的物所有权证明或使用执照等。① 再如，我国 1995 年出台的《企业动产抵押物登记管理办法》（已废止）第 4 条规定，办理动产抵押登记，抵押当事人需要向登记机关提交主合同和抵押合同、有关抵押财产的所有权或者使用权证书、有关动产抵押物存放状况资料。② 相对普通动产而言，交通运输工具抵押登记所提交的材料更为具

---

① 参见我国台湾地区所谓"动产担保交易法"第 7 条、"动产担保交易法实施细则"第 6 条。
② 2016 年我国出台的《动产抵押登记办法》对登记的内容作出了改进，不再要求登记基础关系及以上信息，而且删掉了旧办法中的兜底条款"需要提供的其他资料"，但登记事项仍然很详细。参见 2016 年《动产抵押登记办法》第 5 条。

体。① 此外，根据物权客体的特定性原则，动产抵押的标的物在登记时即应该特定化。因此，在传统动产抵押登记制度下，对担保物的描述必须是详细、具体、合理的，以便第三人可以通过登记簿确定债务人在何种财产上设定了抵押。

第三，登记资料真实性的审查。

比照不动产登记的审查模式，动产担保物权登记审查模式分为实质审查和形式审查。相对于后者，前者要求更高，不仅审查登记申请文件在形式上的完整，还需审查担保基础关系，如主合同和抵押合同的有效性和真实性。一般认为，登记的审查模式与物权变动的立法模式息息相关。登记机关的审查，是物权登记真实性的直接保障。因此，为了最大限度地保障权利的真实性，在承认生效主义的情形下，应选择实质审查模式。② 只有对登记的信息做实质性审查，才有可能确保登记的内容符合客观事实，这也是保证登记公信力的前提。对于诸如知识产权等无形财产的质押，大陆法系采取登记生效主义的国家，登记审查模式通常实行实质审查，如德国和瑞典③，但二者的关系也不是必然的。对于设定在特殊动产之上的抵押而言，大陆法系国家一般采取登记对抗主义模式，即使是奉行物权形式主义模式的德国也不例外。德国立法上的主要特殊动产——船舶，被视为同房屋一样的不动产，管理船舶登记制度即是按照基于立法者最终按照不动产法的原则和理念构建。特殊动产抵押登记的审查模式实行的仍是实质审查。④ 虽然随着物权行为理论的诞生和发展，德国的实质审查主义已经架空⑤，登记机关对当事人的实体法律关系的意思表示不予审查，但登记材料的真实性可以依赖公证机关把关，在登记人员和公证人员的共同保障下，登记能反映正确的权属状况。

---

① 参见我国《机动车登记规定》第 23 条、《民用航空器权利登记条例》第 7 条、《船舶登记条例》第 20 条。

② 王洪亮. 不动产物权登记立法研究 [J].法律科学，2000 (2)：118-127.

③ 根据瑞典《专利法》第 12 章第 95 条第 1 款的规定，以专利出质的，质权自书面的财产质押合同的登记之日时设立。登记申请向专利局提出。专利局被赋予实质审查职责对登记信息的真实性负责，需要审查专利质押合同，以应对质押登记中可能出现的欺诈和不实行为。参见韩赤风，张兆永. 瑞典专利质押制度及其借鉴 [J].知识产权，2015 (10)：136-140.

④ 高圣平. 登记对抗主义之下的动产抵押登记制度 [J].法学家. 2007 (6)：118-123.

⑤ 陈华彬. 论基于法律行为的物权变动 [M]//梁慧星.民商法论丛：第 6 卷. 北京：法律出版社，1997：122.

3.5　非典型动产担保权的公示

担保物权作为一种限制物权，权利人不能对财产即财产权利予以全面支配，不能像所有权人那样依照自己的意志和利益行使所有权的全部权能，而只能支配标的物的交换价值。[①] 根据法律构成，担保物权有权利移转型担保物权和限制性担保物权之分。前者指的是将担保物（归属意义上的）所有权（包括对"债权"的"所有权"、对"专利权"的"所有权"）移转（保留）给债权人（或保留在债权人手中）。担保物权人就担保物取得的是"所有权"。后者指的是他人拥有"所有权"的物上设立的有限制的担保物权。[②]

根据担保物权的本质特征，在他人之物上设立定限物权是担保物权是基本的、最主要的方式。而非典型担保权与普通的担保物权原理相异，是以所有权担保债务的履行的担保工具，是为了克服后者的弊端而出现的新样态。如前所述，在质押下，在质物出质期间，债务人因不占有质物，质物被闲置而无法加以利用，就经济效益的角度而言形成资源的浪费。虽然有抵押制度可兹使用，但其范围受限，因此面对发达活跃的经济社会，法律往往无法作出回应。囿于物权法定主义的限定，大陆法系国家基于交易之需要，另辟蹊径，寻求通过司法裁判，以法续造的方式承认和确立了所有权保留和让与担保。

所有权保留，是指在买卖关系，尤其是分期付款的买卖关系中，双方当事人对买卖关系所附条件的一种约定，内容是在买卖关系成立后，出卖人可以将标的物的占有转移给买受人，但是在买受人未完全支付价款之前一直将保留标的物的所有权作为其买价的担保。[③] 关于所有权保留的性质，德国主流学说主张所有权构成论下的附停止条件所有权转移说[④]，认为购买是建立在占有改定转移所有权之上的，卖方是间接占有人，买方是暂时的持有者。[⑤] 由此，德国通过占有改定的方式解释，实现了体系的和谐和逻辑的自洽。在所有权保留中，买受人的权利是一种期待权，其性质一直以来也存有争议，主

---

① 王利明. 物权法研究：下卷 [M]. 北京：中国人民大学出版社，2007：322.

② 孙鹏，王勤劳，范雪飞. 担保物权法原理 [M]. 北京：中国人民大学出版社，2009：21-22.

③ 孙宪忠. 德国当代物权法 [M]. 北京：法律出版社，1997：344.

④ 此为德国、日本的通说，亦为我国学者认同。参见梁慧星. 中国物权法研究：下 [M]. 北京：法律出版社，1998. 余能斌，候向磊. 保留所有权买卖比较研究 [J]. 法学研究，2000（5）：74-89.

⑤ 沈达明. 法国/德国担保法 [M]. 北京：对外经济贸易大学出版社，2015：201.

要有形成权说、所有权部分或全部转移说、债权说、特殊权利说等。且期待权本身也没有特定的公示方式。① 因此，就其实质来看，所有权保留是一种类似于让与担保隐蔽（不公开的）质权。② 作为一种非典型担保方式，所有权的设立无任何形式上的要求，也无需进行公示。

让与担保，脱胎于罗马法上的信托质，是以当事人依让渡所有权的方式作为债权实现的担保为特征。严格来说，这实际是物的担保的早期形态。考察让与担保的发展轨迹，其在德国法院判例中经历了否定、萌芽、认可等艰辛的发展历程。为了绕开普通法上对动产抵押的禁止，当事人不得不采取一种迂回的方式，以满足交易上对于不转移占有的动产担保需求，即缔结附买回条件的买卖契约，并利用租赁或者使用借贷名义以占有改定的方式继续占有利用动产。在学说上，德国学者主要依据罗马法上的信托行为理论来构建让与担保理论的基础，并继而发展出让与担保性质论的学说。③ 后来日本在判例理论和各种学说的辅助下，将让与担保最终发展为一种物的非典型担保方式，并在理论层面最终确立担保权构成论。④ 让与担保使一些不能设定典型担保物权的权利实现担保化。各种新生或尚在形成中的财产权，如电脑软件、电话加入权、老铺、招牌等特殊权利，这些能否成为确定的法律上的权利，可否成为质押或抵押的标的，尚有争议，得到民法上的承认往往需要很长的时间和过程，可是企业的经营、商家之运作却难以容忍法律进程之步履艰难。而让与担保正是对这种困境的克服。⑤

通过判例和学说所发展起来的所有权保留和让与担保，具有传统担保无法比拟的巨大优势（如扩大担保物的范围，以及避免债务人经济状况的公开等），为经济融资打开了新的渠道，在德国和日本等大陆法系国家的动产担保实务中占绝对优势地位，但一度未被成文法所"认领"，原因主要在于，这两项制度因存在欠缺合适的公示方式，以及大陆法系浓厚的概念法学味道的"两分法"（典型担保物权和非典型担保物权）的影响。⑥ 以让与担保为例，

---

① 王利明. 所有权保留制度若干问题探讨：兼评《买卖合同司法解释》相关规定 [J].法律评论, 2014（1）：176-183.

② 施蒂尔纳. 德国物权法：下册 [M].申卫星，王洪亮，译. 北京：法律出版社，2006：666.

③ 李世刚. 法国担保法改革 [M].北京：法律出版社，2011：198-199.

④ 王闯. 让与担保法律制度研究 [M].北京：法律出版社，2000：31.

⑤ 英美法系的按揭制度，类似于让与担保，是为了弥补动产抵押发展起来的。随着社会的发展，按揭的原本意义发生了改变，现代立法为按揭提供登记制，更加接近大陆法系的抵押。

⑥ 王闯. 让与担保法律制度研究 [M].北京：法律出版社，2000：13.

不公示对让与担保交易的第三人而言难谓公平，如在二重让与担保中，对于后位让与担保权人，即使是善意且无过失的，在担保权顺位上次于无公示的前让与公示担保权，这对他是无辜的。让与担保缺乏公示的巨大缺陷，使其存在成为一种危险制度的可能。① 因此，即使在让与担保被引入和接受的今天，学说上仍存有争议和批评。

但有疑问的是，为什么存在如此缺陷的让与担保制度却没有在德国实务中式微呢？如有学者指出，"德国即使没有全面的动产担保公示制度，其经济发展状况也较良好"②。对此，"有关资料表明，让与担保的运用在银行信贷中几乎占到了一半的比例……让与担保权在很大程度上借助于设定人本人的信用"。③ 可见，让与担保制度之所以能在德国得到广泛适用并保持秘密性，是在其高度发展的市场经济环境下，交易主体基于信任而达成，而且这种信任是在银行和企业之间长期合作形成的。

需要指出的是，在日本和我国台湾地区，某些特殊动产之上的抵押还存在着标记的公示方法。根据日本相关法律的规定，以汽车、飞机等动产作抵押的，必须铭刻法律所要求的抵押标记，否则不具有公示效力。在我国台湾地区，根据有关规定，动产担保除了登记之外，须由登记机关在显著部分烙印或粘贴卷标等，以资识别。我国实践中也存在着这种特殊的公示方式，司法解释曾对此表示认可。④ 相对占有而言，登记结合标记的形式比占有来推定权利正确性更为合理，但其缺点和局限也是显而易见的：首先，其适用范围有局限，因为并不是所有动产都适合标记，一些体积较小、质地特殊的动产（如珠宝、项链等）就不适宜。其次，标记会因为自然原因而消除，如随着时间的流逝而变得模糊；或者因为人为原因而消除，如标记被擅自涂销或恶意毁损等。⑤ 总之，单独的标记不是一种法定且可取的公示方式。

---

① 徐洁. 担保物权论 [M]. 北京：法律出版社，2006：220.

② 王洪亮. 动产抵押登记效力规则的独立性解析 [J]. 法学，2009（11）：88-98.

③ 徐洁. 担保物权论 [M]. 北京：法律出版社，2006：227.

④ 例如，2014 年 2 月 24 日公布的《最高人民法院关于审理融资租赁合同纠纷案件适用法律问题的解释》第 9 条第 1 款规定，"出租人已在租赁物的显著位置作出标识，第三人在与承租人交易时知道或者应当知道该物为租赁物的"，第三人不得依据《物权法》第 106 条中有关善意取得的规定取得租赁物的所有权或者其他物权。

⑤ 张晓娟. 动产担保法律制度现代化研究 [M]. 北京：中国政法大学出版社，2013：123-124.

3.6　小结

在传统物权法中，物权公示最重要的功能在于保护交易安全。物权公示具有对抗力和公信力，虽然公示的对抗力也保护部分第三人，但其主要保护物权人，公示的对抗力是确定物权人优先权的依据所在，而交易安全的保护主要依赖公示的公信力。物权公示的公信力表现在两个方面：权利推定效力和善意取得效力。推定效力是善意取得效力的基础。物权公示效力的立法模式和公信力没有法律逻辑上的必然联系，取决于对静态安全和动态安全价值之间的利益衡量。在公示生效主义下，由于公示是物权变动的要件，公示通常被赋予公信力。而公示对抗主义和公信力之间不存在逻辑层面的矛盾。是否赋予物权公示以公信力，是立法者基于当时社会现实，取决于对真权利人和第三人权利之间利益的协调和平衡。

在古代和近代社会，大陆法系国家逐渐确立了以动产质权为主导的动产担保交易制度，占有（交付）是动产担保交易的主要公示方式。在大陆法系主要国家，占有一般被赋予了公信力，原因是：第一，无论物权变动模式是奉行意思主义还是形式主义的国家，质权的设立皆采取占有生效主义，是否现实占有质物是质权是否成立的条件，因为占有人对物的实际控制状态或事实使第三人易于判断某主体与某物之间存在某种支配关系，因此为保护交易安全，占有应具有公信力。第二，占有的事实获得了权利上的推定效力，而承认推定效力的前提是权利的表征与真实情况多数情况是吻合的。然而占有作为动产质权的公示方式具有局限性，如第三人无法真正起到表征担保物权的外观效果，限制担保物的使用效率，现代社会占有和本权现象的加剧等，这些因素使得占有的公信力受到削弱。

权利质权，在传统民法上通常被定位为与动产质权相并列的一类质权，其规定通常是比照动产质权的一般规则。在权利质权的设定和公示上，是依照占有的逻辑理论，通过权利的占有移转来完成的。为适应现实的需要，学理上发展出"准占有"的概念，但从本质上而言，其仍然基于对传统"占有"含义的理解，即对权利实施完全的控制和支配。对于一般债权质押，传统物权法理论认为转移债权证书是其公示方式，然而存疑的是该证书仅是债权关系的凭证，交付证书并不意味着权利发生占有转移。债权证书的转移不能作为债权质押的公示方式。

　　鉴于占有公示本身的局限，登记作为占有的替代性公示方式而逐渐发展起来。关于动产抵押登记是否具有公信力，传统物权法文献大多将不动产担保登记和动产担保登记作一体讨论，且后者的管理多是参照前者的背景下。本书认为，无论是登记对抗主义还是登记生效主义模式，动产抵押登记应该具有公信力，因为物权公示的根本目的就在于保护交易安全，保障物权表征方式的可信赖性。而作为公众信赖守门人的登记机关，为了尽量避免瑕疵登记，确保权利推定的正确性，立法者对登记范围、登记事项、登记资料真实性的审查方面提供了登记公信力的制度支撑。

　　非典型动产担保权因与普通的担保物权原理相异而被排斥在民法典之外。让与担保和所有权保留具有担保的功能，但均采取的是秘密担保的形式。然而，交易结构下所有权和占有相分离的状态，使得二者必须具有合适的公示方式成为必要。诚然，在德国法下，让与担保制度并没有因为不登记公示而退出实务界，且目前尚未影响其经济的发展状况，这主要得益于其高度发达的市场经济环境，以及银行和企业之间深度的信任。若缺乏此种前提，采取隐秘形式的让与担保仍存在潜在的危险。

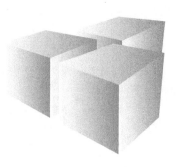

4

现代动产担保交易公示制度的
功能——警示

担保权的创设旨在通过责任财产分离的形式，有效化解市场风险，它对促进资金融通和商品流通起到了重要作用。时至今日，由于经济发展和科技的突飞猛进，动产权利种类日新月异。在经济因素的驱动下，传统动产担保物权的体系构成和范畴已发生了深刻的变迁。如何应对多样化的融资需求，促进经济的发展，是大陆法系和普通法系担保权立法改革需要共同面对的问题。

4.1　美国动产担保交易制度概述

至 19 世纪初期，美国法上的担保类型以不动产按揭和动产质押为主。① 对于动产质押，转移占有被认为是质押制度的精髓和实质，质押的力量得益于它是"自然的"，是唯一证明权利的象征。该原则在美国统治了几百年，而非占有型担保则被认为是欺诈性的。② 因为财产无负担的表象创造了"虚假财富"，会误导第三人相信特定担保物上无财产负担，导致债务人将财产卖给善意的买方或者诱使第三方贷款。③ 也就是说，与大陆法系一样，最初英美担保法也只承认占有为动产物权的公示方式，剥夺债务人对质物的占有被认为是避免欺诈的主要公示机制。早期美国法中的权利质权也是如此。美国法上动产不限于可移动的有形财产，债权、商业证券、商誉、知识产权、债券和股票等权利被称为无体动产，因此，权利质作为动产质的一个组成部分而隐含其中，不存在独立的权利质权制度。但由于固守传统"质押以质物的交付为前提"的原则，实践中只承认有物质载体的权利可以质押，如无记名债券、无记名股票、可转让提单，而普通的质权质押、知识产权质押则被排斥在外。

随着经济的发展，美国法以不动产抵押为参照，通过制度创新确立了动产抵押，承认了非占有型担保，许多州在立法中规定"只要当事人在公开的文件中进行记载，贷款人就可以获得不转移占有的担保利益"，但是动产抵押制度在美国未得到广泛的适用。一方面，由于受到传统的不动产抵

---

① 高圣平. 动产担保交易制度研究 [D]. 北京：中国政法大学，2002：39.

② 例如，19 世纪 20 年代，美国法院拒绝承认浮动抵押的概念，认为：将财产设定担保，但债务人仍然保留处置财产的权利，或者是为了自身的利益而利用该财产的收益，在法律上是欺诈和无效的，无论该抵押是否进行了登记。这个衡平法上的担保工具从此没有了根基。See GEDYE M. The development of New Zealand's secured transactions jurisprudence [J]. UNSW law journal, 2011, 34 (2)：696.

③ TIBOR T. Comparative secured transaction law [M]. Budapest：Akadémiai Kiadó, 2002：159.

押制度的影响，其适用范围较窄，主要适用于标的物能够且容易被确定的场合，如汽车、机器的抵押，无法适用所有的动产类型。另一方面，由于动产抵押登记受到不动产抵押登记的影响，因此登记内容相当复杂，登记效率低下，无法适应现代社会快速商业流转的需要。① 作为占有的替代性信息标识而发展起来的登记方式，"早期在内容上非常详细、程序上严格，成本高昂、与债务人意图隐藏自身金融状况的需求产生了严重的冲突，同时，登记机构的分散、不同类型财产登记公示机构和方法的多样化也对当事人构成极大负担"②。随后，为了绕开动产抵押的弊端，以及适应商事活动的需要，实践中出现了各种新型的担保工具，如附条件买卖、信托收据、行纪人留置权、应收账款让与等。③ 然而，由于各种动产担保类型构造各异，加之美国的联邦制法律体系，各州不同的做法带来了不可避免的冲突和混乱。为满足制定各州统一适用的商事法律需求，美国《统一商法典》第 9 编应运而生。④

有学者指出，第 9 编动产担保制度被认为是开放式的，因为第 9 编包含了任何一个意图设立担保的合同，无论当事人如何称呼它。它不受一个物权法定的限制，如果有交易意图履行担保的功能，则受制于第 9 编的条款。第 9 编代表了美国动产担保交易制度中物权法定从有到无的转变。该变革可以被描述这样一个过程：当一种形式的担保出现问题的时候，实务者就诉诸另一种方式，如果新的方式运行得更好。担保法的变革因此回应了实务者对司法判决的关注，反过来，法院对新担保方式的态度也因此受到促动。⑤

第 9 编在立法理念上的创新和其所带来的深远效果，使各国充分认识到信贷融资对于经济发展的重要作用，认为有必要建立一个简单、灵活、自由、透明的现代动产担保交易的法律体系。⑥ 不少国家，如英美法系的加拿大、澳

---

① 王冬梅. 论动产抵押 [D]. 武汉：武汉大学，2010：17.

② 王乐兵. 金融创新中的隐性担保：兼论金融危机的私法根源 [J]. 法学评论，2016，34（5）：50-62.

③ 台湾中兴大学法律研究所. 美国统一商法典及其译注：下册 [M]. 台湾银行经济研究室，1979：739.

④ 美国《统一商法典》于 1952 年正式对外公布，最初的第 9 编是 20 世纪 60 年代末的修订文本，为旧版第 9 编，现行第 9 编是 1998 年形成，2001 年 12 月 31 日美国各州均通过该编。

⑤ TIBOR T. Comparative secured transaction law [M]. Budapest：Akadémiai Kiadó，2002：124.

⑥ STEVEN A J M. Secured transactions reform [J]. The Edinburgh law review，2013（17）：251-256.

大利亚、新西兰①，以及遵循大陆法传统的加拿大魁北克省②，匈牙利等中东欧国家均以第 9 编为借鉴蓝本进行本国的动产担保交易制度改革。不仅如此，《联合国国际贸易法委员会担保交易示范法》③、《欧洲示范民法典草案》、《欧

---

① 新西兰和澳大利亚分别于 2002 年 5 月与 2012 年 1 月实现了其有史以来最重要的商法改革，即正式施行个人财产担保法（Personal Property Securities Act，PPSA），其主要框架和原则均借鉴了美国《统一商法典》第 9 编。在新西兰个人财产担保法中，规范的对象主要是动产和权利，没有将在土地上的利益纳入其中。承载交易的具体法律形式，特别是关于所有权转让或保留，二者的效力差别已经不再重要。同时，新西兰个人财产担保法没有废除传统的担保形式，而是消除了不同担保类型之间法律意义上的差别。虽然引入了一个更加概括的担保利益的概念，传统担保形式仍然被适用。在新西兰个人财产担保法下，很多租赁交易被定性为担保交易，只有当"租期是少于一年的固定期限"的交易时才被排除在外。在一些案例中，法院认为租赁的财产也受制于浮动抵押，出租人和担保权人之间的冲突通过优先权规则加以解决。在这种背景下，有学者认为，普通法上"不能给付自己没有的东西"的传统观念正发生转变，从而引发了"所有权重构"的危机。See GEDYE M. The development of New Zealand's secured transactions jurisprudence [J]. UNSW law journal, 2011, 34 (2)：696.

② 由于历史和法律文化传统的原因，魁北克是一个多法域的地区，受到大陆法系和英美法系的双重影响。在美国、加拿大普通法的冲击下，《魁北克民法典》取消了质权与抵押权的划分，抵押包括动产抵押和不动产抵押，动产质押可以依交付或不交付设立。《魁北克民法典》也设立了一个一元性的担保概念，不仅适用于不动产和动产，还适用于有形财产和无形财产、单一财产和集合财产、现有财产和将来财产。《魁北克民法典》第 2660 条（第 6 卷第 3 编）规定："担保物权是在动产或不动产上设定的使此等财产就履行债务承担责任的物权。它赋予抵押债权人追及不论在任何人手中的财产、占有财产就物受偿或自己出卖或让人出卖财产的权利，并在出卖的情形，就出卖的收益依本法所定顺位享有优先受偿的权利。"同时，《魁北克民法典》也对担保权的设定、担保债务的范围、担保权的效力、担保权的行使、担保权的消灭，以及优先权和权利公示等进行了统一的规定。需指出的是，为了保持与本国法的同构性和兼容性，《魁北克民法典》进行了有选择的吸纳和调适：第一，总括性的担保不仅包括意定的担保类型，如质押、抵押，而且还涵盖了法定担保，如留置权、建筑工人债权等。第二，未采用功能主义方法将非典型担保纳入其中。事实上，魁北克民法典修订办公室也曾提出以"担保物权之推定"形式出现的"交易的实质"规则，但最终并未被采纳，主要原因在于，该"交易的实质"无法与一个自成一体的、与英美法完全不同的体系相融合。

③ 联合国国际贸易法委员会（United Nations Commission on International Trade Law，UNCITRAL）早在 1968 年就开始着手动产担保交易方面的工作计划。贸易法委员会在 1980 年第 13 届会议上审议了一份关于担保交易统一规则的报告。在那届会议上，贸易法委员会经讨论认为，动产担保交易法在世界范围内的统一很可能是无法达成的，并决定暂停推进该项目。1988 年，国际统一私法协会（International Institute on the Unification of Private Law，UNIDROIT）完成了国际保理和国际租赁的相关工作。1989 年，该协会开始开展关于移动设备担保权益的准备工作，2001 年达成《开普敦公约》（Cape Town Convention on International Interests in Mobile Equipment）。同样在 2001 年，联合国国际贸易法委员会通过《联合国国际贸易应收款转让公约》（United Nations Convention on the Assignment of Receivables in International Trade）。随后，国际组织出台了一系列关于动产担保交易的法律文件。这些国际组织包括联合国国际贸易法委员会、国际统一私法协会、海牙国际私法会议（Hague Conference on Private International Law）、欧洲复兴开发银行（European Bank on Reconstruction and Development）、美洲国家组织（Organization of American States）。2017 年《联合国国际贸易法委员会担保交易示范法》得以通过。See BAZINAS S V. Uniform secured transactions law：the model Inter-American law and the UNCITRAL model law on secured transactions compared [J]. Revue de droit uniforme, 2022, 27 (2)：193-225.

洲复兴开发银行动产担保交易示范法》①、《美洲国家组织动产担保交易示范法》、《开普敦条约》也深受第 9 编的影响。

考察美国相关制度的发展历程可以发现，美国法上动产担保权公示的最初目的是防止"虚假财富"，防止欺诈性转让和隐性担保。而防止虚假财富的学说，与大陆法系上的物权公示实则异曲同工，二者在宗旨上趋同，即均是以公示担保利益，保护交易安全为目标，且两大法系都将此置于担保法的显著地位。但与德国等大陆法系国家采取的秘密担保的形式不同，美国法选择了截然相反的路径，即采取了公开通知机制，其核心是建立统一的动产担保交易登记系统，登记在范围、内容、程序上被大大简化。该机制是美国整个动产担保法的基石和哲学。如果某种担保不能充分地被公示，则不会被美国法所承认。② 在该机制下，公示制度的功能发生了根本的嬗变。基于此，下文将以美国法为例探讨现代动产担保交易公示制度的功能及其形成原因。

4.2 美国动产担保交易公示制度的功能考察

如前所述，在传统物权法下，交易安全的保护是动产担保交易公示最重要的功能。不可否认，英美法系根本就没有物权之概念，更何谈公示。不过，法律外在形式之不同，尚不足以抹杀其内部所蕴含价值取向上的共性。正如本书在开篇所强调的，美国《统一商法典》第 9 编中的 perfection 与大陆法系中物权公示的含义相当，但其是否具有传统民法下动产担保物权公示所具有的功能，深值讨论。

4.2.1 动产担保交易公示之设权力

大陆法系，特别是德国法，极为强调和注重法律的体系化、技术化和形式完善，表现在物权领域，即明确区分物权概念和债权概念，坚守债权和物权的二元划分。③ 因此，大陆法系传统理论认为，当事人之间的"合同"仅能创设意定债权。物权变动，需要具备外在的形式——如登记或占有，即公示具有创设物权的效力，这是物权抽象原则的典型体现。

---

① 《欧洲复兴开发银行动产担保交易示范法》实质上也是遵循第 9 编的路径，特别是对于非占有担保物权的公示，规定非经登记不能对抗第三人。

② TIBOR T. Comparative secured transaction law [M]. Budapest：Akadémiai Kiadó，2002：159-161.

③ 尹田. 物权法理论评析与思考 [M]. 2 版. 北京：中国人民大学出版社，2008：9.

相对于大陆法系，英美法系是一个以判例法为特征的开放体系，法律传统较为自由，财产法中没有物权和债权概念的划分。对英美法系来说，"合同"是个广泛的概念，不仅能在当事人之间创设意定债权，还能创设意定物权，不需要任何形式要件，交易的当事人被赋予了相当大的自由。根据美国《统一商法典》第 9-201 条的规定，无论对于第三人的利益有多大的影响，担保利益的设立只是当事人之间的事情。① 依据该条（a）款下的规定，根据当事人之间的条款担保协议，对担保物之买方和债权人有效。因此，事实上，第 9 编中动产担保利益的设立，属于民商事法中意思自治的范围，与是否进行公示无涉。简而言之，在美国法下，只有"公示对抗主义"，不存在"公示生效主义"，动产担保交易的公示不具有设权的效力。

4.2.2 动产担保交易公示之方法

美国《统一商法典》第 9 编摒弃传统担保法中以担保方式为基础的分类方法，而是根据担保物的性质进行归类，并以此确定公示方法。具体而言，美国法上动产担保物的分类主要包括货物、准无形财产、无形财产。

货物（goods）包括消费品、农产品、存货和设备。这四种货物的分类是相互排斥的，如同一个财产不可能既是设备又是存货。一个医生的汽车或者农民的卡车，可能是消费物，也可能是设备，分类的决定因素是财产的主要作用。而在不同的情形下，同一个货物可能有不同的分类，例如收音机在交易商手里是存货，但是在消费者手里就是消费品。假若电脑原本买来是作为消费品，但是后来转变为设备使用，那么此时货物应如何定性呢？在美国司法实践中，法官倾向于以货物最初买来时的主要使用途径作为判断标准，或者说将担保利益附系的时间视为决定货物性质的关键。存货（inventory）是指被拥有并被销售的货物。债务人的存货通常包括在工作过程中的原材料、在商业过程中使用或消耗掉的原材料。存货的概念，不仅包含成品和原材料，还包含在制造成品中所使用或消耗的其他材料。如剩余的铝箔废料等产品制作过程中的副产品。农产品（farm products）的范畴比字面意义上更广，并不只包括庄稼，还包括农场运作中使用的或者是产生的物资，比如种子、杀虫剂等，甚至是拖拉机燃料都包括在内。美国法上设备（equipment）的判定往往采取排除法，即不符合消费品、农产品、存货定义的，即为设备。

---

① BROOK J. Secured transactions [M]. Frederick, MD：Aspen Publishers, 2011：53.

准无形财产指的是采用"不可缺少的文书"（indispensable paper，即权利的存在以之为唯一证据的文书）表彰的无形财产，如物权凭证、票据、动产契据、投资财产、存款单等；完全无形财产指权利凭证表彰的无形财产，包括应收账款、知识产权、采矿权等。需注意的是，所有的担保物能且只能归入其中一类。

美国《统一商法典》第9编中规定的动产担保的公示方式有四种：占有、登记、控制、自动公示。占有担保物，即质押，是动产担保物权最原始的公示方式。根据第9编的规定，可以通过占有公示的担保物包括：货物、物权凭证、有形的动产契据、票据、证书证券等准无形财产。即只有能通过外观形式表彰的担保利益，才能被通过占有的形式进行公示。对于占有公示，司法实践中有较大争议的是，独立的第三方的占有是否构成担保物的公示？最先对这个问题有所考虑的案件案情是：债务人和担保权人为了增进相互间的信任、保障合同的履行，聘请了独立的第三方代理人，三方签订协议，由该第三人占有担保物。审判该案件的法院认为该种质押在法律上是不可能的。因为传统上的有效质押，担保物必须是被担保权人或其代理人掌管和控制；而独立代理人作为第三方中介，并不是担保权人一方的单独代理人，而是双方的共同代理人。① 而在另一个类似的案例中，法院的观点却完全不同：第9编下的公示，占有并不必要是归于担保权人或只受担保权人控制的代理人；代理人的占有和债务人的无占有状态，清楚地向潜在的第三人表明，债务人在这个担保物上的所有权和利益是受到限制的。且作为一个独立的机构实体，代理人不会被自动认为仅仅是债务人的代理人。因此，担保交易的第三人并不会被代理人的占有而产生误解。② 可见，司法实践中，法院对占有状态有了实质性转变，从注重传统占有制度的形式特征转向实质主义，注重占有概念背后隐藏的现实意义，因为他们认为第三方代理人的占有有效排除了债务人对担保物的控制和保留，这已足够实现公示的通知功能。

登记制度成为几乎所有担保物（包括物理上不能占有之物，如应收账款；物理上能占有之物，如货物）通用的公示方式，交易习惯中素有"有疑问就

---

① In re Dolly Madison Industries, Inc., 351 F. Supp. 1038, 11 U. C. C. 926 (E. D. Pa 1972), aff'd, 480 F. 2d 917 (3d Cir. 1973). See BROOK J. Secured transactions [M]. Frederick, MD: Aspen Publishers, 2011.

② In re Copeland, 531F. 2d 1195, 18 U. C. C (3d Cir 1976). See BROOK J. Secured transactions [M]. Frederick, MD: Aspen Publishers, 2011.

登记"的传统。以应收账款为例，它是指为对所出售的或者出租的货物或服务，而享有的付款的权利。① 实践中它被看作是简单的买卖合同，只是合同债权的凭证并非象征权利本身。因此，应收账款的质押，唯一的方式是登记，并不能通过占有达到公示。在美国，应收账款作为担保物的法律适用非常广泛，据统计，美国小企业有担保物的贷款中，70%是由应收账款或存货单独担保或二者共同担保。② 美国应收账款融资发挥的重要作用，离不开登记系统作为公开信息平台的运用，它一方面有效解决了优先权的顺位（在同一应收账款上的担保利益，一般原则是登记在先原则，而登记的时间具有不可逆性，判断优先权顺序便捷且确定）；另一方面由于登记信息较为简单，也克服了应收账款出质登记可能导致的商业信息泄露的制度缺陷。

知识产权是另一类典型的完全无形财产，关于其登记的机关，法律实践和认识并不统一。美国法规定如果知识产权是由联邦法规、规章或条约所调整，则联邦程序应被优先考虑。③ 因此，根据特别法优先于一般法的法律适用规则，知识产权质权的公示应该由联邦法律管辖。即商标和专利上担保利益的公示，应该向专利商标局登记，版权上担保利益的公示，需要向版权局登记；而不是向债务人场所所在州的中央办公室登记。但在司法实践中，涉及商标担保利益公示的案件，法院一般认为州登记机关的登记足以构成公示，仅在专利商标局登记则是无效的。而版权领域，美国法院区分了注册版权和未注册版权，前者在专利商标局登记即可完善，后者需要到州登记机关登记。在专利质权公示方面，法院认为在州登记机关登记更合理、更便捷。④

与大陆法系类似，早期的登记制度要求披露交易的详细信息，它虽有利于透明交易信息，防止欺诈，但登记程序烦琐、成本过高，且容易暴露债务人的经济状况，这与债务人保守交易秘密的心理产生了严重冲突。为了平衡担保利益保密性和公开性的冲突，第 9 编提供了折中的方法，即采取"通知登记"（notice-filing）模式。首先，现行第 9 编改变过去登记机关繁多、杂乱无章的状态，不再以担保物的不同来定位登记机关，而是规定除非有特别规定（如房地产相关的担保交易），所有担保物之上的动产担保权统一到州的中

---

① See UCC 9-102.

② 李峰，王全弟．美国应收账款担保制度及其对我国的启示［J］.复旦学报（社会科学版），2011（4）：102-110.

③ See UCC 9-311.

④ 祝宁波：美国知识产权抵押担保法律制度评述［J］.华东理工大学学报，2009，24（4）：72-78.

央办公室登记。其次，"通知登记"模式将登记的信息量降到最低，登记的功能仅仅在于向第三人揭示特定担保物上所存在的在先担保利益。担保权人无需登记主债权合同或担保合同，只要提交一份满足标准的初始融资声明即可，内容主要包括：债务人的姓名、担保权人的姓名、担保物的描述。① 其中，担保物的描述可以非常简单和概括，例如当事人可以只描述担保物的种类，② 甚至可以概括性描述为"债务人的所有财产"。③ 也就是说，只要担保物是可鉴别的，即满足描述充分性的要求。

从本质上说，与传统的"交易登记"模式相比，美国"通知登记"模式有很大不同：于前者，登记是服务公众的守门人，更多地意味着保护公众信赖；而在后者，登记则是促进当事人沟通的工具，目的在于提醒第三人担保物上已存在之担保利益。④ 第9编的通知登记系统，一方面维护了担保人保密交易细节的利益，另一方面降低了当事人的登记成本，提高了交易效率。同时，担保人还可以继续使用担保物，维持正常的营业活动。总之，担保人最终从该系统中受益。

可以通过控制公示的担保物主要包括投资财产、存款账户等。有权利凭证的证书证券，是投资财产中唯一可以通过占有公示的，而某些投资财产，既可以登记公示，也可以控制公示。⑤ 控制是美国《统一商法典》第9编在1994年修订时新引入的公示方式，但究竟何为"控制"，《统一商法典》未给出一个统一的定义，但第9编的评述中以证券为例，阐述了控制的含义：取得控制是指购买人（担保权人）鉴于证券持有的不同方式，已经采取了必要的步骤，使自己处于无需所有者（债务人）更进一步的行动，即可买卖证券的地位。⑥ 根据美国法的规定，无论是何种类型的投资财产，一个总的原则就是，当担保权人可以自行出售该财产而不需要另行请求所有人为任何行为时，该担保权人就享有了对该财产的控制。采用"控制"公示的担保利益，虽然没有有形的权利外观，但是被控制意味着证券或证券权利完全处于担保权人

---

① See UCC 9-203, 9-502 (a).

② See UCC 9-108 (b).

③ See UCC 9-504.

④ See CASTELLANO G G. Reforming non-possessory secured transactions laws: a new strategy? [J]. The modern law review, 2015, 78 (4): 611-640.

⑤ 如证书证券、非证书证券、证券权利、证券账户、商品期货合约或期货账户等。See UCC 9-104~107.

⑥ See UCC 8-106.

的支配之下，足够起到通知第三人的作用。

随着民事权利观念发生了重大转变，某些无形的财产性权利（如债权、股权等）通过书证的形式得以表现，在现代社会，该法律现象越来越明显。美国证券市场历史悠久，金融化程度高，各种证券在动产担保领域盛行，在融资市场扮演着非常重要的角色。证券，包括证书证券（certificated securities）和非证书证券（non-certificated securities）。具体而言，前者又包括记名证券和不记名证券。

记名证券，指记载有证券权利享有者的姓名的证券。担保权人"控制"记名的证书证券：若证书证券被交付给购买人，及：①该证书被背书给购买人或有有效的空白背书；或②在发行人最初发行时或转让登记时，该证书以购买人的名义登记。① 可见，通过控制公示记名证书证券上的担保权益包含两种途径：一是交付+背书或空白背书；二是将担保权人变为实际上的控制人。但需注意的是，在美国，记名证券可以不经背书进行转让，记名证券的交付本身即构成完整的交付，但是未经背书，不能对抗善意第三人，该善意第三人享有要求补充任何必要背书的可强制实际履行的权利。② 即美国记名证券上权利的转让，仅通过转移占有权利证书就能实现，无需背书。在担保的情形下，针对记名证书证券，在美国法下，只要债务人向债权人交付并且债权人接收该证券，债权人即完成了担保权的公示程序。③ 然而，根据优先权规则的特别规定，通过占有公示的记名证书证券中的担保权益，优先于通过除控制外的方法公示的冲突性的担保权益。④ 简言之，质押记名证书证券，登记、占有和控制都是其公示方法，但就优先权的顺位而言，控制最优、占有其次、登记最末。因此，为了获取在先的顺位，担保权人的最佳选择是对记名证书证券进行控制。

不记名证券，指证券上未记载特定权利人姓名，持有人即为权利人，无需背书，流通性较强。当不记名证书证券被交付给担保权人时，就表明该担保权人"控制"了该证书证券，即不记名证书证券的公示为占有，如无记名股票、票据、提单、仓单等所载的担保利益的公示。⑤ 另外，占有可流通物权

---

① See UCC 8-106 (b).
② See UCC 8-307.
③ See UCC 9-310 (b) (7).
④ See UCC 9-328 (5).
⑤ See UCC 8-106 (a).

凭证或票据，同时也意味着该权利证书下所覆盖的货物同时获得了公示。典型的如仓单和提单中涵盖货物的公示，则可通过占有该仓单或提单来公示，①因为货物上的权利已被锁定在此类单据中。这样的规定为债务人和担保权人带来了极大的简便，不仅免除了进行登记公示的手续，而且担保权人也无需为存放货物发愁。由此可知，不记名证书证券的公示方式为占有和登记。在二者的优先权顺位上，根据 UCC 9-330（d）的规定，占有型流通证券担保顺位优先于登记型流通证券担保，但同时第 9 编中对流通证券顺位规则有严格的限制：占有流通证券的人必须支付了对价、善意且不知道自己的担保权已经破坏了登记型流通证券担保权人的权益。②

非证书证券，指非由证书提示的证券，如通过证券中介持有的股票、基金。其公示方法是控制，即通过交付或发行人已经同意其将遵从购买人而发出的指示，而无需登记的所有人的更进一步的同意。何谓非证书证券的交付？UCC 8-301（b）（1）规定非证书证券对购买人的交付发生于：在最初发行或转让登记时，发行人登记购买人作为登记的所有人，或证券中介之外的其他人，或者代表购买人成为非证书证券的登记的所有人，或者以前已经成为登记的所有人，承认其为购买人持有。

证券权利，如获得融资财产的权利。其控制的方式是，通过使购买人成为权利持有人，或证券中介已经同意其将遵从购买人无需权利持有人的更进一步的同意，而发出的权益指令，或其他人代表或承认代表购买人控制证券权利。值得注意的是，基于利益和风险的考虑，这里的发行人或者证券中介，并没有义务同意与担保交易的当事人达成所谓的"控制协议"，即使证券登记的所有人或者权利持有人有此指示。

另外，即使非证书证券的登记所有人或者证券权利持有人仍然保留了发出指示或权益指令，或以其他方式处理该证券或权利，该购买人也构成控制。也即，非证书证券或证券权利上可以同时接受债务人和担保权人的指示或权益指令，担保权人并不享有排他的控制，但这并不影响担保利益的公示。值得考虑的是，实际上赋予债务人继续控制的权利，对于担保权人来说，是否具有不可承受的风险，毕竟债务人的行为可能会影响到整个担保物的价值。实践中，担保权人通常会出于现实情况考虑或同情，不会完全控制担保物，

---

① See UCC 9-302（c）（1）.

② 李莉，石伟. 论登记型与占有型动产担保物权的冲突及其消解 [J]. 学术月刊，2015，47（2）：93-99.

如浮动抵押；为了获得优先于登记的顺位，担保权人会同意与债务人共同控制投资财产，但前提是双方协商一致，要求债务人仅限于做出有益担保物升值的指示，如购买优质股票；而担保权人也有权获得及时的通知。

自动公示，是指当担保利益附系于债务人特定的担保物之上时，该担保利益就完成了公示，无需采取其他步骤进行公示。UCC第9编规定了13种可以自动公示的情形。商业实践中最主要的情形有以下3种。

第一，买卖价金担保权（purchase-money security interest，PMSI）。

买价担保利益与普通担保利益不同的地方在于：其一，担保物是该担保物引起的买价债务的货物或软件。其二，买价义务是担保物价金的全部或部分，或者为使得债务人能够获得担保物上的权利或者使用给予债务人对价，且该对价事实上被如此使用。消费品上的买价担保利益，无需通过以上公示方式，附系完成之时就自动公示。

那么，在美国司法实践中，如何认定买卖价金担保权益呢？例如，A到B处购买珠宝，A看中了一个领带夹，由于A是常客，因此B同意让他带着领带夹走出店铺。A允诺将会在一周之内来付款。假设B同意A一周之内再来付款，但没有提及以领带夹为担保。几天之后，A询问B是否可以延长付款的时间，B同意给A更多时间，但B要求A签订担保协议，给予B在该领带夹上的担保利益，以担保付款义务。问题是，在这种情形下，A在该领带夹上享有的担保利益是买卖价金担保权益吗？根据UCC 9-103（a）的规定及其对该条的官方评论："买卖价金担保利益要求担保物的获取与担保义务之间有紧密的关系。因此，一个担保利益不能被认定是买卖价金担保义务，如果一个人获取财产是基于没有担保的信用，随后创造了一个担保利益去保证付款的价钱。"因此，虽然B获得了领带夹上的担保利益，并且也是为了担保A购买领带夹所应支付的价款，但这项利益的设立是B在销售结束之后才获取的。

实务中，还可能存在如下情形：假设B看中了A一艘船，价格32 000元。B向银行贷款26 000元，银行给予他一张支票，并连同B自己的支票6 000元，一并支付给A，作为B与银行的贷款协议的一部分，B赋予了银行在其所购船上的担保利益，以保证他的还款义务。此时，银行享有的担保利益也属于买卖价金担保权益，完全符合UCC 9-103（a）的定义。但是，假设B将银行借来的钱存放到了自己的支票账户，与B的自有资金混合存放。一个月后，B签发了一张32 000元的支票给A。那么，银行是否仍然对B所购买的船享有买卖价金担保权益？此时，由于购买船的现金来源难以明确，因为根据美国法的要求，银行必须确保 B 的贷款实际上是用来购船。因此，实践中的通常做法是，银行将钱款直接支付给卖方，而并非发放给借款人，以此维护自身作为买卖价金担保权人的地位。

第二，流通单据或保管人占有的货物上的担保权益。

除已经为该货物发行流通单据的保管人外，从债务人取回货物或单据 20 日内，担保利益是公示的，若担保权人使债务人可获得货物或为下列目的提示货物的单据：最终的出售或交换，或装载、卸载、储存、运输、换船运、制造、处理，或在某种意义上为出售或交换做准备的其他方式处理。

第三，收益。收益包括"通过买卖、租赁、许可、交换或者担保物的其他处理得到的任何东西"。① 在第 9 编下，担保物可附系到任何可鉴别的担保物的收益上。

申言之，只要原始担保物可以被"确认"或"追踪"，无论担保物被处分几次，仍是担保物的收益。关于收益的公示，如果原始担保物是公示的，则该收益上的担保利益即是公示的，具有 20 天自动公示的期间。若在担保利益附系到收益的 20 日内，单独对收益进行了公示，则公示被认为是持续的，公示日期可以回溯到原始担保物公示之日，即使原来的担保物描述并未涉及该收益。否则，收益上的公示效力消失，但有两种例外，一是"收益是可被确认的现金收益"②；二是对收益不是通过现金收益获取（票据、折旧物等），需要满足以下条件：已经提交包含原始担保物的融资声明；收益上担保利益的登记处与原始担保物的登记处一致。

起草者之所以会免除上述情形公示的程序性要求，直接赋予公示的效力，是基于交易习惯和公共政策的考虑：一方面，缺乏占有或登记的外在物态化形式，对担保权人来说，固然存在风险，但相较于登记或占有带来的不便，这种风险是他们愿意而且可以承受的风险，且长期的交易使他们积累了应对该风险的经验；另一方面，对第三人来说，自动公示虽无法产生广而告之的效果，但实践中谨慎的第三人除了查阅登记的公共记录和查看占有状态外，还会进一步问询债务人。此外，如此安排也是为了实现 UCC 之宗旨，即鼓励交易，提高市场效率。

综上所述，绝大多数动产和权利皆可以通过登记进行公示；有权利凭证

---

① See UCC 9-102（a）（64）.

② "现金收益"指金钱、支票、储蓄存款或类似形式的收益。See UCC 9-102（a）（9）.

的权利质权，区分记名证券和不记名证券，还可以通过占有或控制进行公示；无权利凭证的权利质权，如投资财产中的非证书证券、证券权利，可通过控制公示；而完全无形财产如知识产权和应收账款等，由于自身的属性，公示只能经由登记完成；存款账户的担保，控制是其唯一的公示方式。可以看出，不同于大陆法系下一般动产及权利之上仅有单一的公示方式，美国法上同一类担保物可以采取多种方式公示，如以消费物（如电脑）为担保物，占有和登记都是其公示的方式。某些权利的质押甚至可以有三种公示方式，如记名证书证券，即记载有证券权利享有者的姓名的证券。根据美国《统一商法典》的规定，记名证书证券上的担保权益公示除了可以登记之外，还可以通过"控制"和"占有"的方式。① 而无论采用哪一种公示方式，担保权人均可以获得优先受偿的权利，只是在优先顺位上有所差异。

针对美国动产担保交易法这种多元化的公示体系，有学者评价道：对于担保权人来说，这是一个利好，因其可以自行选择，还可以节约费用；但这种担保权益公示的自由主义政策，给查询人增加了不少的麻烦——查询人要搞清物品和可流通权状上是否负担担保利益，就有必要对登记系统和担保物之在所进行双重查询。② 也就是说，第三人有义务查询登记簿，且需要确认标的物的占有（或者控制）状态，否则，其优先权将面临被其他担保权人超越之风险。③ 实际上，这与第 9 编公示制度的设计理念有关。第 9 编的起草者期望卖方或者贷款者在做出承诺之前，不仅仅只单独依赖查询登记结果或查看是否占有，而是结合二者，勤勉为之，以确定特定担保物是否存在通过其他方式公示的担保利益。

4.2.3 动产担保交易公示之公信力

第 9 编中决定优先权顺位的一般规则是遵循在先公示和在先登记原则。④ 也就是说，若两冲突的担保利益均以登记公示，则先登记者优先权顺位在前；若二者以不同方式公示，则先公示者优先。该一般规则的适用对象涵盖了大

---

① See UCC 8-106（b）、UCC 8-307.

② 董学立. 美国动产担保交易制度研究 [M].北京：法律出版社，2007：125.

③ 但需注意的是，并非所有的第三人均需查阅登记簿，如浮动抵押和一般动产抵押中的"正常交易中的买受人"。

④ 当然，还存在着一些例外规则，如前文提到的记名证书证券的担保，占有公示的记名证书证券中的担保权益，优先于通过除控制外的方法公示的冲突性的担保权益。简言之，其效力强弱分别是控制最优、占有其次、登记最末。See UCC 9-328（5）.

部分的有形动产，包括一般动产，以及机动车、工农业设备等某些特殊动产。

举例来说，假设在某年的 7 月，B 向 A 借钱，B 将其戒指质押给 A 作担保。同年 12 月 22 日，B 由于某种原因向 A 要回了该戒指。B 于当天下午在向一家融资公司申请借款时，也授予了该融资公司在戒指上的担保权益，且该公司在 12 月 23 日对此担保利益进行了登记，并同时提供贷款给 B。直到次年的 1 月份，B 才重新将该戒指返还给 A 占有。对此案美国学者的分析是，A和该融资公司的担保利益都已经公示，分别是通过占有和登记。根据美国《统一商法典》9-322（a）（1）的规定，竞存的已经公示的担保利益和农业担保权益，根据登记或公示的时间决定优先顺序。在本案中，由于融资公司是在 12 月 23 日通过登记公示，而 A 是在次年 1 月份才重新获得占有公示，从时间上判断，显然在优先权顺位上，融资公司的顺位在前。① 此时，登记和占有的效力是平等的，无大小强弱之分，仅凭公示的时间顺序来判断谁拥有在先的顺位，先公示者获得顺位在前的优先权。

同一类型担保物上可以多种方式公示，且在一般情形下，登记和占有产生的效力平等，再加上"通知登记"模式下登记信息的简化，第 9 编在这三个层面的特色，使得占有和登记均不具有权利推定效力。以上述案件为例，当融资公司决定接受 B 赋予其在戒指上的担保利益时，必须先查询登记簿以确定戒指上不存在其他在先的担保利益。但这是不够的，因为戒指上可能已经存在着一个以占有公示的担保利益。这就意味着，在美国法下，登记簿上的涂销并不意味着权利人权利的终结，因为还存在着该权利人以其他方式公示利益的可能性。由此，美国动产担保交易的公示不具有公信力。

4.2.4　美国动产担保交易公示制度的功能仅在于警示

物权公示的主要目的在于赋予物权外在的物态化形式，以表彰物权变动或物权，维护交易安全。通过以上分析可知，美国动产担保法中的公示没有设权效力、推定效力及公信力，无法起到大陆法系中的交易安全保护功能。本书认为，在美国法上，对第三人而言，动产担保公示的功能仅在于警示，即通知或提醒对债务人的担保物感兴趣的第三方，在该担保物上已经有担保利益的存在。该结论也与美国本土学者对 perfection 的论述相符：这些论述多

---

① BROOK J. Secured transactions [M]. Frederick，MD：Aspen Publishers，2011：260-271.

将 perfection 解释为英文中的 publicity 或 notice，也即"公开"或"通知"。①
"登记并不构成买受人财产权利的基础，它的唯一作用是揭示有关这一财产所
发生的处分。"② 简言之，《统一商法典》第 9 编的最终想法即是让交易市场
自行去规制彼此间的交易秩序，公示制度仅是作为信息披露的管道，至于担
保权人和债务人之间交易的具体情形，需要第三方进一步地探究和调查。③ 即
使查询人因为错误信赖登记而产生了损失，也属于商业风险的范畴，是商业
经济活动中所应正常承担的损失，也是商人可以承受的损失。而美国动产担
保交易公示功能向警示功能转变的最终目的，是为回应外部的经济需求，特
别是在后工业经济时代，随着动产开始逐渐成为融资的主要对象，"整个经济
体进入了融资竞争的时代，登记的作用发生了根本的嬗变，即由防止欺诈和
隐性担保转向便利融资"④。

4.3 美国动产担保交易安全的保护

既然公示的功能仅在于提醒第三人，那么交易安全的保护如何实现呢？
对此，第 9 编采取了一系列的措施，如严格规定担保公示的有效性规则，以
确保公示的准确性和真实性，以及基于登记对抗力或立法政策的优先受偿规
则等措施，对潜在的后位担保权人、买卖价金担保权人、担保物买受人等第
三人的利益进行保护。⑤

---

① STACY S P. Follow the leader?：the utility of UNCITRAL's legislative guide on secured transactions for developing countries（and its call for harmonization） [J].Texas International Law Journal，2014，49（1）：35.

② 哈伊.美国法律概论 [M].北京：北京大学出版社，1997：88.

③ 赵英.权利质权公示制度研究 [D].北京：中国社会科学院研究院，2009：55.

④ 王乐兵.金融创新中的隐性担保：兼论金融危机的私法根源 [J].法学评论，2016，34（5）：50-62.

⑤ 需要说明的是，前文已述及，公示的对抗力包含"公示可以对抗"与"未经公示不得对抗"。未经公示不得对抗第三人这一层面可以起到保护部分第三人交易安全的作用。根据美国《统一商法典》9-317（a）（2）的规定，除非是买价担保权，未经公示的动产担保权劣后于留置债权人（lien creditor，或翻译为法定担保债权人）。而美国法上的 lien creditor 实际上外延广阔，包括了破产管理人以及扣押债权人等债权人。即公示的担保物权能对抗的也只是"狭义的一般债权人"，如金钱债权人。可以说，在美国动产担保交易制度中，未公示的担保物权基本上并无优先效力。参见龙俊.中国物权法上的登记对抗主义 [J].法学研究，2012，34（5）：136-153. 由此，第 9 编下公示对抗力保护交易安全的作用也非常有限，主要依靠的是登记的有效性规则和优先权规则。

4.3.1 对潜在的后位担保权人的保护

为了使潜在的后位担保权人能够精准、全面地获取登记的必要信息，以便谨慎做出融资决策，第9编采取了债务人报告制度以补偿登记系统公示信息受限的缺陷，同时辅以多项措施确保登记内容的准确性。

4.3.1.1 "债务报告"补偿部分信息受限的缺陷

在通知登记模式下，由于登记系统提供的信息简明扼要，不公开当事人之间所有的交易信息，有关具体的债权债务关系，如债权额、贷款期限、利率、已偿还的债权额等，需要查询者进一步地询问。考虑到查询者的利益需要，第9-210条赋予了债务人请求担保权人提供信息的权利，即债务人有权要求提供有关担保物清单、清算账目或有关账目报表，从而给予债务人交易的谨慎的查询者开放另一条调查途径。① 这样一来，融资声明中被限制的部分信息也可以得到补偿。然而，有论者认 为，通知登记制度人为地将一次可从登记内容中获得的信息分两次获得，加重了交易人的负担。② 对此，第9编考量的是，有关担保利益具体信息的秘密性不能因为查询者的效率性获得充分的合理性。③ 可以看出，立法者更偏向于保护债务的秘密性，债务报告制度则是对查询者的弥补，体现了两相冲突的利益之间的均衡与妥协。

4.3.1.2 多项措施保证登记信息的准确性

在美国法下，登记的效力模式类似于登记对抗主义，未经登记不得对抗第三人。加之美国通知登记制（也称声明登记制）下的登记系统实行的是"精确匹配"的检索标准④，因此确保登记内容的准确性成为保护交易安全的重要手段。

第一，第9编规定了多项登记的有效性规则。一是债务人的姓名。公示的担保权人在登记时需要提交一份融资申明书，若该申明书上存在严重引人误解的遗漏和错误，则该登记自始无效，视为未公示。而这个"严重引人误

---

① 王闯. 让与担保法律制度研究 [M]. 北京：法律出版社，2000：251.

② 向逢春. 动产让与担保公示问题研究 [J]. 求索，2013 (5)：165-168.

③ HAUSMANN J. The value of public–notice filing under Uniform Commercial Code Article 9：a comparison with the German legal system of securities in personal property [J]. Georgia journal of international and comparative law, 1996, 25 (3)：427-435.

④ 在精确匹配的检索标准下，查询结果不会披露类似的登记，如当查询者搜索名为 Money Bucks 的债务人时，登记系统不会显示名为 Bucks 的债务人。之所以如此规定，第9编的理由是为了简化登记系统，避免复杂的检索逻辑和各种姓名的搜索要求。

解"的判断标准首先在于债务人的姓名是否有误。由于美国动产担保登记系统是以债务人名称为检索对象，登记姓名的精确与否将直接影响到检索结果。因此，即使是姓名的拼写错误，都可能构成"严重引人误解"，导致登记无效。例如，债务人的名称是 Rodger House，但债权人在提交的融资申明书中错写成了 Roger House，则结果是该债权人的担保利益未被公示，不能对抗善意第三人。[①] 二是担保物的描述。前已述及，担保物的描述的要求相对宽松，只要求能鉴别具体的担保物即可。但值得注意的是，当担保协议与融资申明书中的担保物描述的范围不一致时，美国法院通常采用双重过滤原则，以范围较窄的为准。理由在于，担保利益不能附系到没有经过双方协议同意的担保物上，因此当然无法成为登记的客体。[②] 由此，担保物的描述也是影响登记效力的关键因素。三是登记机关的选择。当事人必须选择正确的办公室登记，所有类型的动产担保物的统一登记机关为州的中央办公室。至于州的具体办公室的选择，则根据债务人的场所确定。若当事人在错误的登记机关进行了登记，则视为未登记。例如，在一个破产案件中，担保权人错误选择了登记地点，其主张的理由是，他之所以选择错误，是因为善意相信了债务人在申请贷款时提供的信息。破产法院认为，该担保利益未公示，即便是该担保权人的行为被证明是善意的，该"善意"也不能成为对抗破产代表人的例外。同样地，当事人的法律顾问提供的建议信，也不构成抗辩的理由。而且，当涉及洲际贸易、债务人所在地变化、负担担保权益之担保物的转让时，初始登记后要求重新登记，否则将面临登记失效的风险。[③]

第二，登记官被科以形式审查的义务。登记办公室可以因为某些事由拒绝接受登记，且仅可依据 9-516 (b) 中的法定理由提出拒绝，如缺少担保权人或债务人的邮发地址、法人债务人的类型、管辖地或识别码等。但第 9 编不要求或者授权登记机关确定或者考量文件中所记载信息的准确性。[④] 因登记机关审查疏忽、不当或审查程序不完善而导致登记错误的，登记机关应承担损害赔偿责任。例如，登记官受理登记后处理不当，使得登记系统错误公示，由此造成的损失由运行登记系统的登记机关负责。目前美国的很多州已经采

---

① BROOK J. Secured transactions [M]. Frederick, MD: Aspen Publishers, 2011: 130-131.
② BROOK J. Secured transactions [M]. Frederick, MD: Aspen Publishers, 2010: 140-141.
③ 董学立. 美国动产担保交易制度研究 [M]. 北京: 法律出版社, 2007: 113-115.
④ 美国法学会，美国统一州法学委员会. 美国《统一商法典》及其正式评述 [M]. 北京: 中国人民大学出版社, 2005: 344.

取提取部分动产担保登记费用的方式建立了赔偿基金。

4.3.2 对担保物买受人的保护

第9编对担保物的买受人赋予了强大的保护，这主要依赖于"正常交易中的买受人"规则。根据9-320（a）的规定，正常交易中担保物的买受人，除另有规定外，不受出卖人在担保物上创设的担保利益的约束，即使该担保利益已经公示，并且买受人知道其存在。[1] 简言之，当已登记的担保权人与正常交易中的买受人竞存时，后者的权利优先。"正常交易中的买受人"，是指在不知晓所购货物侵犯了第三方的之所有权或担保权益的情况下，以善意通过正常交易方式向从事该种货物销售之卖方买进货物的人。卖方销售该物，是从事该卖方平常的或者惯常的实践。[2] 也就是说，在第9编下，按照公平交易的商业标准进行交易的买受人，不承担查询登记系统的义务，不论在先的担保权是否登记，或是否知晓所购买之物上存有在先担保权，买受人都不受该担保负担的约束，除非他明知出售之物侵犯了第三方的所有权或担保权益。

"正常交易中的买受人"规则是先登记原则的例外，目的是促进商业交易。其设计逻辑在于，该规则通常适用于存货交易（如原材料、成品、半成品）中，企业从金融机构借款以购买存货，并以现在以及将来的存货为担保物设立浮动抵押，当存货出售时，存货的收益（应收账款或现金等）自动进入浮动抵押物的替代物范围内，资金链条的连续性足以维护抵押物价值的稳定性，即使在后的买受人权利优先于在先登记的担保权人，担保权人的利益也不会受损。再者，存货的销售也有利于担保人获得回款，及时履行债务偿还贷款。因此，浮动抵押权人并不排斥担保人出卖存货，因为在一定程度上，二者的利益是趋同的。另外，现代社会动产交易频繁，要求消费者在正常购买商品时查询登记系统，也不符合商业上之交易习惯。那对于一般抵押交易中的善意买受人是否也能适用呢？从交易习惯和实践来看，"正常交易中的买受人"归责不限制于浮动抵押，一般浮动抵押也应该类推适用，没有查询登记簿的义务。[3]

对于其他交易中的买受人，则可以依据9-317（b）获得保护。9-317（b）规定，除非另有规定，买受人于他人担保权公示之前，已给付对价并受领担保物的交付，且对该担保物上存在有他人担保权不知情，则该买受人不

---

① See UCC 9-320（a）.

② See UCC 1-201（9）.

③ 龙俊. 动产抵押对抗规则研究 ［J］. 法学家，2016（3）：42-52.

受制于该担保权。从体系解释来看，这是关于保护买受人优先顺位的总括性规定。但是对于正常交易中的买受人来说，9-320（a）显然提供了更有力的保护，因此这一条被认为仅针对"非正常交易"的买受人。[①] 对比9-320（a）可知，9-317（b）对非正常交易买受人的优先权设置了不同的要件，即后者要求在先担保权未登记，且买受人是善意的（已支付对价，且不知道该担保权的存在）。总之，第9编基于一定的立法政策，对不同情形下的买受人保护规定了不同规则。

4.3.3 对买卖价金担保权人的保护

买卖价金担保，指的是购买人在所购买之物上，为出卖人或者提供融资的金融机构设定的以担保购买价款的一种特殊的担保交易形态，其功能类似于大陆法系的所有权保留。[②] 在美国动产担保法中，消费品或设备上的买卖价金担保利益，在对抗破产管理人或竞存担保利益时，不仅可以自动公示[③]，且在20日的宽限期内公示还享有"超优先权"，即担保权人若在担保人接收担保物送达20日内公示，则该担保权优先于同一货物上竞存的其他担保权。[④]

举例来说，甲打印店向乙银行申请贷款，担保物是该店现有的和以后将得到的设备。甲于2009年6月登记。2011年5月，甲打印店与丙机器制造商协商，打算购入一台打印机，交易条件是甲承诺2年以分期付款的形式付清，并赋予丙在该打印机上的担保利益。5月14日，丙如期将打印机运送至甲处。丙在5月20日提交登记。[⑤] 在本案中，根据9-324（a）的规定，由于丙在债务人接收担保物送达的20日之内进行了登记，此时丙的买价担保利益超越了在先登记的乙银行的浮动抵押，获得了超优先权。

事实上，买卖价金担保利益的超优先权地位是起草者和修法者反复权衡之后的结果。在旧版第9编中，出卖人或者贷款人的利益就劣于主债权人的浮动抵押。立法者试图通过赋予主债权人优先权，减少违约的风险和避免破产时面临无效率的超贷，从而达到鼓励其第一时间借款，并最终带活整个经济市场的目的。但是，这种安排忽略了公平价值。因为赋予浮动抵押的优先

---

① 龙俊. 动产抵押对抗规则研究［J］. 法学家，2016（3）：42-52.

② 美国法上的买卖价金担保权制度包括出卖人保留所售资产所有权的交易安排，以及出贷人为买受人购置资产提供信贷的交易方式。

③ See UCC 9-324（a）.

④ See UCC 9-324（a）.

⑤ BROOK J. Secured transactions ［M］. Frederick，MD：Aspen Publishers，2011：288.

性，使得出卖人被迫要么与无担保的人交易，要么避免交易。出卖人最终无法保证买受人支付购买价款。议价能力强的出卖人还能与主债务人协商，得到价款支付的保证，而大量的小供货商只能选择承担违约的风险。① 因此，立法者在坚持效率价值的基础上兼顾公平价值，最终做出上述调整。

另一个问题是，除了"超优先权"地位，为何买卖价金担保人还享有"宽限期"？答案是实用性。商业实践中，买卖担保价金交易频繁，要求买方和卖方交易之后立即签订文件并进行登记显然不现实，也不符合交易习惯。20 日的不公示期间，对其他利害关系人来说，固然存在风险，但长期的交易已使其积累了应对风险的经验。比如，实践中谨慎的第三人会查阅登记系统，或进一步问询债务人，或者等到 20 日宽限期截止后再查询登记系统。

有疑问的是，赋予某些担保物上买价担保权的"超优先权"，是否就对浮动抵押权人不公平？以上述案情为例予以说明。在甲跟丙交易之前，乙银行享有第一顺位的优先权，在甲赋予丙在打印机上的担保利益后，乙银行的担保财产实际上并未减少，因为该新购入的打印机实际上也受制于乙的担保权。当然，乙在该打印机设备上的顺位次于丙，但在其他的设备上仍享有第一顺位的优先权，所以原则上乙的担保物总体价值影响不大。

综上，美国动产担保登记制度的形成和发展，是对担保人、担保权人、第三人利益进行均衡的结果。对第三人的保护，特别是对担保物买受人和买卖价金担保权人的保护，主要是基于促进商业贸易，以及保护消费者和小供应商的立法政策。更重要的是，从上述优先权规则的分析也不难看出，法律赋予第三人强大保护的同时，也并未以牺牲担保权人的利益为代价，而是在多重利益冲突中，力求找到平衡点，实现权利的共赢。

4.4　美国动产担保交易公示制度的继受

在现代经济的发展态势下，动产担保制度的现代化可谓整个担保制度现代化中最具活力的成分。美国《统一商法典》第 9 编的动产担保交易制度的先进性和灵活性已被研究和实践证明，该制度被认为在促进商业社会融资和市场经济发展方面起到至关重要的作用。在近年来国内和国际层面的动产担

---

① HAUSMANN J. The value of public-notice filing under Uniform Commercial Code Article 9: a comparison with the German legal system of securities in personal property [J]. Georgia journal of international and comparative law, 1996, 25 (3): 427-435.

保制度改革中，第9编成为借鉴和参照的立法蓝本。① 在这种国际趋势的影响下，大陆法系国家也纷纷开始改革国内的动产担保物权制度，以适应经济的需要。这里主要以法国法、日本法、欧洲示范民法典草案为例来说明第9编对大陆法系国家的影响。

4.4.1 法国法

法国于2006年进行了动产担保法改革，其动力一方面源于法国担保法的层次和结构性弊端。担保法法律规范分散，有些改革只强调与时俱进，却忽视制度设计的整体性，司法判决密集却偶有不确定性，左右摇摆。动产担保法制度的构建，对于个人信用和企业信用的构建具有重要意义，也与经济的发展和良好运行息息相关。另一方面的动力源于，2004年在法国为民法典颁行200周年举办庆祝活动之际，有声音认为民法典作为法律规则的体系化的载体，其价值在于使相关的法律规范清晰、有序，相比分散立法、判例法和理论学说更具稳定性和模范性。而法国动产担保制度在实践中的发展，已经突破了传统担保法的构造机理，甚至对物权法的基本原则构成了挑战，法国民法典需要对此做出回应，并采取紧急措施。② 具体而言，法国动产担保法此次改革的创新之处主要有以下两点。

第一，质押的设立不要求转移占有，质押可以登记公示。

在改革之前，1804年《法国民法典》以是否占有为标准严格区分质押和抵押，前者是转移占有的担保物权，后者是不转移占有且被公示的担保物权，抵押的客体只能是不动产。然而实务中，后继的立法者不断创设了大量的不转移占有的动产担保物权。2006年，法国民法典改革扩展了动产担保的财产范围，担保利益可以设定在任何现在的或者未来的财产（比如存货），有形或者无形的财产，或者集合财产之上③，只要关于担保的描述使它们得以鉴别。④ 改革之后，就动产担保物权而言，内部主要的分类是依据担保的客体划分，有体动产之上为"质押"，无体动产之上为"挪押"（类似于权利质押）。法国法上的质押，被称为通用质押（all-purpose pledge），部分原因是受到了

---

① 李峰，王全弟. 美国应收账款担保制度及其对我国的启示 [J]. 复旦学报（社会科学版），2011（4）：102-110.

② 李世刚. 法国担保法改革 [M]. 北京：法律出版社，2011：3.

③ 参见《法国民法典》第2333、2335条。

④ 参见《法国民法典》第2336、2356条。

第9编中一元化担保概念的启发，因为它适用于所有的有形财产。①

法国法上的质押可分为转移占有的质押和不转移占有的质押。如根据现行《法国民法典》第2337条和第2338条的规定，质押可以经过登记而公示，也可以由债权人或者约定的第三人占有质押财产。依后者方式设立质押的，并不要求转移占有，但质押合同必须采用书面的形式。② 根据《法国民法典》第2340条的规定，当在同一财产上连续设有多个不转移占有的质押时，其质权的实现顺序就依照登记顺序而定。如果就同一财产，在设立了不转移占有的质押以后又设立了转移占有的质押，那么只要（前质押）进行了正常登记，尽管后质权人有留置权，前质权人的优先权也可对抗后者的优先权。当登记公示和占有公示的质权竞存时，以公示的先后顺位确定优先权的顺序。换言之，动产担保登记可以对抗占有。③ 简言之，法国有形动产质押的公示方式包括登记和占有，且均实行公示对抗主义，登记公示和占有公示具有平等的地位。

第二，建立了统一的动产担保登记系统。

法国2006年12月23日颁布的法令规定了动产担保交易的登记程序：担保权人（或者是代表担保权人行为的债务人）需要登记非常详细的文件，以及原始的担保文件，登记地点在债务人登记或者定居所在区的商事法院的登记处。登记信息被收录在一个全国范围的、免费搜索的电子数据库中，允许第三人以债务人的姓名和其他细节进行搜索（如资产的序列号、识别码）。司法部罗列了一份17种可能作为担保物的类型的财产清单，第三人若想知晓某债务人所有的质押财产，需进行17项单独的电子查询。④ 而且，该全国性的

---

① ANCEL M. Recent reform in France：the renaissance of a civilian collateral regime？［M］//DAHAN F. Secured transactions reform and access to credit. Cheltenham：Edward Elgar Publishing Ltd，2008：264.

② 为了满足在动产上设定不移转占有的担保制度的愿望，法国采取了扩张质押制度的方式。因为法国设定抵押是复杂和高成本的，因此没有引入动产抵押。参见李世刚. 关于法国动产担保的改革［J］. 政治与法律，2007（3）：166-172.

③ 李世刚. 关于法国动产担保的改革［J］. 政治与法律，2007（3）：166-172.

④ 这17项担保财产的类型有：（1）动物；（2）钟表和珠宝；（3）乐器；（4）其他种类没有列举的专业使用的设备、产品；（5）除了电子硬件外其他的非专业使用的设备；（6）与运动相关的设备；（7）电子硬件和附件；（8）房屋家具；（9）除了股份外的其他无形财产；（10）货币；（11）艺术品、收藏品、古董；（12）股份；（13）出版、新闻或其他印刷业的产品；（14）非实用液体产品；（15）纺织产品；（16）食品；（17）其他. ANCEL M. Recent reform in France：the renaissance of a civilian collateral regime？ ［M］//DAHAN F. Secured transactions reform and access to credit. Cheltenham：Edward Elgar Publishing Ltd，2008：265-266.

电子登记系统只显示已经登记的质押的存在，详细的信息需要查询者付费在地方登记部门才能获得。该系统同时也被用于确定竞存的登记公示的担保权人的优先权顺位。① 总体来看，该系统的设立和运行部分参照了美国法的"通知登记"模式，但在本质上仍然是"交易登记"模式。而这种相对保守的改革态度也被学者所批判，认为该登记系统仍是 19 世纪的旧式系统。

此外，值得一提的是，法国 2006 年担保法改革将让与担保正式成文化。法国的让与担保，是通过引入罗马法的信托机制，并参考英美法系的信托体制发展而来。一是借鉴英美法信托的资产剥离技术，即"自有财产"和"信托财产"的分离；二是维持了罗马法信托的所有权完整让渡，而不是所有权分裂技术，即"名义所有权"和"实益所有权"并存，而是这种让渡后的所有权得到临时性的目的性的限制。②

总的来说，这次改革的进步之处在于，为"满足经济发展和刺激信贷所需"，法国突破了大陆法系的某些传统原则或制度的藩篱，如承认不转移占有的质押、扩展动产担保的财产范围、占有和登记的效力平等等等。不难发现，这些理念和设计正是来自第 9 编的启发。但是也有学者认为，2006 年法国担保法改革虽然在一定程度上使得法国担保法变得现代化，但只是完成了一半。③ 法国错过了这次改革的机会。④ 这次改革追求的目标之一本是使担保制度明晰、简化，但是改革后的动产担保物制度却变得更为复杂。

例如，所有权保留仍然保持秘密性，这是因为法国议会拒绝授权政府对所有权保留做出任何实质性的改变。在法国，所有权保留制度之前仅仅是法国《商法典》所涉及，现在其实质性规定都已被《民法典》所整合。在担保法改革之前，所有权保留的条款虽然与《民法典》第 1583 条⑤项下的原则相

---

① 参见《法国民法典》第 2340 条。

② 李世刚. 法国担保法改革 [M].北京：法律出版社，2011：198-199.

③ 相较而言，比利时的改革更为彻底。2013 年，在法国的影响下，比利时修订了动产担保法。比利时引入了"非占有的质押"，可以通过协议创设，并设立了全国范围内的电子登记系统公示，所有担保利益非经登记只是不能对抗第三人。但是，与法国一样，比利时采取的仍然是传统的"交易登记"的模式，登记要求质押协议的存在，质押协议所有的基本要素必须登记，包括质押人和质押权人的身份证件、质押财产的描述、担保的最大额度、质押人因为错误登记导致的损害赔偿责任的承担等。此外，关于债权质押，当事人达成合意，即产生对抗第三人的效力。DIRIX E, VINCENT S. The New Belgian Act on security rights in movable property [J]. European property law journal, 2014, 3 (3)：231-255.

④ LEAVY J. France's half-finished revolution [J]. International financial law review, 2006 (4)：38-41.

⑤ 该条规定，买卖双方就出售和价款达成一致时，该物品的所有权就发生转移，至于该物品是否交付、价款是否支付不再过问。

互冲突，但由于并非强制性规定，此类条款一直以来也是被承认的和有效的。所有权保留制度不是法国传统的法律制度，争议较多。最初阶段，人们是通过债法机制的角度分析，为了解释所有权转让的暂停效力，所有权保留条款被看成有关"期限"或者"延缓条件"的约定，但是法国学者认为，这些解释并不完善，所有权保留不能在债法的传统分类中得到还原。

在担保法改革之前，有观点认为，所有权保留是一种担保方式，因为它具有担保的基本特性。但问题是所有权保留条款不能外加到债务之上，它是以转移所有权为内容的合同关系本身的产物；所有权保留的落实并不带来债权的消灭——而这是担保的一个基本功能。所以，主流观点不认为"所有权保留"是一种真正意义上的担保方式。最高法院承认所有权保留是债权的从属，在债权转让时一同转让，但是其推论不完全符合从属性，例如所有权保留并因出售者债权的消灭而消灭。在进入破产程序以后，价款债权由于没有被申报而消灭，但出售人保有所有权。最终2006年的担保法改革结束争议，所有权保留从此被规定为一种真正的担保方式。

然而，法国法上的所有权保留，被担保的债权的范畴只能是"构成所有权转让对价"的债权，而没有将其扩展为一般性的担保方式。关于其设立，法国法最终没有采纳学者提出的建议，即"对具有一定价值的财产，所有权保留条款应予公示"，而是"将要式主义和公示减到最低的程度"。因此，最终，所有权保留无需公示，书面形式即可以使其具有对抗债权的效力。[1]

另外，一般债权、银行账户上的质押等也无需公示。[2] 这使得法国法下有些动产担保物权需要公示，有些则不需要，而对此并没有合理的理由予以解释。最后，虽然自从2006年改革之后，在大多数情形下，未登记只会导致无法对抗第三人，但不能否认的是，法国法对于非占有担保的原始不信任仍然存在，比如，设立在商业无形财产上的担保权，如租赁权、企业名称、商标、

---

① 李世刚. 法国担保法改革［M］.北京：法律出版社，2011：189-190.

② 现行《法国民法典》第2361条对一般债权的质押进行了改革。该条规定，自质押协议订立之日起，债权质押即在当事人之间生效，并可对抗第三人，无需通知也无需登记。通知仅在对抗次债务人时才是必须的。在此之前，与德国类似，根据修改前《法国民法典》第2075条的规定，债权质押需要通知第三债务人才生效。这被认为是麻烦和无效率的。况且，没有人愿意公开其履行无力的状况。ANCEL M. Recent reform in France：the renaissance of a civilian collateral regime［M］//DAHAN F. Secured transactions reform and access to credit. Cheltenham：Edward Elgar Publishing Ltd，2008：265-266.

客户名单和商誉等，非登记将无效。①

4.4.2　日本法

2004 年，日本修改《民法典关于债权转让公示的特别规则》，增加了动产转让的公示，该规则名称被修正为《民法典关于动产转让和债权转让的特别规则》（以下简称《特别规则》），于 2005 年 10 月 3 日生效，开启了日本动产让与担保的登记制度。该特别规则的目的是使企业能够顺利地筹措资金，获得融资，同时也降低第三人查证登记内容的复杂性。另一个明确的目的是迎合国际趋势，提高动产担保交易的效率。这个国际趋势很大程度上是受美国《统一商法典》第 9 编的影响。与美国之外的地域相比，特别是大陆法系国家，第 9 编最显著的特征是，动产担保也可以通过登记的方式公示，无需转移占有。日本立法者在此次改革过程中也参考了第 9 编。②

在这次改革之前，日本动产之上可创设两种担保形式，即民法典中规定的质押，以及经判例法发展起来的让与担保。让与担保是日本非占有型担保的主要形式。③ 随着经济的快速发展和社会融资需求的扩大，以上两项制度的弊端逐渐凸显。从 1990 年开始的 10 年间，不动产价格逐年下跌，银行纷纷开始转向以动产为担保向中小企业借款。但由于质押要求转移质物占有，这使得一些财产如设备、产品、股票等，无法以质押的形式向银行获得融资。而对于让与担保而言，最大的障碍则在于公示。在日本法下，让与担保是通过占有改定来完成公示。由此带来的问题是，虚拟占有使得权利外观没有发生任何改变，存在欺诈的可能性。该缺陷使得转让人可能隐藏在先的担保利益，欺骗其他的贷款人。"缺少公示"被认为阻碍了商业融资的发展。而《特别规则》的颁布则是为了解决这个问题，以提升担保交易的法律确定性，解决动产让与对第三人公示不充分的问题。④

---

① French Commercial Code, Art L. 142－4. Cited from CASTELLANO G G. Reforming non－possessory secured transactions laws：a new strategy？［J］. The modern law review，2015，78（4）：611-640.

② SOUICHIROU K，NAOE F. Old ideas die hard？：an analysis of the 2004 reformation of secured transactions law in Japan and its impact on banking practices［J］. Thomas Jefferson law review，2009，31（2）：293-316.

③ 近江幸治. 担保物权法［M］. 祝娅，王卫军，房兆融，译. 北京：法律出版社，2000：260-261.

④ SOUICHIROU K，NAOE F. Old ideas die hard？：an analysis of the 2004 reformation of secured transactions law in Japan and its impact on banking practices［J］. Thomas Jefferson law review，2009，31（2）：293-316.

日本改革后的动产让与担保登记系统，基本上采取了美国第 9 编的"通知登记"模式，如该系统是以转让人（即债务人）的名称为检索标准，无需登记担保合同，但又有所不同，如担保物的描述，登记时担保财产必须是被识别的，无论是通过担保物描述或者担保资产所处的位置，概括地描述成"债务人的所有财产"，担保物的描述必须是精确和具体的。《特殊规则》对可登记的动产让与目的或者交易形态没有限定，登记的对象，无论是以担保为目的，还是真正的买卖、赠与、交换形式等均可，但不包括所有权保留的买卖、长期租赁等。登记的动产范围包括集合动产和个别动产，但制成货物兑换证和船货证券等的动产则排除在外，主要是考虑日本商法已经对此类动产的担保有明确的规定，即参照证券的处理规则，必须进行交付，才能产生权利转移的效力，因此没有登记的必要，同时也为了避免证券交付和登记公示的优先权纠纷。^① 此次改革只是引入了登记制度，让与担保的实施仍适用于原先的规则。

值得注意的是，虽然对登记范围的限定部分避免了动产让与登记和交付公示的重合，但立法者对动产让与担保登记与占有改定的效力强弱大小仍有所争议。一直以来，占有改定作为一种观念交付，被认为公示效力较现实交付更弱，让与担保在事实上"已经接近纯粹的意思主义"。从最后采取的方案看，立法者承认动产让与担保中的登记，与《日本民法典》第 178 条规定的动产让与的交付具有同等的效力，动产让与的登记具有对抗第三人的效力，但动产让与中的物权变动仍采意思主义，双方合意即可产生效力。立法理由在于，交付作为动产物权变动的对抗要件，占有改定是现实交付的简化，二者应具有同等价值性。当事人可以自由选择依据交付或登记具备对抗要件，登记并不优先于交付，其他的债权人也可以通过传统的占有的虚拟转让以获取担保利益。在同一物上存在竞存的担保利益时，优先权的顺序以公示时间的先后决定，即登记以及（虚拟）占有的转移。^② 适用的是"时间在先，权利在先"原则，即已经登记的动产让与，依据登记的先后决定，登记和交付竞合时，根据登记时间和交付时间的先后决定。由此，在日本法上，对于让与担保来说，登记是让与担保获得优先权的其中一种方式，登记的权利人在登记之前需查证是否存在在先的担保利益，不能仅信赖登记。

---

① 吴婷婷. 论日本动产让与担保制度 [D]. 成都：西南政法大学，2013：9.

② SOUICHIROU K, NAOE F. Old ideas die hard?: an analysis of the 2004 reformation of secured transactions law in Japan and its impact on banking practices [J]. Thomas Jefferson law review, 2009, 31 (2): 293-316.

4.4.3 欧洲示范民法典草案

欧洲民法典起草小组于 2005 年公布了欧洲民法典动产担保物权编部分的草案，该部分已被纳入《欧洲示范民法典草案》（Common Frame of Reference，CFR）的第 IX 卷中。研究小组已认识到动产担保领域在不同的法律传统下存在着巨大的差异，而起草该卷的目的正是搭建沟通这些传统的桥梁，以便进一步在该领域的基本政策问题上达成共识，同时也旨在促进动产担保交易的现代化，以满足目前商业实践的需求。"欧洲动产担保法原则"的内容包括：首先，担保是促进信用的一种方式，经验表明，一个国家的经济越发达，信贷和充足的担保信贷的需求也越高。其次，与传统物权法相比，非占有担保是现代动产担保法体系的核心，而占有转移只有在双方当事人同意的时候才适用。最后，对于非占有的担保，很多国家采取了登记公示的方式。[1]

该卷虽然没有完全照搬美国法第 9 编，但是在很大程度上参考了第 9 编的立法，它表现在：首先，取消传统动产担保物权中质权和抵押权的分类，而是采用占有型担保权、非占有型担保权（包含不占有的动产或无形财产上的权利）的类型。[2] 其次，在立法体例上，将所有的担保方式，包括传统型和功能型的担保，置于同一套规则之中，包含一般规定、动产担保利益的设立、对抗第三人的效力、优先权、默示规则、动产担保利益的解除，以及违约和实施。只是对于不同的规定设立特殊规则，如所有权保留等。再次，引入第 9 编中动产担保权的公示方式，包括占有、控制和登记。控制用于公示金融资产上的担保利益，无需登记或者转移占有。[3] 最后，采取美国第 9 编的"通知登记"体系，登记是非占有型担保权人对抗第三人的通用的公示方式。[4]

总体而言，从美国法和其继受的立法例来看，美国式的动产担保交易公示制度的功能似乎类似于大陆法系的"公示对抗主义"中的"公示"。但仔细斟酌之下，也有相异之处。与传统物权法相比，现代动产担保交易公示制度的显著特征在于：第一，登记为动产担保交易的普遍公示方式，一般动产也可采用登记公示，不仅限于特殊动产；第二，同一动产之上可以采取多种

---

① DROBNIG U，BÖGER O. Propriety security rights in moveable assets［M］. München：Sellier European Law Publishers，2014：205-206.

② 参见 http：//www. sgecc. uos. de/media/downloads/proprietary_securitiesjune_2005. pdf。

③ 《欧洲示范民法典草案》第 IX-3：204 条。

④ DROBNIG U，BÖGER O. Propriety security rights in moveable assets［M］. München：Sellier European Law Publishers，2014：211-213.

方式公示，不同于传统大陆法系不动产登记、动产占有单一对应的模式；第三，原则上各种公示方式并无优劣之分，具有平等的公示效力，以公示的先后顺位确定优先权的顺位；第四，无论占有或登记公示，统一采取公示对抗主义，不登记只是不得对抗第三人。诚然，前述日本法和法国法在物权变动模式上奉行的是意思主义，登记公示的动产担保交易采登记对抗主义不成问题。但需注意的是，即使是在意思主义模式的法域，占有一直实行公示生效主义，然而法国法的改革突破了这一传统，质权改采占有对抗主义，这正从侧面反映了现代担保交易公示制度在效力模式上的改革趋势。

4.5　现代动产担保交易公示制度功能形成的原因

与大陆法系相比较，美国动产担保公示的功能更为纯粹，旨在为第三人提供判断同一担保物上是否存在担保利益的信息渠道，即对第三人而言，其公示的目的就是"公开告知"。而这种功能定位的形成，主要源于以下几个方面的原因。

4.5.1　社会财富结构的变化

从客体角度而言，社会财富由不动产和动产构成。在相当长的一段时期内，人类社会的财富主要是由不动产构成的，并且与财产有关的法律制度也总是以不动产为中心而展开。一般认为，不动产是依其物理性质不能移动，或一经移动便会损害其经济价值的物，包括土地和土地附着物。不动产之外就是动产。① 由此相较于不动产相对封闭的概念，动产是一个开放的体系，包含一切移动不会毁损其价值或用途的物。它比不动产更具有包容性，其内容是不断变化的。② 从历史发展的角度考察，无论是大陆法系还是英美法系，均是以不动产为中心建立起来的。古代及近代社会，不动产在社会财富中占据决定地位。用来融资的动产主要是珠宝、古董、绘画等贵重物品，交付此类财产并不会给债务人带来经济上的压力。在此情形下，质权成为当时主要的动产担保交易形态，而占有则成为动产担保交易最重要的公示方式。占有作为保证交易安全的途径，是平衡债务人和债权人利益的手段。而针对一些特

---

① 王利明，杨立新，王轶，等．民法学［M］.北京：法律出版社，2008：231.
② 张晓娟．动产担保法律制度现代化研究［M］.北京：中国政法大学出版社，2013：42-49.

殊动产，有些国家（如德国）在以物理标准区分动产和不动产之外，加入了程序性标准，即准用不动产规则，从而很好地解决了此类财产的一些法律问题。例如，车辆、船舶、航空器等按照纯粹的物理标准应归入动产，但法律明文规定其一律适用不动产规则。[①]

随着市场经济的发展和科学技术的提升，社会财富结构发生了巨大的变化，动产的比重逐渐上升，甚至呈现与不动产并驾齐驱的局面。动产形态不再仅局限于一些精密仪器、生产设备、机械化的交通工具、存货等有形动产，在金融业务创新和贷款融资需求的驱使下，新型的无形财产如股票、债券、基金以及应收账款等金融资产以及知识产权，成为高价值动产的主流。特别是，随着经济全球化的影响，整个世界经济成为一个统一的大市场。各种资源迅速流动，使得许多财产特别是动产在全球范围内广泛流动。相比之下，不动产的国际性交易远不如动产交易频繁。在商人追逐利益，试图最大限度降低交易成本，以促进交易增长的基础上，动产担保交易制度发挥资金融通、促进市场繁荣的功能逐渐凸显，动产的使用效率要求逐渐提高。由此，资金融通对法律制度提出更高的要求，从而强化了担保物权的功能，物权法的价值从静态的"定分止争"向动态的"物尽其用"转换。此时，传统动产担保交易的公示制度已经无法适应财富结构的变化，如何充分发挥动产在融资担保交易中的作用成为现代担保制度中一个不容忽视的问题。传统物权法中占主要地位的质权制度，由于本身的特征，即要求质权人对物的直接占有，制约了动产担保交易，其规范对于质权的规范虽然详尽，但却过于死板和严格，在实践中常常被其他形式的担保所取代。[②] 而相比占有，登记制度更能实现权利外观化、促进交易迅捷、降低交易成本之目标，是较理想的公示方法。

4.5.2 功能主义的浸染

大陆法系深受概念法学的影响，倡导"法律的逻辑形式理性"，非常重视内在理论的统一和逻辑推理。在形式主义下，法律的适用过程属于三段论法，是基于逻辑演绎，论证某一对象是否涵摄于某一概念之下。大陆法系国家秉承的物权法定主义，即与形式主义法学观念息息相关。物权法定一个很重要的功能，就是便于物权公示，以确保交易安全。在物权发生变动的时候，必

---

① 张晓娟. 动产担保法律制度现代化研究 [M]. 北京：中国政法大学出版社，2013：154.

② 霍恩，科茨，莱塞. 德国民商法导论 [M]. 北京：中国大百科全书出版社，1996：204. 转引自费安玲. 比较担保法 [M]. 北京：中国政法大学出版社，2004：270.

须通过向外界展现此种变动的后果，即经过变动后物上的权利性质与权利归属，否则就无法产生一定的法律效果。如果当事人之间发生了物权的变动，但是未通过一定的方式将变动的后果加以显现，则无法发生物权变动的实际法律效果。① 这个"一定的方式"，就是公示的方法，动产占有和不动产登记承担了这样的使命，而且这些公示形式是刚性的，不能随意改变。如果当事人可以随意通过合同设定物权的公示方式，获得对世权，那么第三人利益就无法得到保护，社会经济秩序就会出现混乱。② 简言之，物权公示规则具有强制性属性，是物权法定原则的应有之义，若商业实践中动产担保交易非以法定的方式进行公示，则其司法效力可能面临不被承认的危险。

现代动产担保交易制度的产生则受到了功能主义的深刻影响。以美国为例，最初，在现实主义法学和功能主义兴起之前，美国也曾受到大陆法系概念法学的深入影响而主张形式主义法学，注重逻辑推演，如同大陆法系一样，囿于非占有型担保的公示问题，非占有型担保也并未得到立法和司法实践的承认。然而，美国《统一商法典》的颁布使得这一态度得到改观，并且比大陆法系走得更远。这在很大程度上得益于现实主义法学的影响，美国《统一商法典》第9编的总报告人卡尔·卢埃林正是美国现实主义法学的主要代表之一。简单来说，现实主义法学所关心的问题，是如何使美国法学适应美国当时的社会生活，以改变形式主义法学已不再适应新的社会物质生活条件的格局。③

在现实主义法学的浸染之下，美国私法更多地演化出功能主义的特质，它颠覆了大陆法系主张的"法律具有确定性、自洽性、形式性"的观念，而是秉持"规则怀疑主义"，即认定不可能凭借一种不偏不倚的推理方式将规则适用于具体个案，强调采取跨学科的研究视野，面向实质结果，以问题为导向，政策问题非法律规则成为法律论争的核心。④ 第9编在动产担保交易制度的设计上采取的即是功能主义，尊重社会现实需求。功能主义通常被描述为反映"实质大于形式"的哲学。"实质大于形式"暗示着在当事人选择的担保交易的法律形式和交易的真正形式之间的失调。第9编摒弃大陆法系的物权法定，放弃传统的概念化分类方法，采纳"程序法定"的方法。在动产担

---

① 王利明，杨立新，王轶，等．民法学 [M]．北京：法律出版社，2008：250.
② 常鹏翱．物权法的基础与进阶 [M]．北京：中国社会科学出版社，2016：203-204.
③ 孙新强．美国《统一商法典》法理思想研究 [D]．济南：山东大学，2005：36-38.
④ 海塞林克．新的欧洲法律文化 [M]．魏磊杰，译．北京：中国法制出版社，2010：92-99.

保交易法中在最大限度内允许意思自治、交易自由，但并非无限制的自由和
自治，而是对动产担保物权的设立、附系、公示及实施的程序设定和交易规
则上采取了大量的强制性规定。它通过公示机制，改变了物权法定的重心，
即"法定"的内涵由种类法定转换为程序法定，即不对缔约的物权类型加以
控制，而是尽可能提供多样化的公示方式，并基于适当的公示方法的强制要
求，使对抗第三人的物权效力与公示挂钩，从而发生物权效力。换句话说，
第9编"通过立法对公示方法、实行方式的规定，设计出当事人通过协议创
设新的动产担保权必须具备的程序要件"。

第9编的做法无疑具有很大的开放性。它使"法律对新创制的物权类型
由事后的个别承认转变为同步的有前提的一般承认，从而一方面引入私法自
治机理的积极效用，另一方面通过程序要求反制私法自治开放过度的弊端，
营造一种只要通过协议创设的新型动产担保权具有适宜的公示方法即当然具
有物权效力的开放态势，为经济生活中出现的新的动产担保权类型预留了空
间"。① 而交易安全的保护，则主要由登记的有效性规则和优先权规则予以规
范，如此，以达到与传统物权法定主义殊途同归的效果。在功能主义方法之
下，较之传统的动产担保公示制度，美国法主要有如下三大特征。

第一，在立法体系上，美国《统一商法典》第9编摒弃了以担保物的分
类为基础的传统范式，对动产担保交易公示方式统一进行整合，采取动产担
保立法一元化模式。

事实上，直至19世纪50年代之前，美国一直承袭英国普通法和衡平法
传统，担保方式主要包括质押、按揭、抵押、留置等，与大陆法系类似，这
些方式按类型化处理，有各自的规则体系。然而，随着美国各州商业实践中
担保方式的多样化和复杂化，既有的规定逐渐落后于日新月异的交易活动，
为了促进社会融资和经济繁荣，第9编创造性地设置了单一的"担保利益"
的概念，消除了各种担保工具在概念和构成上的差异性，使得整个担保制度
简洁、明晰。一元化的模式动产担保立法，即以一元化的担保概念体系，诸
如"动产担保物、动产担保物权、担保物权人、担保人、债务人"，以及统一
规定担保物权的"设定、公示、效力、实现、消灭"等，所形成的一整套担
保的担保物权概念术语体系和动产担保物权法制模式。② 这有别于大陆法系下

① 高圣平. 动产担保交易制度比较研究［M］. 北京：中国人民大学出版社，2008：183-148.
② 董学立. 我国意定动产担保物权法的一元化［J］. 法学研究，2014，36（6）：99-115.

区分动产抵押权、动产质押权、权利质权的多元意定动产担保物权法体系结构，其典型特征在于，采取一元的动产担保概念（即担保利益）、单一化的动产担保法律框架，以及统一的动产担保权登记机关。

第二，对功能型担保，第9编将其纳入动产担保交易法之内。

第9编采取的是"实质大于形式"的方法，将起到担保功能的不同制度纳入相同的法律框架之下。它突破了传统大陆法类型固定和内容固定的动产担保体系，不再致力于用三段论的方法，先前的担保类型如附条件买卖、信托收据、寄售等以担保物"所有权"转移为制度构造的担保类型消失了。换言之，无论担保物之所有权系由担保权人保留，或者由债务人取得，或者将其转让与担保权人，抑或担保权人设定质押以担保其买卖价金，凡因此而生之担保权益，均无不同。因此，在第9编下，只要当事人之真意是创设担保利益，则该编即予以适用。① 如类似于所有权保留的买卖价金担保权（除了消费品等特殊担保物上的买卖价金担保权无须公示），适用第9编下的关于动产担保权的一般规则，包括设权、公示、优先权及担保权的实现等。也就是说，在功能主义方法的运用下，所有权保留被同化为担保物权。

再如，对于租赁关系，功能主义方法在将其类型为担保交易时需考察出租人和承租人之间的关系。一般意义上的租赁，是指出租人将租赁物在特定期间内交付给承租人使用、收益，承租人向出租人支付价金的交易行为。在该法律关系中，在出租期内出租人享有出租物的所有权，租期届满时出租人享有要求返还租赁物的权利。在法律性质上，租赁和担保有显著的不同：首先，租赁无需公示，出租人享有取回权；担保权需公示，享有别除权，未公示者不能对抗破产管理人。其次，出租人即是所有人，租赁物归属出租人。在担保关系中，已公示的权利人可能将承担出租物价值无法清偿全部债务，以及超出部分需退还承租人的不利。这些不同导致二者在破产程序、对租赁物的处置，以及在出租人的权利状况方面截然不同。例如，担保物权在破产法上的限制体现为担保物权在重整程序中暂停行使。

若当事人之间成立的租赁关系，虽然从形式外观上完全符合租赁的要求，但探究双方的真实的意思表示，发现双方实际上意在设立担保利益，那么该租赁关系就属于"伪装的租赁"，则必须适用担保物权的相关规则。如融资租

---

① 台湾中兴大学法律研究所. 美国统一商法典及其译注：下册 [M]. 台北：台湾银行经济研究室，1979：793. 转引自董学立. 论"担保物所有权之无关紧要" [J]. 法治研究，2014（1）：59-64.

赁合同条款中包含这样的内容：①租期长于出租物的"剩余经济寿命"（剩余价值）；②合同中约定要求承租人续签租约，或者租期届满后购买租赁物；③合同规定，在履行租赁义务后，承租人无需另外支付对价或只需支付象征性对价即成为或可以成为财产的所有人。满足以上条件者，可能被定性为担保交易，因为在这些情形下，出租人无意收回租赁物，真实目的是为其租金债权提供担保，实质是所有权保留的分期付款买卖或者以租赁物为担保的融资。① 在租赁被定性为担保交易的情形下，将会面临与所有权保留相同的困境，即可能导致出租人以自己的财产清偿自己的债权，特别是当租赁物价值大于担保债权数额时，出租人还将用自己的财产替承租人偿还债务人，这被认为是不合理的。② 但由此产生的问题是，这是否对于出租物的所有权人太过严苛，而不甚公平。事实上，第9编的起草者也意识到这个问题，为了平衡"出租人"和"承租人"的利益，使租赁物的所有权人"获得一个更高质量的保护"，赋予了其"超优先权"和20日的公示宽限期。

在美国法上，寄售（consignment）是一种委托代售的交易方式，是指按照寄售协议的约定，货主将货物交付某交易商，委托其出卖货物，并在货物出售后，支付其佣金的行为。③ 一项真实的寄售交易，如果满足以下条件，则适用第9编下的规则：（a）该交易商：（i）从事该种货物的销售，非以货主的名义；（ii）并非拍卖商；（iii）通常它的债权人没有意识到实质上是在出售他人的货物。（b）在交付时，每一交付的货物总价值达到1 000美元及以上。（c）该货物在交付前不是消费品④。（d）该项交易没有创设一个担保某项义务的担保利益。此时，货主在其寄售的标的物上的担保权益是一项在存货上的买价担保权益。⑤

另外，在某些情形下，也存在"虚假寄售"的问题。举例而言：A从事设计珠宝工作，有自己的工作坊。由于他希望将自己的珠宝销售给更多的顾客，因此与珠宝商B达成协议，协议中约定：A将其设计的珠宝放在B的商店里展示，如果有顾客购买，B可以从所出售价款中抽取一定比例的佣金，剩余的价款归A所有。若寄售期结束时，这些珠宝未能卖出，B则需自己购

---

① 金海. 判定融资租赁法律性质的经济实质分析法［J］. 华东政法大学学报，2013（2）：43-49.

② 彭静. 是取回权不是别除权［J］. 中国律师，1999（2）：60.

③ See UCC 9-102（a）（20）.

④ "消费品"指用于或买来主要用于自然人、家人或家居目的使用的货物。See UCC9-102（a）（24）.

⑤ See UCC 9-103（d）.

买。此时，这里的 B 即为债务人，A 为担保物人，而那些展示的珠宝是担保物。需注意的是，只有当 A 有最终将寄售物转让 B 的意图，而不仅仅是通过 B 作为代理商转让时，第 9 编才能被适用。辨别真正的寄售的关键特征在于，货物不能售出的风险由货主自身承担。

在美国，寄售和担保的关系，并未如租赁和担保一样引发大量的诉讼纠纷和讨论。原因是：其一，商业交易中寄售方式运用得并不广泛。其二，所有适用第 9 编和类似立法的区域，商业寄售均受制于买价担保利益的公示和优先权的框架。这大大缓解了担保寄售和真正寄售共同缺乏的公开性的难题。其三，与出租人相比，货主的权利基础更弱。不像出租人，货主在寄售物上的所有权，并非一直保留到其价格被支付才转移给另一方，而是保留到交易商出售其货物，被替代的是一个在由信托担保的收益（减去佣金）上的请求权。

寄售也是国际贸易中习惯采用的做法之一。在我国进出口业务中，寄售方式并不普遍，本质上是一种委托和受托的关系，法律特征在于：受寄人一般自设店面和仓库，通过专门的商店销售，寄售标的物是受寄人的主营义务；受寄人以自己的名义销售商品，并有权以自己的名义处理相应的法律事务；受寄人同第三方从事的法律行为不直接对寄售人发生效力；寄售物的销售盈亏由寄售人承担。与寄售相似的概念有代销、行纪，但三者又各有特色。代销，实质是代理关系。根据民法规定，在代销关系中，代理商一般以被代理人的名义从事代理行为，产生的法律后果由委托人负责。并且代理商一般不设仓库。行纪，与寄售相同的地方在于，都是根据他方的委托，以自己的名义为他方实施民事法律行为，并收取报酬的行为，但行纪商是一种以行纪行为为营业的独立的商人。

此外，美国法还涉及信托与担保的关系。Quistclose 信托来源于英国的 Barclay Bank v. Quistclose 案：Quistclose 投资公司与 Rolls Razor 公司签订一份贷款合同，双方约定，由 Quistclose 向 Rolls Razor 提供贷款，但 Rolls Razor 仅能将该笔贷款用于支付股东股息这一特定目的。该笔资金后被存入 Rolls Razor 在 Barclay 银行的专门账户内。当 Rolls Razor 宣布破产时，Barclay 银行主张用股息账户内的资金抵销其在其他账户中的透支；而 Quistclose 公司则认为，该股息账户内的资金是其以信托方式持有，Barclay 银行无权主张抵销。此案确定的原则是：若贷款资金未用于特定目的，则资金应该返还给贷款人；若相反，则贷款人和借款人之间仅成立普通的债权债务关系。可见，Quistclose 信托发挥的功能在于，它使债权人成为信托下的受益人，通过信托财产权的分离机制向债权人提供信用担保。[①]

在个人财产担保法[②]的立法范式下，Quistclose 信托该如何定性是一大难题。有学者认为，从纯粹功能性的角度来看，这是一个担保交易，贷款人有明确的寻求担保保护的意愿和在破产程序中优越于他人的优先权。然而，在一般的交易中，担保物是独立于债务，确保债务的偿还。而在 Quistclose 信托中，债权人实际上是基于贷款本身主张担保利益。如果贷款使用于特定目的，债务仍存在，但担保物被耗尽，债权人只能主张无担保的债权。此时，该信托并不符合担保权的法律构造，即它不担保欠款的支付，而是确保债务人将贷款用于特定目的的义务。因此，也有学者提出了反对，因为第 9 编的执行制度是对债务人在担保物上残余的收益所有权的保护。但在 Quistclose 信托中，债务人从来没有获得在贷款上的受益所有权。

第 9 编运用功能主义的方法，将一些性质不同的法律关系纳入其规制下。立法者诉诸立法技术做出如此安排，需要说明两点：其一，传统担保权以及功能型担保权存在共同的问题——缺乏公开性。在英国法下，名义上只存在三种类型的意定担保类型，分别为按揭、抵押、质押。在每一类型中，债务人均对担保物有受益所有权，当担保负担卸去时，债务人成为担保物的所有权人。但是以上几种特殊类型的担保，受益所有权均在于债权人一方，大部分风险由债务人承担，且都产生了"表面所有权"的虚像。为了防止迷惑或欺骗第三人（如其他担保权人、买方），立法者认为有必要使这些交易受制于第 9 编的规定。其二，突破传统担保交易，并不仅仅依靠纯粹的功能主义，还需要明确的立法政策的导向。如前所述，在功能主义下，政策问题成为法律论争的核心。在这里的问题则是，与担保权相比，是否在优先级别上，所有权本质上需要有更高层次的保护，也就是对担保权（公开性和确定性）和所有权（私人财产权和合同自由）价值的衡量。这涉及交易安全、意思自治、所有权至上等多种价值的冲突。以加拿大《个人财产担保法》为例，在该法之下，所有的供应商被要求公示，这是优先于买方在先的担保权人和一般债权人的条件；此外，除安大略省之外的加拿大各省，一些真正的租赁也受制于公示和优先权规则。但这并不意味着所有权之归属对于担保的定义是无关

---

① 陈雪萍. 信托的担保功能在商事活动中的运用 [J].法商研究，2007（6）：83-90.

② 一些国家如加拿大、新西兰、澳大利亚等，借鉴美国《统一商法典》第 9 编的主要制度，以特别法的形式制定了个人财产担保法，而不是将其纳入商法典。

紧要的，而是认为对于通过公示和优先权制度解决的那些问题是不相关的。简言之，第9编及类似第9编的立法模式，基于商业交易的确定性和促进融资的立法目的，选择将上述特殊类型明确纳入担保制度之下。①

第三，提供多元化的公示方式。

如前所述，物权法定引导公示，物权公示的方法被强制限定于动产占有和不动产登记。囿于物权法定主义，动产担保物权以占有质为原则，质押是民法典中唯一的动产担保形态，德国走上了"秘密担保"路径，在实务中适用最繁盛的是无须公示的所有权保留和让与担保制度，这使得德国在动产担保法上存在双重性：一方面，民法典中存在着对秘密担保的敌意；另一方面，整个现代德国动产担保法呈现出完全隐蔽的特征。而这个隐蔽性却是与民法典最开始支持的物权公示原则和确定性原则相违背的。② 这一隐蔽担保的特征，同样体现在法国、日本等主要大陆法系国家。而美国采取的则是公开通知机制。基于实践中动产担保交易的多样性和复杂性，以及交易透明性的需求，动产担保法应尽可能多地提供公示的机制越来越重要，而担保工具如何称呼变得没那么重要。美国《统一商法典》第9编正好是这种想法的体现。电子商务的兴起并没有扩张担保工具，而是使公示方式变得多元化，在原来的基础上添加了"控制"。③ 再加上登记的对象被扩展至一般动产，因而大部分动产及权利上的担保权均可以公示。与德国模式相比，这无疑创造了更多的确定性和可预见性。④

4.5.3　动产担保交易制度的效率价值导向

法的功能与法的价值紧密相连。法的功能研究倾向于"事实判断"，而法的价值则在于"价值判断"。法的价值的实现通过法的功能显示出来，而法的功能的实现则需要法的价值的指引及合理的制度设计。因此，功能介于价值和制度之间，是价值和制度沟通的桥梁。⑤ 探求动产担保交易公示制度的功能变化的根本原因，需要落实到该制度的价值取向上来。

---

① UCC 1-102：2. 本法（《统一商法典》）之基本宗旨为：a. 使调整商业交易的法律更加简洁、明确并适应现代要求；b. 使商业做法能够通过习惯、行业惯例和当事方协议不断获得发展；c. 使各州调整商业交易的法律归于统一。

② TIBOR T. Comparative secured transaction law［M］. Budapest：Akadémiai Kiadó, 2002：289-290.

③ TIBOR T. Comparative secured transaction law［M］. Budapest：Akadémiai Kiadó, 2002：290.

④ TIBOR T. Comparative secured transaction law［M］. Budapest：Akadémiai Kiadó, 2002：159-161.

⑤ 徐洁. 担保物权论［M］. 北京：法律出版社, 2006：126.

　　法的目的价值构成了法律制度所追求的社会目的，反映着法律创制和实施的宗旨，是整个法的价值体系的基础，居于主导地位。① 法的价值的重要意义在于满足人的需要，没有主体的需要，就无所谓价值。法的价值与人的主观愿望密切相关。基于主观企求，法律需要将人的需要制度化，使之具有合法性。然而，人的需要是多元化和层次性的，这也决定了法的价值的多元化和层次性。② 法的价值体系是由自由、秩序、正义、效益等不同价值组成的。动产担保交易公示功能的改变，是在社会现实需求和经济因素的驱动下，法的价值由秩序价值向效率价值转变的结果。

　　秩序价值是法的基本价值之一。美国法理学家博登海默认为，秩序"意指在自然进行和社会进程中都存在着某种程度的一致性、连续性和确定性"③。秩序根植于自然界和人类社会的内部结构中。抽象地说，社会秩序表示在社会中存在着某种程度的关系的稳定性、进程的连续性、行为的规则性以及财产和心理的安全。④ 秩序价值的核心是安全。古代和近代法制史上，质押是动产担保的主要交易形态即能说明这一点。然而，质押要求移转占有，而交付质物显然阻碍物尽其用。目前质押担保的发展态势是，动产质权因为不能较好地兼顾质物的使用价值和交换价值，关切交易安全甚于交易效率，是一种交易成本较高的担保方式，其在发展上总体呈现衰微的趋势。⑤

　　效率，意味着"以最小的资源消耗取得更多的效果"，能使交易成本最小化的法律是最适当的法律。⑥ 在现代社会，作为以安全价值为首要目标的动产担保制度表现出了以效率价值为轴心的倾向。20世纪以来，动产担保法律的巨变反映了对这个价值追求的特别重视。⑦

　　美国整部动产担保交易法，是以效率价值为基本理念而设立，这是解释其背后机理的逻辑基础。在美国《统一商法典》形成过程中，立法者非常注重运用经济学的分析方法考察法律和效率的问题，第9编也不例外。关于动产担保制度最基本的一个理论争论即是：担保交易如何能够提高效率。相对

---

① 张文显. 法理学 [M].北京：法律出版社，2007：308-309.
② 卓泽渊. 论法的价值 [J].中国法学，2000 (6)：23-37.
③ 博登海默. 法律学：法律哲学与法律方法 [M].邓正来，译. 北京：中国政法大学出版社，1999：219.
④ 张文显. 法理学 [M].北京：高等教育出版社，2011：260.
⑤ 陈发源. 动产担保制度精要 [M].北京：知识产权出版社，2015：76.
⑥ 波斯纳. 法律的经济分析：上 [M].北京：中国大百科全书出版社，1997：20.
⑦ 徐洁. 担保物权功能论 [M].北京：法律出版社，2006：157.

于占有型担保，非占有型担保显然更能有效发挥动产的用益功能，动产抵押和浮动抵押的兴起和发展即是例证。非占有担保交易的主要目的是，保障担保权人在债务人违约时的优先受偿，同时又使债务人可以继续使用担保财产。换句话说，非占有担保交易的主要经济功能，是管理和缓解信用风险，同时不限制债务人和担保财产的生产能力。然而，为了促进非占有担保交易的发展，困扰合同当事人之间的信息不对称问题必须被解决。即使在一个没有交易费用或者信息对称的理想世界，一个理性的借贷者也会要求提供担保财产以对抗信用风险和违约。因为即便贷款交易沟通之时债务人的信用程度已被了解，但是债务人违约的风险，以及债务人破产不能完全履行债务的可能性仍是不确定的。但现实情况是，担保交易信息往往不对称，而信息不对称问题被认为是担保信贷的一个障碍。通过公示，透明交易信息，建立信用秩序，可为整个市场带来更多的效率。① 美国动产担保交易法中的公示主义，被视作神明一般，当事人被科以无所不在的登记义务，并通过创设单一的和统一形式的登记系统，为当事人完成登记提供经济、有效率的机制。②

动产担保交易对效率价值的追求，反映在制度构造层面上，是尽量简化担保物权设定、公示、实施程序，提高交易效率，降低成本。③ 从比较法视野看，国际相关立法及改革，均系以建立有效及效率之担保交易制度为其重要宗旨。④《联合国国际贸易法委员会动产担保交易立法指南》提出了现代社会动产担保交易应具备的特质：①担保物及担保债权之范围广泛；②担保物权设定简单、高效；③非占有型担保物权制度的承认；④明确及可预见之优先次序规则；⑤有效、迅速之担保权实行程序。⑤ 为了提高效率，有必要降低动产担保交易所涉及的各项成本，包括获取信息的成本、缔约的成本、公示的成本和实现的成本。具体到公示而言，现代动产担保交易制度改革通常采取如下措施：建立基于互联网的电子登记和查询系统，登记被作为交易人应对信息不对称、降低信用风险的一种机制；债权人可以通过在线查询，查证某

---

① SOUCICHIROU K, NAOE F. Old ideas die hard?: an analysis of the 2004 reformation of secured transactions law in Japan and its impact on banking practices [J]. Thomas Jefferson law review, 2009, 31 (2): 293-316.

② 徐同远. 担保物权论：体系构成与范畴变迁 [D]. 北京：中国政法大学，2011：130.

③ 徐洁. 担保物权论 [M]. 北京：法律出版社，2006：133.

④ 谢在全. 动产担保制度之最近发展 [EB/OL]. (2006-07-01) [2023-02-21]. http:// old. civillaw. com. cn.

⑤ 参见联合国国际贸易法委员会官方网站 (http://www.uncitral.org)。

个特定的担保物上是否存在他人的担保利益；查询费用较低；动产担保权的设定，仅依当事人意思表示的合意达成即可生效，不登记只是不能对抗第三人，赋予当事人更多的意思自治空间，以自主决定是否登记，从而承担法律上的利益或不利益；统一动产担保登记机关等。

现代动产担保交易制度以效率价值为导向的一个原因在于其商事规范的性质。与民事法律规范偏重于伦理性规范的特点迥然不同，商法更侧重于技术性规范，这些技术性规范的设计目的大多是出于对主体营利行为的保护。[①] 现代社会，民法商法化趋势加深，这种趋势在动产担保交易领域尤其明显。大陆法系中，动产担保相关内容通常是部分设置在民法典中，部分设置在特别法中，其性质定位一般是调整民事法律关系。而在民法范畴内，交易安全的保护被赋予了相当程度的重视，如物权公示公信原则、善意取得制度等，这些规范具有强烈的伦理性，蕴含了民法中公平的价值取向。但传统的动产担保制度存在着保障债权安全有余而鼓励交易、创造信用不足的突出问题，不能有效回应交易模式转型和社会财富结构变化对于动产担保融资制度的新的要求。[②]

美国《统一商法典》起草者深深意识到追求营利和实现经济利益的最大化是商法的最本质特征。基于此，第9编规制的主要是商业交易，具有商事规范性质。这首先从法典目录中即一目了然。从目录内容上看，除了动产担保编和总则编之外，其他7编的内容分别为买卖、流通票据、银行信托、信用证、整体转让、仓单、提单和其他所有权凭证、投资证券等，以上内容均以商事领域的规制为主，当然第9编也不例外。动产担保的公示制度提供给担保权人公开其担保利益的途径，也为第三人提供了了解信息的渠道，但第三人无法信赖其公示内容，因为起草者的理念是希望交易人能够自由竞争，自行选择是否公示，以及以哪种方式进行公示，并享有和承担由此带来的利益和不利益，提高交易效率，促进商人利益的实现。尽管第9编规定了消费物品、购买价金担保权益等，但实际情况却是，第9编主要以调整作为商事主体的企业与金融机构之间的融资担保法律关系为主。[③] 至于交易安全如何保护，则主要依赖第9编中大量的技术规范。

---

① 赵万一. 论民商法价值取向的异同及其对我国民商立法的影响 [J].法学论坛, 2003 (6)：12-21.

② 陈发源. 动产担保制度精要 [M].北京：知识产权出版社, 2015：7.

③ 董学立. 美国动产担保交易制度研究 [M].北京：法律出版社, 2007：14.

4.6　小结

与大陆法系上物权的公示制度相比，美国法的规定有其独特之处。由于美国法并未严格物权行为和债权行为，当事人之间达成合意即可使权利生效，公示不具备设定权利的效力；同时，与大陆法系不同，美国法创新性地采用了功能主义的路径，使得动产担保体系呈现出一种开放的姿态。基于融资的需要，在第9编下，同一种担保物上可以采取多种公示方式，登记成为通用的公示方法，突破了传统物权公示模式的束缚，且原则上登记和占有产生的效力平等，公示在先的权利人享有顺位在前的优先受偿权。这使得美国法上的占有和登记均没有公信力，也不具有权利正确性的推定效力。因此，第9编中的公示并不具有大陆法系物权公示的权利设定和保障交易安全的功能。对于第三人来说，其公示的功能仅在于提醒和通知第三人担保物上已存在之担保利益。

美国动产担保的公示不具备交易安全保护作用。从表面来看，这类似于大陆法系的"公示对抗主义"中的"公示"。但有所不同，主要表现在：其一，登记不再局限于特殊动产，而是绝大多数类型动产均可选择登记的公示方式；其二，原则上占有与登记具有平等的公示效力，登记不再具有绝对权威。至于交易安全的保护，则依赖登记的有效性规则以及优先权规则。具体来说，基于对担保权人顺位利益的保护，"登记在先"规则很难挑战，体现为多个担保权竞存时，不区分先登记人主观上的善意和恶意；浮动担保权和固定担保权的效力依据登记的先后顺序而定。对于潜在的后位担保权、担保物的买受人、买卖价金担保权人等第三人来说，第9编力求在不损害担保权人利益的前提下，通过登记的有效性规则、赋予消费者和供应商优先权优待，维护交易安全，实现权利的共赢。

第9编具有革命性和实效性的规定使其在世界范围内受到关注，大陆法系国家动产担保物权法的改革也深受该编的影响。法国基于社会经济发展的现实和优化法典的需要，2006年的担保法改革一定程度上挑战了物权法的基本原则，如质押不再要求转移占有，优先权顺位依据公示的先后，"占有即有权"规则的适用也受到限制。日本则是为让与担保引入了登记的公示方式，且登记模式部分继受了美国法的通知登记模式，但在登记内容上有所不同；登记和占有或拟制占有之间具有平等的法律效力，对抗效力相同。欧洲示范民法典草案融合了大陆法系和英美法系动产担保规则的共性，设立了占有担保权、非占有担保权两类。虽然没有完全照搬第9编，但是在立法体例、担保权的公示方式、登记的效力和模式方面很大程度上借鉴了第9编的做法。

　　现代动产担保公示功能定位的原因在于：一是现代社会财富结构的变化。随着动产形态的多样化和在融资中占据越来越重要的地位，传统的动产担保方式和模式不再适应现有的社会背景，这要求公示方式多样化，尽可能多地提供符合各种动产的公开机制。二是形式主义法学的扬弃和对现实主义法学的推崇，社会现实得到高度重视。基于融资的需要，登记成为通用的公示方法，突破了传统物权公示模式的束缚。三是交易效率超越交易安全成为动产担保交易制度最重要的价值导向。在金融担保领域中，简单的民法定位已经不能应对该领域的现实问题，需要考量商事领域的特征和实践，按照商法逻辑进行把握。立法者鼓励公示，但只提供公开信息的渠道，公示没有公信力，第三人需要自行对当事人之间交易的具体情形进行进一步询问和甄别。美国动产担保交易公示功能向警示功能转变的最终目的，实际是为回应外部便利融资的经济需求。

5
我国动产担保交易公示制度的
功能定位和制度设计

经过长期的发展，我国的市场经济建设取得了举世瞩目的成就。然而，经济的高速发展对市场的资金融通提出了更高的要求。认识到动产担保交易公示制度功能的转变，推进动产担保交易公示制度的现代化，是促进和活跃现代市场经济的助推器。虽然美国《统一商法典》第9编被认为是现代动产担保交易公示制度的借鉴模版，但鉴于该编中的公示规则复杂而烦琐，一般规则之外还存在特别规定和例外规定，整体植入我国动产担保制度中显然不太现实，但不影响其为我国动产担保权（包括典型动产担保权和非典型担保权）的公示规则及优先权规则提供有益启发。

5.1　我国动产担保权公示制度的功能定位

如前所述，动产担保交易公示的功能正经历着时代的转变，当前我国应该采取何种思路完善相关制度，归根结底取决于该制度欲实现之功能，是坚守传统物权法下不区分不动产和动产，公示以保护交易安全为主要目的，还是立足于现代社会现实，明确动产担保交易公示制度之独特功能。本书认为，应该选择后者，原因如下。

第一，动产担保权公示规则与不动产担保权公示规则存在着较大的差异。首先，公示的标的物性质不同。不动产主要指土地、建筑物，这些是关乎国计民生和国民经济的基础，各国具有特殊性和复杂性，不动产法具有强烈的固有法特色。况且，不动产的国际性交易远不如动产交易频繁。目前，国际上也有国家曾经试图将动产和不动产进行统一规范，美国也曾经试图统一不动产担保体系，但最后失败了。[①] 英国伦敦法学会城市金融法委员会工作小组提出建议，将担保法看作一个整体，包括动产和不动产，以及破产法方面、保证和抵消，但最终未被采纳。[②] 另外，基于不动产的特殊性质，虽然不动产也可以成为交易对象，但由于其地理位置通常不会变化，空间位置是特定的，因此不动产物权登记簿的设置通常是以采取物的编成。但动产却不同，流转频繁，通常采人的编成。其次，价值取向不同。不动产担保交易种类有限，公示规则仍以安全价值为首要目标，其设立多采取登记公示生效主义，法律关系相对简单。而动产担保公示规则以便捷、快速为方向，多采公示对抗主

---

① 徐同远. 担保物权论：体系构成与范畴变迁 [D]. 北京：中国政法大学，2011：119-121.

② STEVEN A J M. Secured transactions reform [J]. The Edinburgh law review, 2013, 17 (2)：251-256.

义，在制度设计上追求操作简便和低成本，以应对多样化的融资需求。诚如学者所言，现代动产担保法应该满足四个原则，即简单、灵活、自由、透明。① 动产担保公示规则也理应如此。综观世界范围内的动产担保立法改革，大都朝着这个方向努力。

第二，我国现行动产担保交易公示制度在实质内容上已与以德国为代表的大陆法系国家背道而驰。尤其是我国在动产抵押制度方面大胆创新，任何可让与的动产均可抵押，这不仅是对《德国民法典》确立的"动产只能设定质权"原则的全面反对，同时也超越了日本的规范范围。无论是动产抵押制度，还是以应收账款质押登记为基础发展起来的我国动产融资统一登记制度，已逐渐显露出与不动产担保权公示规则的分离。事实上，早就有学者认识到动产担保物权不同于不动产担保物权，其具有更强的灵活性和包容性，民法典物权法分编对之应当格外予以关注，并做出相应的制度安排。就动产担保物权而言，如何表达公示原则是物权法制度设计首先要考虑的问题。② 甚至有学者在考察我国动产担保权公示制度之后，建议形成由动产担保物权法与不动产担保物权法分立的结构。③ 对此，本书也赞同动产担保交易公示之功能的定位与制度构建，应迥异于不动产担保权之公示，以适应时代之需。

5.1.1 物权法定主义的缓和

意思自治、契约自由，是合同法的基本原则。意定担保具有债权和物权的双重性质。在物权法中，由于物权法定主义的限制，"物权的种类和内容，由法律规定"，不由当事人任意创设。物权法定主义的立足基础，在于确保无权之特征，防止封建时代旧物权之复苏，以及便于物权公示，以保障交易安全。④ 换言之，物权法定的根本意义在于保护交易安全，主要是"动的安全"，即对交易中善意第三人的保护。安全是法律的基础价值之一，英国著名法学家霍布斯曾说："人之天性，有争之因三焉：一曰竞争，二曰疑忌；三曰

---

① 徐晓峰. 论以分离原则为基础的财产权交易规则：法国法的原貌与中国法的未来 [J]. 环球法律评论，2017，39（1）：23-48.

② 邹海林. 动产担保物权的公示原则表达：以民法典物权法分编的制度设计为样本 [J]. 法治研究，2017（6）：51-60.

③ 董学立. 我国意定动产担保物权法的一元化 [J]. 法学研究，2014，36（6）：99-115.

④ 谢在全. 民法物权论 [M]. 北京：中国政法大学出版社，1999.

荣誉。第一之争为求利，第二之争为求安，第三之争为求名。"① 由此可见安全价值对人之重要性。

据学者考察，物权法定的思想在古罗马法就已存在。而近代大陆法系各国物权立法莫不采用此一原则。作为唯一的例外，1794 年普鲁士私法采用物权立法上的"放任主义"（即物权的创设，一任当事人之自由意思）规定对于请求物之交付的权利，因占有其物或登记其权利，变为于物之上（直接支配）之权利，有对世的效力。如对于不动产租赁，当事人可本于自由意思加以登记，使之变为物权。② 这一立法例，源于对古代日耳曼法上占有（gewere）体系的继受。因为在日耳曼法上，占有（gewere）的权利即物权，故 gewere 取得可以对应任何权利，而不动产依据伴随的登记要件即可称为物权，故不发生对物权种类的限制。③

物权法定原则，是"物权法构造的重要支柱之一"。物权法定主义，是我国物权法明确规定的一项基本原则。在物权法定主义下，物权的种类和内容均需由法律加以明确的规定，不允许当事人任意创设与法律规定不同的物权或者合意改变物权的内容。物权法定原则在我国的确立具有重大的意义：首先，物权具有极其强大的效力，为国家社会经济组织的基础，如果任由当事人依其自由意志创设，其结果必然造成国家经济制度的混乱，不利于国计民生。其次，物权是一种绝对权和支配权，只有当物权种类和内容绝对明晰时，才能有效保护。最后，产权的清晰、明确是交易的前提和基础。明确物权种类和内容，才能使得那些物之取得人对物权的特定内容确信无疑，如此方能提高物的可转让性和可流通性，进而节约交易成本，鼓励交易。④

在持续推进金融领域开放创新的背景下，担保制度的创新是必然趋势。为顺应时代的发展，我们需要开放的担保制度，僵硬的物权法定原则已经成为担保物权制度现代化的绊脚石。变革僵硬的物权法定原则，已经成为我国民法学界的共识。但到底如何变革，学者们尚未达成共识。既然我国动产担保交易公示机制应借鉴美国模式，将其功能定位为警示或者提醒，则相关制度的设计应该以实现该功能为目的。立足于该功能，应尽可能提供多样化的

---

① 法学教材编辑部. 西方法思想史资料选编 [M].北京：北京大学出版社，1983：183.

② 史尚宽. 物权法论 [M].北京：中国政法大学出版社，2000：12.

③ 段匡. 德国、法国以及日本法中的物权法定主义 [M]//梁慧星.民商法论丛：第7卷. 北京：法律出版社，1997：256-257.

④ 王利明，杨立新，王轶，等. 民法学 [M].北京：法律出版社，2008：228.

公示方式，并赋予已公示的动产担保权以物权效力，以实现便利融资的最终目的，但由此带来的问题是物权法定主义的松动。

以融资租赁和应收账款让与为例，二者本质上仍属债权。一般认为，物债二分是大陆法系财产法的基本思维。物权可以单纯凭借自己的意思而实现其物权，无需他人的帮助。法律只是要求权利人之外的一切人负有消极的不得干预物权人行使权利的义务，因此物权需要通过占有或登记的方式向外界加以展现。① 而在债的关系中，债权人无法仅凭自己的意思就实现债权，他必须依据与债务人之间的合意或者法律的直接规定请求债务人履行而使其债权得以实现，既然合意只是债权人和债务人这一特定的当事人达成的，因此债权债务关系也仅发生在特定的当事人之间，其设立无需公示，债的关系外的第三人也难以知悉该项债权的存在。② 但同时，物权和债权体系本身就不是两套绝对独立的系统，物权是衍生于债权的权利，债权的实际履行结果就是物权的变动。在这个背景下，相对性的债权向绝对性的物权转化的关键点，就是看债权相对人之外的第三人能否充分知悉债权的履行过程或其结果，如果第三人无从了解这些信息，基于不得为第三人私设义务的一般道理，债权只能约束相对人；反之，如果不特定的第三人能充分获得这些信息，债权就能转化为对世性的物权。③

也就是说，公示常常伴随着物权的存在。我国动产担保交易公示制度正经历着功能的转变，一旦转型成功，则必然使得"债权也能很方便地获得与物权相同的外观形式"。由于债权的内容是无穷的，只要公示技术能够承担这样无穷的变化，就会产生类型无穷的物上负担。如此一来，当公示制度随着科技进步以及社会变迁有较大发展，而交易类型也因经济发展而大幅增加时，新型物权的问世也具有了新的通道和契机。④ 物权法定主义也由此缓和。在现代社会，物权法定主义对于"防止封建时代旧物权复苏"的功能显然不复存在，交易安全的保护主要依靠物权的公示。若一权利具备公示方式，并规定了完善的优先权制度，或者设立了善意第三人充分的救济措施，可以达到"便于物权公示，保障交易安全"之目的，那么物权法定主义原则之地位也将

---

① 王利明，杨立新，王轶，等. 民法学 [M]. 北京：法律出版社，2008：459-460.
② 王利明，杨立新，王轶，等. 民法学 [M]. 北京：法律出版社，2008：249.
③ 常鹏翱. 物权法的基础与进阶 [M]. 北京：中国社会科学出版社，2016：207-208.
④ 常鹏翱. 物权法的基础与进阶 [M]. 北京：中国社会科学出版社，2016：209-210.

被弱化。①

值得注意的是,《民法典》第 388 条第 1 款规定,设立担保物权,应当依照本法和其他法律的规定订立担保合同。担保合同包括抵押合同、质押合同和其他具有担保功能的合同。该条在原《物权法》第 172 条第 1 款上增加了"担保合同包括抵押合同、质押合同和其他具有担保功能的合同"。如何理解"其他具有担保功能的合同",在立法和司法实践中均引起高度关注。

有学者指出,《民法典》第 388 条中"其他具有担保功能的合同"的概念的根本价值是确认物权法定缓和。② 其最权威的司法解释来自最高人民法院的见解。2020 年 7 月 22 日,最高人民法院联合国家发展和改革委员会共同发布《最高人民法院 国家发展和改革委员会关于为新时代加快完善社会主义市场经济体制提供司法服务和保障的意见》。该意见第 14 条规定:"依法认定新型担保的法律效力。准确把握物权法定原则的新发展、民法典物权编扩大担保合同范围的新规定,依法认定融资租赁、保理、所有权保留等具有担保功能的非典型担保合同的效力。结合民法典对禁止流押规则的调整和让与担保的司法实践,进一步研究细化让与担保的制度规则和裁判标准,尊重当事人基于意思自治作出的交易安排。依据物权变动规则依法认定担保物权的物权效力,最大限度发挥担保制度的融资功能作用,促进商事交易健康发展。"

应当看到的是,《民法典》第 388 条中增加"其他具有担保功能的合同"的表述,意在承认除了《民法典》物权编规定的抵押合同、质押合同及合同编规定的所有权保留合同、融资租赁合同、保理合同外的其他法律没有规定的具有担保功能的担保合同的效力。

5.1.2 对功能主义的解析

现代动产担保交易公示制度的构建受到功能主义方法的深刻影响。在浓厚的现实主义色彩的渲染下,市场交易的实际得到了更多的尊重。在功能主义的视野下,担保交易的功能相对于交易的形式更为重要,它简化了动产担保交易制度,符合现代动产担保制度下灵活性的要求,可以缓解物权法定主

---

① 高圣平. 大陆法系动产担保制度之法外演进对我国物权立法的启示 [J]. 政治与法律, 2006 (5):66-72.

② 杨立新. 物权法定缓和的绝处逢生与继续完善:《民法典》规定"其他具有担保功能的合同"概念价值 [J]. 上海政法学院学报(法治论丛), 2021 (1):45-53.

义下法律体系的相对封闭和僵化。对此,需要探讨的是,我国是否应毫无限制地接纳深刻影响美国法的功能主义方法。前文已详细分析了功能主义方法在动产担保交易立法中的表现,此处探讨我国是否应当对这些特征加以全部继受。

5.1.2.1 动产担保物权的立法体系是否应采取一元化模式

事实上,对我国动产担保物权法的立法体系是否应采取一元化模式这一问题的研究在学理上已见端倪,缘起是登记成为动产担保权公示的主要方式使得抵押权和质押权的界限模糊。最初,在传统物权法中,质押和抵押二者被认为有严格的区分。这种区分主要依据以下两种标准:第一,以是否占有为区分标准。如1804年《法国民法典》将担保物权分为两类:一类是转移占有的担保物权,名为"挪";另一类是"抵押",不转移占有且被公示,抵押的客体只能是不动产。法国法上动产担保的质权分类即为有体动产质权、无形动产质权和不动产质权。对于不动产质权,《法国民法典》第2387条规定:"不动产质权是指将某项不动产用于担保某项债务;不动产质权意味着设质人转移对不动产的占有。"① 而《意大利民法典》第1960—1964条对不动产质权均做了规定,内容与《法国民法典》的规定几乎一样。其主要内容是:被用来担保的不动产由债权人占有;债权人享有用益权,可以收取孳息;债权人可放弃占有而仍享有担保权;债权消灭则质权消灭。② 此外,《日本民法典》也严格以占有为标准区分抵押与质押。③ 第二,以客体属性为区分标准。在德国法中,质权系指为担保债权的实现,债权人有权在动产或者权利上设定一种负担,其内容为债务得不到履行时,有权就出质的动产或权利优先受偿的权利。④ 根据《德国民法典》的编撰体例,第3编第7章和第8章分别规定不动产担保物权和动产担保物权,前者包括抵押权、土地债务、定期土地债务;后者又分为动产质权与权利质权。也就是说,德国民法上,抵押和质押的划分基本是以权利客体的属性决定的,形成了"抵押-不动产、质押-动产"的模式。瑞士民法对抵押与质押的区分,在规定上与德国民法如出一辙,

---

① 法国民法典 [M].罗结珍,译.北京:北京大学出版社,2010:514.
② 费安玲.比较担保法 [M].北京:中国政法大学出版社,2004:234.
③ 李娟.论抵押与质押:兼评知识产权担保方式的合理定位 [J].中国海洋大学学报,2012 (1):99-104.
④ 费安玲.比较担保法 [M].北京:中国政法大学出版社,2004:264.

也是以权利客体的属性为二者的根本区别。①

然而,现代动产担保交易公示的功能发生变化,对以上两种区分标准下质押和抵押严格二分的体系格局带来威胁。

第一,对以占有为区分标准来说,质权不再以占有为必要条件,不转移占有的担保类型也可称为质押。如2006年法国的担保法改革改变了1804年《法国民法典》以是否"移转占有"设计担保物权的规范,将质押分为转移占有的质押和不转移占有的质押,适用于所有的有形财产。也就是说,质押可以经过登记而公示,也可以由债权人或者约定的第三人占有质押财产。② 另外,在目前各国的权利质权制度中,许多权利质押的设定不需要转移占有,甚至不需要交付权利证书,其公示方法要采取登记的方式。如我国《民法典》第445条规定,应收账款质押以登记为公示方式。此外,股权质押、知识产权质押均采取登记公示等。而登记的方式并不能产生质权的"留置效力",担保人仍能使用该权利,因此在性质上类似于抵押。正如学者指出的,权利质权虽名为质权,但其担保的作用反近于抵押权,谓之介于一般质权与抵押权之中间领域,亦无不可。③

第二,对以客体属性为区分标准来说,动产抵押的出现突破了这种区分。传统的"抵押-不动产、质押-动产"不能很好适应实际情况。而动产抵押加深了这种形式与实际情况的鸿沟。我国物权法摒弃了让与担保,而是制定了动产抵押制度,并将其动产抵押的范围扩张至"法律、行政法规不禁止抵押的财产"。可以发现,动产抵押的出现也使得质权和抵押之间更难以定性,存在不确定性和分类的复杂性。且随着质权财产范围的扩张,根据权利的客体是动产还是不动产来区分抵押与质押已经越来越困难,传统的二分法格局被打破。这导致了一种矛盾:一方面,沿袭传统理论,即质押转移占有,抵押不转移占有;另一方面,又模糊传统理论,即质押也可不转移占有。这样一来,质押与抵押到底界限何在?

具体而言,我国在权利担保方面有两种类型,即权利质押和权利抵押。根据物权法的规定,以建设用地使用权和以招标、拍卖、公开协商等方式取得的荒地等土地承包经营权等不动产权利为标的的,设定的是抵押权;以其

---

① 李娟. 论抵押与质押:兼评知识产权担保方式的合理定位 [J]. 中国海洋大学学报, 2012 (1):99-104.

② 李世刚. 法国担保法改革 [M]. 北京:法律出版社, 2011:83-84.

③ 史尚宽. 物权法论 [M]. 北京:中国政法大学出版社, 2000:388.

他财产权利为担保时，设定的是质权。立法上的模糊为司法实践中权利的归类带来困境，如关于公路、桥梁、隧道、渡口等不动产收费权是否属于权利质权就存在争议。① 此外，实践中新出现的主要担保类型，如商铺租赁权、出租车经营权、银行理财产品、企业银行账户、企业排污权、保理融资等属于权利质权还是抵押权的客体，在学术界亦有争论。②

面对这种困境，有学者认为，近期的解决措施是主张解释论，长期的目标则是以立法论的方法处理该问题，即以"动产抵押"为主构建我国动产交易制度的一元化模式，动产质权作为现代社会的"非典型担保方式"，制定特殊规则或亚规则，形成以非占有型动产担保为主、占有型动产担保为辅的局面。③ 采用一元化的立法模式的优势在于，可以简化担保物权的立法，消除二者在制度上出现的重复、不一致、矛盾甚至漏洞。④

一元化立法模式的根本目的是试图消除质押和抵押的根本区别，虽有利于简化整个动产担保物权制度，但这对传统大陆法系根深蒂固的概念法学无异于重大挑战，显然是我国难以接受的。另有学者提出了缓和的解决方式：严格以是否占有为标准区分质押和抵押，这样权利担保仍得依据公示方法的不同类型，再次类型化为权利质押和权利抵押。同时，动产担保物权依公示方法不同，还得再次类型化为动产抵押权和动产质权，相互之间的规则重复和冲突无法在体系内部化解。因此，可以在规则设计上，首先抽象出抵押和质押的共同规则，然后在各自的类型内部依客体不同作出特殊安排和专门规定。⑤ 相对于较为"激进"的一元化模式的建议，该方式较为适宜。

5.1.2.2 权利移转型担保权是否应上升为法定的担保物权

随着融资担保多样化需求的增加，在物权法定主义下，由于物权类型和内容的限定，法律与现实脱节，理念与实践无法实现互动。权利移转型担保

---

① 若定位为质押，权利质权适用动产质权时存在难以克服的障碍和困境，如动产质押的设定需转移占有，因此学说上认为担保物无法重复设质，这无疑降低了该财产权利的交换价值，影响了财产权利的金融化；再者，质权人有妥善保管质物的义务，这对以登记为公示方式的权利质权而言显然是不可实现的。因此，权利质权准用抵押权的规则更具有可行性。参见高圣平.民法典中担保物权的体系重构 [J].法学杂志，2015，36（6）：33-45.
② 陈本寒.新类型担保的法律定位 [J].清华法学，2014，8（2）：87-100；董学立.也论"新类型担保的法律定位"：与陈本寒教授商榷 [J].法治研究，2015（4）：25-33.
③ 董学立.我国意定动产担保物权法的一元化 [J].法学研究，2014，36（6）：99-115.
④ 董学立.民法典分则编撰建议：意定"动产担保物权法"部分 [J].法学论坛，2018（6）：113-118.
⑤ 高圣平.民法典中担保物权的体系重构 [J].法学杂志，2015，36（6）：33-45.

权（或称非典型担保权）异军突起，在比较法上甚至已在动产担保中占据绝对优势地位。特别是以所有权为担保的交易结构的出现，颠覆了传统大陆法系中的绝对所有权概念，以及担保物权的权利构造。总体而言，大陆法系虽然受功能主义的影响不如美国深远，但也有着潜移默化的作用。传统的法律教条主义和实证主义正在逐步改良，以适应社会形势的变化。担保制度从传统的保全型逐渐转化为现代的金融媒介型。具体而言，在担保法领域，在德国、法国、日本等国家，权利移转型担保逐渐得到承认，如让与担保、所有权保留等。但囿于物权法定主义，这些类型虽然已被实务和判例法所确立，却一直未被成文法采纳。

在大陆法系上，根据所有权和占有的分离和归属，在担保物上存在四种担保债权实现的基本权利形式：①债权人享有担保物的所有权和占有。如罗马法上的信托质，即债务人为了获得债权人的贷款，将自己财产的所有权（动产或不动产）以要式买卖或拟诉弃权的方式让渡给债权人，且将质物的占有也移转给债权人的情形。另外，此种法律构造还包括带有赎回权的出售，以及应收账款的转让。②债权人享有担保物的所有权，并保留了所有权，无论是否有现在或将来将所有权转让给债务人的义务，债务人享有占有。如分期买卖、融资租赁。脱胎于信托质的让与担保，通常采用占有改定的形式，由物的原所有人继续占有，此时即属于这种情形。③债权人占有、债务人享有担保物的所有权。如质押、典当、留置等。④债权人既无所有权，也无占有，如抵押以及法定优先权，只能通过公力或私力的方式，拍卖或变卖担保财产，以担保债权的实现。①

在大陆法系的民法典中，大多数国家只承认后两种模式，只有在这两种担保工具中，债权人才是真正的担保权人，而不是所有人或者依情况而定的所有权人，所有权归属于债务人。这是对担保物权的法律构造的严格遵守，其机理在于，在债务人所有之物上，设定定限物权以为担保，担保权人对担保物只享有担保物权（定限物权）。说到底，根源在于物权法定主义。

前两种模式是以所有权担保债务履行的担保工具。虽然非典型担保权在现代社会有其独特的功能和意义，能够弥补典型担保的缺陷和不足，但由于其与典型担保（权利限制型担保）的构造形态相异，是以所有权的转

---

① BRIDGE M, MACDONALD R A, SIMMONDS R L, et al. Formalism, functionalism, and understanding the law of secured transactions [J]. McGill law journal, 1999, 44: 557-567.

移来担保债权，担保权人对担保物享有的是完全的所有权，已经超越了"定限"的特征要求。因此，在传统物权法中，虽然这类物权在社会融资中发挥了重要作用，却一直被排除在大陆法系民法典之外，即使有被成文化，也只是以特别法的形式出现。这与大陆法系所有权的概念密不可分。物权法理论认为，所有权是最完整的物权，具有绝对性和至上性，并与他物权、完全物权与限制物权完全区分。若将非典型动产担保权也规制在担保权下，被视为担保物权，则突破了大陆法系以所有权为逻辑进行法律演绎的做法，而将所有权和担保权混为一谈无疑是荒谬的，它模糊了所有权和担保权的界限。[①]

与大陆法系不同的是，英美法系的所有权存在质的分割的状态。有学者认为，在美国的动产担保交易制度中，被担保债权未获清偿时，由于担保权人可以直接处分担保财产以清偿其债权，因此担保权是一个附实行条件的所有权。[②] 在美国法上，所有权（title）可分为法定所有权（legal title）和用益（经济）所有权（beneficial title），在所有权保留的场合，出卖人依买受人的让与约定，保留其出卖物的法定所有权，在买受人不按期清偿价金时，得收回其出卖物；而买受人在清偿期限未届至之前，仍享有其用益所有权，继续占有其买受物，享有用益权能。这主要与日耳曼法和罗马法不同的法律传统有关。[③] 因此，在英美法系下，所有权担保不存在大陆法系中的法律构造的困难，将其纳入动产担保交易法范围内并无问题。

作为民法中最活跃的担保法领域，在我国《民法典》编撰过程中，甚至早在原《物权法》起草的过程中，建议稿和草案均对担保物权的体系和内容作出不同的安排。其中，非典型担保权是否上升为法定担保物权成为争议的焦点之一。鉴于非典型担保颠覆了传统大陆法系中的绝对所有权概念，以及担保物权的权利构造，而我国物权法体系，包括自物权和他物权（用益物权和担保物权）均是以所有权为法律逻辑中心。在我国担保物权均采"限制物权"的情况下，插入一个"完全所有权"制度，就破坏了物权法体系的完整

---

① 张晓娟. 动产担保法律制度现代化研究 [M]. 北京：中国政法大学出版社，2013：96.

② 董学立. 美国动产担保制度研究 [D]. 济南：山东大学，2006：6-7.

③ 在日耳曼法上，所有权本体是各种权能之集合，使用权归属于 A 而处分权归属于 B 的使用权归属关系，是普遍存在的现象；但在罗马法上，则始终存在所有权绝对化的倾向，所有权是一种完全的、圆满的、专属的支配力，所有权只能归属于一人，而对于日耳曼法那样的所有权权能分属关系或法律构成，在罗马法上则是不可能存在的情形。参见王闯. 让与担保法律制度研究 [M]. 北京：法律出版社，2000：68.

性，也使得该担保制度与其他担保制度在逻辑上难以协调。① 另外，将所有权重新定性为"担保权"，将涉及其他相关的领域，如合同法、物权法、破产法等，这些领域的规则多已根深蒂固，并且相互影响，具有高度牵连性。显然，实施一项新的法律制度，将可能导致一个艰巨费时且结果不明的改革。

法律天然具有滞后性，而商业活动又是不断发展的，因此法律漏洞是不可避免的。某些交易活动的法律构造复杂，通过现有法律无法解决。如分期付款，兼具买卖即消费借贷的特征，不能单纯地涵摄于二者之一。又如融资租赁，它与分期付款相同之处在于：除了皆有按期给付金钱作为对价的特征外，交易客体之所有权皆暂时不因交付而转移，该所有权保留至清偿最后一期价金或租金时方始移转。不同之处在于，所给付之对价一为价金，一为租金。所有权保留，无论以买卖或者租赁称之，其实皆与让与担保的作用类似，而让与担保之双方的利益关系又与动产抵押类似。是故，在交易双方的利益发生冲突时，应类推适用动产交易法关于动产抵押的规定。② 由此，通过类推适用，也能获得功能主义下的结果。③ 综上，非典型担保权不宜直接上升为实定法上的担保物权。

必须说明的是，功能主义固然存在不足，但大陆法系在坚守形式主义下也不能否认其反映交易现实的功能主义的必要性。有学者指出，最合时宜的是将功能主义和现实主义结合起来，建立符合经济发展和时代变迁所需的动产担保交易制度和公示规则。④ 我国《民法典》动产担保制度正是在形式主义的基本框架下融合了功能主义，采取的是分散性继受功能主义立法思路。一方面，《民法典》并未采纳一元化的立法模式，而是保留区分动产抵押权、动产质押权、权利质权的多元立法的体系结构。另一方面，《民法典》在设立、登记、顺位及实现四个环节尽力统一对待各种类型的动产担保物权，实质上体现了功能主义的影响。在动产担保物权的设立上，《民法典》未直接将非典型担保权纳入法定的担保物权，而是通过第 388 条的规定，拓宽了担保合同的范围，承认了权利移转型担保合同的效力，也为金融担保创新合同的

---

① 胡绪雨. 让与担保制度的存在与发展：兼议我国物权法是否应当确认让与担保制度 [J].法学杂志，2006（4）：126-128.

② 黄茂荣. 法学方法与现代民法 [M].北京：法律出版社，2007.

③ 此处的类推适用，即是对法律漏洞的填补。梁慧星先生认为，类推适用是指"法官受理的案件在法律上未有规定，采用类似案件的法律规则裁判本案"。博登·海默说："对于一项规则进行类推适用是否合法的问题，并不取决于演绎逻辑，而是取决于对政策与正义的考虑。"

④ 张晓娟. 动产担保法律制度现代化研究 [M].北京：中国政法大学出版社，2013：97-98.

效力提供了明确的法律依据。在动产担保物权的公示上，《民法典》顺应了国际立法趋势，为统一登记的实现创造了条件。具体体现在《民法典》删除了原《物权法》中权利质押具体登记机构及动产抵押登记机构的规定，同时为所有权保留和融资租赁引入登记对抗制度。此外，为配合《民法典》的实施，国务院出台的《关于实施动产和权利担保统一登记的决定》与中国人民银行颁布的《动产和权利担保统一登记办法》进一步推动了动产担保（包括权利担保）登记的统一。在动产担保物权的顺位上，《民法典》第 414 条和第 415条将"公示在先、效力在先"确定为一般原则，只在特殊情形下有所突破。在动产担保物权的实行上，则是努力使取回权向优先受偿权靠拢。[①]

5.2 典型动产担保权公示制度的完善

5.2.1 动产担保权公示方式之选择

5.2.1.1 动产担保权公示方式选择的基本原则

在动产担保物权公示功能发生根本性转变的前提下，公示的目的不再是以保障交易安全为主，而是提醒潜在的交易人特定的担保物上是否已存在权利负担。因此，为了使得交易更加透明，动产担保交易公示的方式应更加多元化，从而给予交易当事人选择权，将是否公示、选择何种方式公示交由当事人自己决定，这是符合利益最大化原则的，也是符合法律经济原理的。

对于动产担保公示的选择，大陆法系主要根据标的物本身的自然属性予以确定。相较于不动产，动产易于移动，便于带进市场进行实际交付自由流转，因此一般动产多通过转移占有来完成交易。而对于权利而言，对于有权利证书的财产权利，当然可以适用动产的公示方式；但对于无权利证书的权利，则必须允许其标示以公示，这种标示就是现代法中的登记。这在传统大陆法系的背景下无疑是正确的。[②] 然而，在现代市场环境下，仅以此为考量原则，难免过于狭隘。从公示的标的物本身来讲，除了物本身的自然属性，还须考虑标的物价值的大小以及物的交易性大小。对于价值重大，属于重要的生产资料和生活资料，且交易频繁的物来说，应当采取比转移占有成本更低、效率更高

---

① 李运杨.《民法典》动产担保制度对功能主义的分散式继受 [J]. 华东政法大学学报，2022（4）：107-121.

② 屈茂辉. 物权公示方式研究 [J]. 中国法学，2004（5）：62-71.

的公示方法，以满足现代企业获取融资的需要，即采取登记的方式。① 此外，动产担保权公示方式的选择还应将交易习惯和立法政策纳入考量之中。

5.2.1.2 对交易习惯的考量

学者王泽鉴先生曾言：制度之优劣良窳，常不能凭法条论断，商业上之习惯，一般人之交易观念，常为主要影响之因素，时可弥补制度之缺陷。② 担保物权法在很大程度上应该重视领域性和地区性金融习惯。担保法是市场经济的产物，市场经济的发展程度就是担保法制度建设的标尺，而各个领域和各个地域中的习惯理应是自己现实发展程度的一个标志。③ 商业的发展离不开动产担保法的支持，而交易习惯正是在商业发展的过程中形成的。

在动产担保公示功能发生变化，公示方式呈现多样化的背景下，动产担保交易领域的交易习惯受到挑战。前文述及，在美国动产担保交易法中，登记是通用的公示方式，大多数担保物可选择至少一种公示方式。然而，对于大陆法系而言，动产担保物权公示的方式通常具有唯一性，潜在的第三方往往仅需查询占有外观或登记即可。即使是在涉及占有和登记二重公示的个别情形下，法律也会对第三人的查询义务作出特别豁免。例如，在存货担保交易中，占有是明显的权利外观，但同时也会涉及登记公示。如沃尔玛超市将其现在及将来所有的商品均为银行设定了抵押并登记（浮动抵押）或者超市只就某一批商品为银行设定了抵押并登记（一般动产抵押），你作为超市的顾客，若法律要求你在购买超市的商品之前必须查询其上是否存有抵押登记，否则即使付款也不能无负担地享有商品的所有权。这对于购买库存商品的消费者来说，显然是难以接受的。④ 正如学者质疑的那样，"要求其在购买之前在登记公示体系中就该物品中是否负载担保权益的情况进行查询，是对市民社会生活的法律嘲弄"。无论从法律传统还是从交易习惯看，不应为第三人设定查询义务。⑤

对此，我国原《物权法》第 189 条第 2 款有所回应。该条款确立的是浮动抵押效力下的"正常经营买受人规则"。根据这一规则，浮动抵押权人不得

① 张晓娟. 动产担保法律制度现代化研究 [M]. 北京：中国政法大学出版社，2013：124.
② 王泽鉴. 民法学说与判例研究 [M]. 北京：中国政法大学出版社，1998：136-137.
③ 梁慧星，近江幸治，等. 关于日本担保物权法的考察 [M]//吴汉东. 私法研究：第 2 卷. 北京：中国政法大学出版社，2002：487.
④ 龙俊. 动产抵押对抗规则研究 [J]. 法学家，2016（3）：42-52.
⑤ 董学立. 美国动产担保交易制度研究 [M]. 北京：法律出版社，2007：163.

对抗正常经营活动中已支付合理价款并取得抵押财产的买受人。换句话说，浮动抵押中的正常交易的买受人，不负担查询登记簿的义务，无论浮动抵押是否登记，只要是正常经营活动中已经支付合理价款并受让抵押财产的买受人，就享有优先于浮动抵押权人的权利，从而无负担地取得标的物所有权，除非知道买受人知晓其购买行为侵犯了他人对物的权利。① 《民法典》第 404 条将"正常经营买受人规则"扩展至一般动产抵押。简言之，无论是浮动抵押抑或是固定抵押，正常经营中的买受人均不承担查阅抵押登记的义务，没有查询的不构成过错。

此外，某些特殊类型的担保物应采取何种方式公示，同样受到交易习惯的影响。例如，针对原《物权法》关于应收账款质押采登记公示的规定，有学者曾指出，隶属合同债权范畴内的应收账款，其质押公示的方式应符合合同债权转让的交易习惯。在大陆法系中，如德国、日本、韩国、我国台湾地区均规定，权利质权的设定依照该权利转让的方式，权利质权的公示与权利转让的方式相同。② 按照该规则，合同债权质权的设定，通常是在质押人与质押权人达成合意之后，交付债权凭证，并通知该质押合同债权的债务人。权利质押的方法与权利转让的指导思想一致，是对交易习惯的尊重和认可。如果立法者不顾及在合同债权转让问题上的交易习惯，硬要在合同债权质押的公示方法问题上别出心裁地采用"登记"或别的什么公示方法，在交易实践中就会遇到当事人是否会接受的问题。③

但同时，学界也有反对意见，认为在我国应收账款转让实践中，债权凭证并未形成交易习惯，所谓"交付债权凭证 + 通知出质债权的债务人"的公示方法自无适用余地。在通说下，通知并不构成应收账款转让的生效要件，而只是对抗债务人的要件。况且，通知能否作为登记和占有之外的第三类公示方法尚有疑问。仅仅通知债务人，似乎与公示"公之于众"之作用相违背。因此，"通知"并不能起到公示的作用，"只不过是在转让人这一私人信息来源之外另增一个私人信息而已"。④ 如今，以应收账款质押登记公示的做法已在该领域长期的交易实践中逐步成熟。以应收账款质押登记系统为基础发展起来的动产融资统

---

① 龙俊. 动产抵押对抗规则研究 [J]. 法学家，2016（3）：42-52.

② 例如《德国民法典》第 1274 条第 1 款。

③ 陈本寒. 我国《物权法》上权利质权公示方法之检讨 [J]. 法学，2014（8）：123-132.

④ 高圣平. 应收账款质权登记的法理：以《应收账款质权登记办法》的修改为中心 [J]. 当代法学，2015，29（6）：86-97.

一登记系统，已成为我国动产和权利担保统一登记公示平台。

5.2.1.3 对立法政策的考量

诚然，在现代动产担保法的发展趋势下，登记已经成为动产担保物权的主要公示方式，这已成为共识，但并非所有的动产担保权都适合以登记作为公示方法。对于某些动产而言，基于其对国民经济的影响或对弱势群体利益的考量，各国有不同的做法。

以银行账户质押为例，基于我国动产和权利担保的登记主义倾向，银行账户质押是否采登记公示不无疑问。事实上，针对账户质押，国际立法例上有一些国家采取的即是登记公示。如加拿大各省和墨西哥，将银行账户看作一种普通的应收账款，允许通过登记公示。澳大利亚和马拉维则既允许登记公示，也允许控制公示。[1] 对于我国账户质押的公示，也有学者赞同登记公示，理由有二：其一，目前实践中银行账户的实际控制和管理只限于当事人知晓，银行的自行操作在公示性上存在不足。[2]其二，与银行账户质押接近的应收账款和融资租赁质押等质押形态在公示方面已有成功经验，可借鉴其登记的公示方式。[3]而鉴于我国已建成动产融资统一登记公示系统，为应收账款质押和转让、融资租赁、动产抵押、所有权保留、存款单、仓单、提单质押，以及其他可登记的动产和权利担保提供登记服务，这为账户质押登记提供了平台支撑。

然而，基于立法政策考量，本书认为银行账户质押不宜采用登记公示。相比于其他担保物，账户有其特殊之处。首先，账户担保的实现方式更加简便。账户担保的实现无需经过拍卖和变卖，也不涉及折旧和报废，因此避免了其他担保物在价值计算上的议价过程。这一点使得以账户作为担保融资无论是在国内还是国际金融市场均具有相对优势，尤其是在欧美金融市场上，以账户为担保的交易相当频繁。其次，存款账户担保使得借款人和贷款银行能够更加有效地利用这些资金。特别是对于贷款银行来说，存储在银行账户里的资金对消费信贷和商业信贷起到重要作用，[4] 由此可以创造一个更加流动的经济。

---

① DUBOVEC M. Fundamentals of taking security interests in bank accounts [M]//DAHAN F. Research handbook on secured financing in commercial transactions. Cheltenham: Edward Elgar, 2015: 335.

② 李西川. 保证金质押应符合严格的形式和实质要件 [N]. 人民法院报, 2015-05-06 (07).

③ 侯思贤. 论银行账户质押的名称、性质与公示方式的选择 [J]. 征信, 2019 (6): 87-92.

④ ZUBROW L E. Interaction of deposit account financing into art 9 of the Uniform Commercial Code: a proposal for legislative reform [J]. Minnesota law review, 1984, 68: 899-1017.

账户（特别是存款账户）跟其他担保物的不同之处还在于存款账户是一个国家支付系统的重要组成部分，被认为是一种控制金钱供应的手段。根据中央银行对于存款储备金的要求，为保证客户提取存款和资金清算，金融机构须缴纳一定比例的资金，这已经成为中央银行货币政策的重要工具。由于金融机构不能使用该储备金，而只能通过将非储备金贷款给客户创造财富，客户以此获取更多的货物或者服务。因此，鉴于存款账户对于金钱供应的意义，为了使公示规则不能影响到存款账户的流动性，以及打乱和威胁支付系统，账户质押最恰当的公示方式是由银行进行实际控制，即赋予银行自由裁量权去决定是否接受在存款账户上的担保利益。①

此外，我国动产和权利担保融资登记制度倾向于采取"通知登记制"，即通知备案式。相对于传统的"交易登记制"，"通知登记制"极大简化了登记流程，降低了登记成本。② 在"通知登记制"下，担保客体可以概括描述，登记的内容也较为简单，只包括鉴别当事人和质物的简单信息。然而，登记结构和规则的简化固然可以使得公示更加简便，但若允许以登记的方式公示存款账户上的担保，则可能不利于保护破产程序中的普通债权人。因为一次性登记公示多个账户的可能性使得留给非自愿债权人、未担保的债权人和重组的资源就更少了。③ 而可供普通债权人分配的破产财产总量缩水的客观结果，则可能带来担保权人和普通债权人之间的利益冲突。④ 综上，账户质押不宜采取登记的公示方式。至于账户质押的公示究竟是否该引入美国法上的"控制"，后文将予以详述。

5.2.2　完善动产担保权统一登记制

现代动产担保制度以低成本、高效率为特征，体现在公示上即是动产担保公示规则应具有相当程度的便利性，这也是动产担保交易效率性和商事性

---

① GIBSON W E. Banks reign supreme under revised article 9 deposit account rules [J]. Delaware journal of corporate law, 2005, 30: 819-862.

② 纪海龙. 民法典动产与权利担保制度的体系展开 [J]. 法学家, 2021 (1): 40-54.

③ 事实上，最初美国《统一商法典》第9编允许账户质押以登记公示，但最终招致相关利益团体强烈反对。为了平衡各方利益，一个教授提出"审慎例外"的提议，即有抵押物的债权人，被给予一个优先权，可以申请担保物价值的20%，即使该财产已经受制于一个公示的担保利益之下。但为了平息争议，第9编的修改者最终并没有允许登记的公示方式。GIBSON W E. Banks reign supreme under revised article 9 deposit account rules [J]. Delaware journal of corporate law, 2005, 30: 819-862.

④ 宰丝雨. 美国动产担保交易制度与判例 [M]. 北京：法律出版社，2015：169.

的要求。从微观层面看，公示的便利对当事人而言意味着交易成本的节约，这将直接导致其利润的增加；从社会宏观层面考察，交易成本的降低和交易利润的扩大则会带来社会财富的增加。① 立足于现代动产担保交易公示的功能，我国动产担保登记制度的完善应着眼于以下几个方面。

5.2.2.1 统一动产担保登记机关

对于任何一个担保交易体系来说，法律和监管框架都是必不可少的，而有效的担保交易法律还需要一个高效的动产担保物权登记系统来支持。我国《民法典》正式实施之前，依据原《物权法》第十七章和第十八章的规定，法定的动产担保物权仅有质权和抵押权两种，其中动产质权以交付财产为公示方法，动产抵押权和没有权利凭证的权利质权以登记为公示方式。原《物权法》和其他相关法律法规按照担保物的类别规定了不同的登记机关，属于分散登记制和地方登记制。如原《物权法》第 180 条规定的以生产设备、原材料、半成品、产品和第 181 条的浮动抵押权，以抵押人住所地的县级工商行政管理部门为登记部门②；个人所有的家具、家用电器、金银珠宝及其制品等生活资料等，以抵押人所在地的公证机构为登记部门③；以基金份额、股权为质押财产的，登记机关为中国证券登记结算机构或工商行政管理部门④；以知识产权中的财产权为质押财产的，登记机关为国家版权局、专利局和商标局⑤；以应收账款为质押财产的，登记机关为信贷征信机构。⑥

分散登记制和地方登记制在实践中带来了诸多问题，尤其是影响了登记和查询信息的效率。首先，若当事人以多种财产为担保物的，则必须按照担保物的种类分别登记，或者潜在的担保权人欲了解债务人的整体担保状况，则必须前往各个登记机关分别查询，这显然会增加动产担保交易的成本。其次，此种登记模式的另一个缺点在于，动产种类无法穷尽，并不是所有的动产抵押都有对应的登记机关。登记无门的情形在现实中并不少见。虽然根据《公证机构办理抵押登记办法》，当事人以其他财产抵押的，可以到公证部门进行登记，但公证部门在性质上为事业单位，是司法局的下设单位，这与登记行为为国家机关行为的性质是相悖的。公证是否能够担负动产担保交易之

---

① 张晓娟. 动产担保法律制度现代化研究［M］. 北京：中国政法大学出版社，2013：215.
② 参见 2016 年《动产抵押登记办法》第 2 条。
③ 参见《公证机构办理抵押登记办法》第 3 条。
④ 参见原《物权法》第 226 条。
⑤ 参见原《物权法》第 227 条。
⑥ 参见原《物权法》第 228 条。

公示功能值得商榷。① 最后，登记机关林立也给查询人造成了困难和麻烦，不利于实现登记的公示功能。

根据国际最佳实践，应该设立一个集中的电子化登记系统。通过该系统，可以在线提交动产担保登记的信息，登记人和查询人也可以立即获得登记记录。目前，电子化登记已经成为世界动产担保登记系统的发展趋势。在世界银行全球担保交易和担保物权登记项目组所调查的 35 个国家中，一些国家和地区一开始设立了纸质登记，但之后都增加了在线登记和查询服务，其他国家和地区则从一开始就建立了唯一的统一的电子化在线登记查询系统。这在国际层面的动产担保交易法立法上也达成了共识，如 2010 年公布的《联合国国际贸易法委员会担保交易立法指南》以及《2001 年移动设备国际利益条约》等。②

实际上，近年来，为了缓解动产融资困局，推动动产担保登记全面信息化建设，我国推出了多项立法活动。2007 年 9 月 26 日，中国人民银行颁布《应收账款质押登记办法》，该办法自 2007 年 10 月 1 日起施行。2007 年 10 月 1 日，中国人民银行征信中心发布《应收账款质押登记操作规则》。③ 同日，应收账款质押登记公示系统正式上线运行。这一系统是我国动产融资统一登记服务的基本平台，也被认为是统一登记系统的"先行者"。得益于该登记系统良好的兼容性，目前已涵盖所有权保留、存款单/仓单/提单质押、应收账款转让、应收账款质押、融资租赁及其他动产融资等登记业务，形成了我国动产融资统一登记公示系统。该公示系统的登记理念是，遵循国际先进的动产融资登记理念，拥有全国集中、统一的数据库，以电子登记方式为公众提供高效、便捷、准确的登记与查询服务。通过登记公示，使市场主体便捷了解担保人名下所有动产上的担保权利状况，提高担保权利透明度，增强担保权人权利实现的确定性。并于事后帮助解决已经发生的物权冲突和矛盾，为司法仲裁机构判断物权是否存在以及确定物权优先顺位提供独立、具有法律效力的登记和查询证明文件。④

---

① 张晓娟. 动产担保法律制度现代化研究 [M]. 北京：中国政法大学出版社，2013：212.

② DROBNIG U，BÖGER O. Propriety security rights in moveable assets [M]. München：Sellier European Law Publishers，2014：211–213.

③ 《应收账款质押登记办法》和《应收账款质押登记操作规则》随着 2022 年 2 月 1 日起《动产和权利担保统一登记办法》的实施而同时废止。

④ 参见中国人民银行征信中心官网（https：//www. zhongdengwang. org. cn/cms/goDetailPage. do? oneTitleKey＝djyf&twoTitleKey＝djln）。

值得说明的是，2016 年 9 月 1 日修订的《动产抵押登记办法》（已失效）试图将企业信用信息公示系统构建为我国动产抵押统一公示平台，从登记纸质化模式过渡到全面电子化模式，这表明了我国动产抵押登记的信息化建设进一步推进。然而，这在当时遭到学者的质疑。有学者提出，这一系统是否能担任动产抵押登记系统的公示功能存疑。其作用在于真实反映企业的信用状况，供潜在的交易相对人在评估企业信用时使用，公示本身对其后的交易效力并不发生影响，与物权公示的功能大相径庭。①

随着 2021 年 1 月 1 日国务院《关于实施动产和权利担保统一登记的决定》的颁布，动产担保登记机关也得到明确。该决定规定，纳入统一登记范围的动产和权利担保，由当事人通过中国人民银行征信中心动产融资统一登记公示系统自主办理登记，国家市场监督管理总局不再承担"管理动产抵押物登记"职责。② 接着，按照《民法典》《优化营商环境条例》以及《关于实施动产和权利担保统一登记的决定》的要求，《动产和权利担保统一登记办法》得以通过和施行。中国人民银行征信中心自 2021 年 1 月 1 日起，提供全国动产和权利担保的统一登记和查询服务。

不可否认，《关于实施动产和权利担保统一登记的决定》虽然将所有权保留、融资租赁、保理、生产设备、原材料、半成品、产品抵押等纳入统一登记范围，促进了动产和权利担保融资效率的进一步提高，但不足之处在于，特殊动产抵押，如机动车抵押、船舶抵押、航空器抵押，被排除在统一登记之外。同时，前述特殊动产抵押也未纳入《动产和权利担保统一登记办法》第 2 条规定的统一登记的担保类型。此外，债券质押、基金份额质押、股权质押、知识产权中的财产权质押仍由相关主管部门负责登记。有学者指出，特殊动产抵押及前述权利质押采取分散登记，虽有助于此类财产的管理，但不利于动产担保规则的统一与交易的便捷。建议区分所有权登记和担保权登记，所有权登记仍由原管理部门负责，而担保权登记则在动产融资统一登记公示系统进行，二者建立电子链接，从而实现动产和权利担保登记公示平台的完全统一。③

---

① 高圣平.动产抵押登记的法理：以《动产抵押登记办法》的修改为中心 [J].法学，2016（2）：15-27.

② 参见国务院《关于实施动产和权利担保统一登记的决定》第 3 条和第 5 条。

③ 李运杨.《民法典》动产担保制度对功能主义的分散式继受 [J].华东政法大学学报，2022（4）：107-121.

需注意的是，前文已述，为进一步优化营商环境，针对机动车、船舶、知识产权担保，北京、上海、重庆、杭州、广州、深圳六个城市已开展试点，推动相关信息与中国人民银行征信中心的动产融资统一登记公示系统的对接。目前，北京市的机动车、船舶、知识产权担保登记信息已接入动产融资统一登记公示系统。这为推动我国动产担保登记机构的统一迈出了关键的一步。此外，实践中一些新型的担保形态，也应进一步明确其登记机构。

例如，近两年，多家银行相继落地碳排放权质押融资业务，碳排放权质押成为新型的信贷方式。① 碳排放权是指碳排放单位依法取得的向大气中排放温室气体的权益，其权利表现形式包括二氧化碳排放配额（allowance）和经审定的碳减排量或称抵消额（projects - based offsets 或 offsetting pollution reductions）。实践中，碳排放权质押融资也主要以碳配额和碳减排量为对象。在碳配额体系下，政府依据碳配额总量和分配方案，向控排企业分配碳排放配额。控排企业依据主管部门核查确认的实际排放量，按时足额清缴碳排放配额。而减排量则是指基于项目产生的可以用来抵消排放权的额度。② 其典型代表为欧盟清洁发展机制（Clean Development Mechanism, CDM）下的核证减排量（Certified Emission Reduction, CER）和中国核证自愿减排量（Chinese Certified Emissions Reductions, CCER）③。碳排放权质押融资既是推进绿色低碳发展的金融业务创新，也是实现碳达峰、碳中和目标的重要的政策工具。它有利于引导更多的金融资源投入绿色金融领域，激励更多企业通过节能减排技术创新，在提升产出效率和产品质量的同时减少污染排放，进而推动绿色经济发展。④ 然而，碳排放权究竟是何种性质的权利，以及该权利质押应如

---

① 例如，2021年8月13日，江苏泰兴农商行发放首笔省内碳排放配额质押贷款。2021年8月24日，中国农业银行上海市分行办理首笔通过上海环境能源交易所登记的碳排放权质押贷款。2021年9月18日，中国邮政储蓄银行黑龙江省分行成功办理2 000万元碳排放权质押贷款业务，实现业务破冰。2022年1月13日，郑州银行为河南省武陟县广源纸业有限公司发放碳排放权质押贷款1 800万元，是河南省城商行首笔碳排放权配额质押贷款。

② 王慧. 论碳排放权的法律性质 [J]. 求是学刊, 2016 (6): 74-86.

③ 我国的自愿减排项目交易机制，是借鉴欧盟清洁发展机制而引入。1994年3月，世界上第一个为全面控制二氧化碳等温室气体排放，应对气候变化不利影响的具有法律约束力的国际公约——《联合国气候变化框架公约》（以下简称《公约》）正式生效。为了实现《公约》下的终极目标，《京都议定书》出台并首次将市场机制引入环境领域，确立了三种灵活履约机制，其中之一便是发展中国家与发达国家间就温室气体减排的合作机制，即CDM。该机制的本质是允许发达国家在发展中国家投资温室气体减排项目，据此获得的核证减排量可抵减本土的温室气体排放量，以此履行排放总量框架下的履约义务。

④ 朱广印，王思敏. 绿色金融对绿色经济效率的影响研究 [J]. 金融理论与实践, 2022 (4): 29-40.

何公示存疑。

　　同为碳排放权质押的对象，碳配额和减排量在交易复杂程度上有所差异。碳配额交易相对简单，有富裕碳配额的企业可在碳市场上自由交易，超排放的企业可通过购买碳配额，或核证减排量以履行清缴义务。而减排量交易则较为复杂，减排量是依托项目合同而产生，其是否可以交易取决于第三方依据复杂标准对减排量的核准和认定。从法律规范上看，碳配额的法律地位更为明确。相反，碳减排量通常缺乏相关的立法。① 目前，学界对于碳排放权法律性质的讨论主要围绕碳配额进行，争议较大。梳理学说与立法例可以发现，碳排放权的法律性质存在财产权说、行政特许权说以及公私混合权利说等不同立场的争论。

　　第一，财产权说。一般认为，碳排放权具备了财产权的核心特征，即具有价值性，可在市场上交易。欧盟 2014 年通过的《金融工具指令》及《金融工具条例》就明确将碳排放配额界定为金融工具，纳入金融监管体系中。② 按照金融工具是金融市场中可交易的金融资产的定义，碳配额的财产权属性已然明确。③ 新西兰在《应对气候变化修订法案 2009》中，将碳配额归属为私人财产范畴。④ 此外，2008 年澳大利亚发布的《减少碳污染计划——澳大利亚的低污染未来：白皮书》也明确承认碳配额属于私有财产。⑤

　　我国学界主流观点持财产权说，但在具体分类上还存在争议，主要有准物权说、用益物权说、特许物权说以及新财产权说。其中，前两种学说影响最大。准物权说认为，水、土壤、大气等不同环境要素的环境容量具有可感知性、相对的可支配性、可确定性的物权特征。循此解释思路，作为环境容量的一种权利载体，碳排放权在性质上为特殊的用益物权，属于准物权的范畴。⑥ 用益物权说认为，碳排放权是基于其转让行为对国家环境容量资源的占有、收益与使用，属于一种用益物权。⑦ 特许物权说主张，既然环境容量可以

---

　　① 王慧. 论碳排放权的法律性质 [J]. 求是学刊, 2016 (6)：74-86.

　　② Financial Instruments Directive 2014/65/EU；Financial Instruments Regulations (EU) No. 600/2014.

　　③ 郑爽. 中国碳市场相关问题研究 [M]. 北京：中国经济出版社, 2019：229.

　　④ Climate Change Response (Moderate Emissions Trading) Amendment Act 2009.

　　⑤ Carbon Pollution Reduction Scheme-Australia's Low Pollution Future：White Paper.

　　⑥ 邓海峰. 环境容量的准物权化及其权利构成 [J]. 中国法学, 2005 (4)：59-66.

　　⑦ 倪受彬. 碳排放权权利属性论：兼谈中国碳市场交易规则的完善 [J]. 政治与法律, 2022 (2)：2-14.

界定为物权法上的"物",排污权的法域归属为特殊的用益物权,属于特别法上的物权或称特许物权。① 新财产权说认为,排污权物权说的观点动摇了大陆法系制度以所有权为核心的根基,应将其视为一种新财产权。② 还有学者在新财产权说的基础上,将碳排放权细化为一种新型的数据财产。③

第二,行政特许权说。有学者指出,碳排放权虽然具有物权的一般特征,但面临公共资源私有化的道德质疑,基于国外的实践经验,并结合规范依据、道德性基础、社会效果等,碳排放权界定为行政特许权更为合理。类似于行政特许权说,国外有学者提出规制权说。该学说认为,相对于传统的财产权,碳排放权带有更多的公法规制特征,是政府创设的向大气排放一定数量温室气体的权利。虽然碳排放权持有者享有一定的占有、使用和收益的权利,但政府对该权利享有最终的支配权。④

根据行政特许权说和规制权说的观点,碳排放权交易制度只是政府进行温室气体减排的一个工具。行政特许权说着重于碳排放权的公法色彩,它可以避免碳排放权私权化可能带来的两个主要问题:一是碳排放权演变为私人财产,政府无权干涉;二是因政策调整导致财产损失,政府需进行法律赔偿。或许正是基于这样的考虑,《京都议定书》项下的《马拉喀什协定》明确指出,《京都议定书》既没有创立,也没有赋予附件一缔约方任何排放量方面的任何权利、资格或权益。⑤ 此外,2017 年更新的美国《区域温室气体倡议示范规则》规定碳排放额不构成财产权。⑥

除了上述学说外,还有观点主张,碳排放权的主体既可以是私主体,也可以是国家,前者凸显准物权属性,后者凸显发展权属性,碳排放权是准物权与发展权的混合体。⑦ 总之,对于碳排放权的权利性质,学界仍有分歧。

本书认为,碳排放权应是一种独立的准物权。理由如下:

首先,碳排放权具有财产权属性。行政特许权说与财产权说的主要分歧

① 王小龙. 排污权性质研究 [J]. 甘肃政法学院学报, 2009 (3): 63-67.

② 王清军. 排污权法律属性研究 [J]. 武汉大学学报 (哲学社会科学版), 2010 (5): 750-755.

③ 丁丁, 潘方方. 论碳排放权的法律属性 [J]. 法学杂志, 2012 (9): 103-109.

④ 王慧. 论碳排放权的特许权本质 [J]. 法制与社会发展, 2017 (6): 171-188.

⑤ See Marrakesh Accords (2001) ("Further recognizing that the Kyoto Protocol has not created or bestowed any right, title or entitlement to emissions of any kind on Parties included in Annex I").

⑥ See Regional Greenhouse Gas Initiative Model Rule § XX-1.5 (9) (2017) ("A CO_2 allowance under the CO_2 Budget Trading Program does not constitute a property right").

⑦ 王明远. 碳排放权的准物权和发展权属性 [J]. 中国法学, 2010 (6): 92-99.

之一在于，作为环境容量的一种类型，大气环境容量资源是否能够成为私权的客体。在原始状态下或自然状态下，大气环境容量隶属于纯粹的公共财产，无法成为交易的对象。然而，随着人类活动对气候的不断影响，气候危机加剧，大气环境容量有限性和稀缺性的特征逐渐凸显，为了保护大气资源，人类不得不采取措施控制以二氧化碳为代表的温室气体的排放。基于大气环境容量的稀缺性，《京都议定书》明确了碳排放的总量目标和分解指标，并创造性地设立了减排量的交易机制，允许减排量在国际流转。在国际碳交易市场上，碳排放权不仅作为商品进行买卖，各类具有投资价值的流动性的金融衍生工具也不断涌现，如碳互换、碳期权、碳期货、碳排放证券等，这深刻体现出碳排放权作为金融资产的特性。在这种语境下，大气环境容量超越自然属性，而具有了社会属性，成为法律规制的对象。在现行法规定下，碳排放权的回购、转让、承继、担保融资等，均体现出该权利的财产权特征。[①] 可以说，碳排放权交易制度存在的本身就说明碳排放权具有财产权属性。

其次，碳排放权的公法特征不能否认其私权本质。行政特许权说的一个有力主张是碳排放权形式上具备了行政许可的全部特征。的确，从碳配额和减排量的核定、管理、运行等来看，二者均呈现出浓厚的行政管理色彩。但权利属性与权利本身受制于行政管理没有必然的联系。[②] 如采矿权、探矿权等矿业权都是基于行政许可而产生的物权，该权利的行使均受限于国家的管理。以矿业权为例，它天然具有社会法的属性，权利人除了满足自身利益外，还需承担合理开发、综合利用、依法缴税，以及遵守国家水土保持、土地复垦和环境保护等相关规定的义务，并接受主管部门的监管。碳排放权也有相似之处。从本质上讲，碳排放权是对有限环境容量的使用权，必然涉及公权力的介入，这是由该权利关涉生态环境保护及个人、集体和国家生存发展的公共利益决定的。从某种程度上说，碳排放权的行政管理不仅是必然的，也是必要的，因为对碳排放权的限制和规范正是为了防止私权滥用、危害社会，

---

① 例如，《深圳市碳排放权交易管理办法》第25条第1、2款规定："重点排放单位与其他单位合并的，其配额由合并后存续的单位或者新设立的单位承继，并自完成商事登记之日起十五个工作日内报市生态环境主管部门备案。重点排放单位分立的，应当制定配额分割方案，并自完成商事登记之日起十五个工作日内报市生态环境主管部门备案。未按时报市生态环境主管部门备案的，原重点排放单位的履约义务由分立后的单位共同承担。"可见，碳配额被视为控排企业的资产，当企业合并或分立时，碳配额可以承继或分割。

② 倪受彬.碳排放权权利属性论：兼谈中国碳市场交易规则的完善 [J].政治与法律，2022（2）：2-14.

维护公共利益,也只有这样,才能促进碳排放权成为可持续的绿色权利。

此外,即使国外学界主张的规制权说,也将碳排放权归根于财产权的本质。例如,有观点指出,在现代市场交易的语境下,诸如空气质量的环境资产并非传统的个人财产(private property),而是"规制财产"或"监管财产"(regulatory property)。管理环境资产的命令和控制制度本身构成了交易市场的组成部分。① 环境权+新财产权、准物权+发展权等二元论学说,虽然指明了碳排放权在保护环境和实现人权上的意义,但不妨碍其私权的本质。

再次,碳排放权符合用益物权的权能构成。用益物权,是指支配标的物的使用价值而以对标的物进行使用和收益为目的的他物权。在碳排放权中,此处的标的物即是大气环境容量。从实践中看,碳排放权的主要内容是支配一定范围内的大气环境容量,并进行使用和收益。这种支配性将碳排放权与债权区分开来,而对大气环境容量的利用并获取收益的权利内容,又与担保物权差异较大,因此碳排放权与用益物权更契合。以碳配额为例,企业利用从政府获得的碳配额以履行自身的清缴义务,当企业有富裕碳配额时,可在碳交易市场出售多余配额,以获取出售利益;而超排放的企业则需通过购买配额,或核证的碳减排量以履行清缴义务。对于减排量来说,企业可通过技术创新和技术升级节约相应的减排量,将减排量转让给购买者。基于 CDM 项目机制产生的 CER 还可以在国际市场上转让,项目业主享有一定比例的减排量转让额,并以此获取收益。这些均能说明碳排放权的用益物权属性。

最后,碳排放权不同于一般的用益物权,而应定性为一种独立的准物权。准物权是指矿业权、渔业权、狩猎权和林业权等利用土地以外的自然资源为目的,并取得收益为内容的一系列的总称。在我国民法体系中,准物权是特殊的用益物权,也被称为"特许物权"或"特别法的物权"。② 可见,准物权说与特许物权说具有同质性,二者名异实同。与用益物权说相比,准物权说更准确地表明了碳排放权与一般用益物权的区别。碳排放权与一般用益物权的区别在于:一是权利对象不同。用益物权原则上是不动产用益物权,特别是土地上的用益物权,如土地承包经营权、建设用地使用权、宅基地使用权和地役权。即使是准物权体系下的采矿权、水权、林权、渔业权等,权利客

① YANDLE B. Grasping for the Heavens:3-D property rights and the global commons [J]. Duke environmental law & policy forum, 1999(10):13-44.

② 马俊驹,陈本寒. 物权法 [M]. 2 版. 上海:复旦大学出版社,2014:229.

体虽然不是土地，但均与土地紧密相连，密不可分。①而碳排放权的权利对象是大气环境容量，属于无形物。正因为如此，其特定性、独立性、支配性需要变通解释才可成立。大气的无形性和流动性是碳排放权被否认为特定物的主要挑战。事实上，在现代科技条件下，大气环境容量的特定化并非不可能。如实践中采用多种大气环境容量估算方法，将某区域划分为若干小区域，将真实污染源简化为单元，由此可以实现大气环境容量的特定。至于独立性和可支配性，二者是相互关联的，因为只有独立成一体的物才能便于支配和控制。此处的控制并非物理上的支配，而指法律上的支配。《京都议定书》以大气环境容量为基础的法律控制本身就是支配性的有力证明。既然碳排放权客体的支配性可被证明，其独立性不言自明。二是权利行使效果不同。传统用益物权制度注重占有权能。用益物权必须将对不动产的占有转移给用益物权人，并由其在实体上进行支配，才能够实现对不动产使用、收益的目的。对于现有准物权类型，也是如此。如采矿权的权利构成包含两个部分，即占有和使用特定矿区或工作区内的地下空间的权能和开采矿产资源的权能。对比之下，碳排放权的目的在于实现环境容量资源价值最大化，故在行使的效果上基本不具有占有权能。②

综上所述，碳排放权的法律性质应为一种独立的准物权类型。财产权说下的新财产权说、新型数据财产权说，虽然都指出碳排放权在法律构造上不同于传统财产，但这两种学说根源于英美法系财产理论，在碳排放权交易蓬勃兴起且其性质仍需明确的情形下，绕开我国完整、严谨的物权体系而选择移植不同法系下的财产理论，并不适宜。

目前，已有部门规章积极推动碳排放权质押融资，如 2017 年住房城乡建设部与中国建设银行发布的《关于推进商业金融支持小城镇建设的通知》、2015 年中国人民银行与发展改革委等发布的《武汉城市圈科技金融改革创新专项方案》。也有地方立法支持碳排放权质押贷款，如 2021 年颁布的《上海加快打造国际绿色金融枢纽服务碳达峰碳中和目标的实施意见》《广州市人民政府办公厅关于新时期进一步促进科技金融与产业融合发展的实施意见》。但是，法律或行政法规层面的立法文件并未明确规定碳排放权属于权利质权的客体。同时，针对碳排放权质押的公示，规范碳排放权交易的主要法律依据

---

① 席志国. 中国物权法论［M］. 北京：中国政法大学出版社，2016：243.
② 邓海峰. 环境容量的准物权化及其权利构成［J］. 中国法学，2005（4）：59-66.

《碳排放权交易管理办法（试行）》和《温室气体自愿减排交易管理暂行办法》也未作统一规定。

根据质权公示原理，将有权利凭证的有价证券出质的，以占有为公示方式；在没有权利凭证的有价证券、基金份额、股权、注册商标专用权、专利权、著作权等知识产权中的财产权、应收账款上设立质权的，均可以登记的方式公示。由此可见，权利质权的公示方式选择取决于该权利是否以权利凭证予以表彰。更准确地说，若权利具有设权式凭证，如票据、仓单、提单等，其质权的公示采取交付权利凭证的方式；否则应采取登记的方式。考察国际市场上的现有经验，一些不同市场上交易的碳排放权均有权利证书，如欧盟碳排放权配额（EUA）和核证减排量（CER）等。①

在我国，已有个别省市相关政策及法律文件对碳排放权公示作出一定要求，大多采登记的方式，但登记机构不尽相同。例如，《深圳市碳排放权交易管理办法》第 23 条规定，以配额或者核证减排量设定质押的，应向主管部门提交质押登记申请。而上海市规定，上海环境能源交易所是主管部门委托的碳配额、CCER 质押的登记机构，负责对质押双方提供的配额质押登记申请材料进行形式审核，并提供质押登记、解除质押登记等服务。除了由碳排放权主管机构、交易机构负责质押登记外，还有地方鼓励支持银行机构通过中国人民银行征信中心动产融资统一登记公示系统自主办理碳排放权担保。② 事实上，近期国内银行碳排放权质押贷款业务有多例是在中国人民银行征信中心动产融资统一登记公示系统进行公示。例如，2021 年 8 月 27 日首笔全国碳交易市场碳排放权质押贷款③、2021 年 9 月 27 日四川省首笔碳排放权配额质押贷款④、2021 年 9 月 10 日江西首单碳排放权质押贷款⑤等。

总的来说，现阶段我国碳排放权质押融资业务尚处在探索期，存在登记平台分散、混乱的问题，因此有必要对其登记机构作出明确的规定。本书认为，鉴于我国已建成动产和权利担保的电子化登记系统，可借助该平台实现

---

① 徐海燕，李莉. 论碳排放权设质依据及立法建议 [J]. 北方法学，2014（1）：16-22.

② 如 2021 年《浙江省碳排放配额抵押贷款操作指引（暂行）》。

③ 农行湖北分行成功落地首笔全国碳交易市场碳排放权质押贷款 [EB/OL].（2021-08-28）[2023-02-26]. http://www.hb.xinhuanet.com/2021/08/28/c_1127804365.htm.

④ 四川省首笔碳排放权配额质押贷款落地 [EB/OL].（2021-09-27）[2023-02-26]. http://www.sc.chinanews.com.cn/bwbd/2021-09-27/155961.html.

⑤ 江西首单碳排放权质押落地，九江银行为企业发放质押贷款 500 万元 [EB/OL].（2021-09-10）[2023-02-26]. http://k.sina.com.cn/article_1649173367_624c6377027012w55.html.

碳排放权质押融资登记机构的统一，以避免增加交易当事人的负担，以及影响碳排放权质权的效力。

5.2.2.2 统一采取登记对抗主义

依照我国动产担保交易的立法框架，当担保财产是动产和权利时，尚需处理有形财产和无形财产在公示效力上的不同。首先，就有形动产而言，根据公示的方式不同区分为动产抵押权和动产质权。前者实行公示对抗主义，后者实行公示生效主义。其次，就无形动产而言，权利质权除有特殊规定外，适用动产质权的规定，也采公示生效主义。如应收账款质押仍采登记生效，而我国动产融资统一登记公示系统的"前身"——应收账款质押登记系统的宗旨即在于践行通知登记制，应收账款质押应该遵循登记对抗主义下的登记程序和规则。登记生效主义是为了保证登记的公信力，根本目的是保障安全。而现行统一登记系统的登记信息和登记机构的审查责任，使得该系统已经不能承担此项使命。此外，涉及不动产相关的权利，原《物权法》又例外地规定其为抵押权，作为权利抵押。如原《物权法》第 180 条规定债务人或第三人有权处分的建设用地使用权、土地承包经营权可以用来抵押。《民法典》保留了原《物权法》的基本框架，但《民法典》第 395 条对可抵押财产范围的规定进行了实质性修改，删除了原《物权法》第 180 条中的"以招标、拍卖、公开协商等方式取得的荒地等土地承包经营权"，增加了"海域使用权"。

究其原因，一是落实农村承包地"三权分置"的改革要求。2018 年修正、2019 年 1 月 1 日正式施行的新《农村土地承包法》将承包地"三权分置"的政策上升为实定法。"三权分置"的基本思想是从"土地承包经营权"中派生出"土地经营权"。《民法典》第 395 条删除以其他方式取得荒地等土地承包经营权的表述，是对新《农村土地承包法》"土地承包经营权"重塑为"土地经营权"的回应。此外，学说上对于土地经营权的法律属性争议较大，大体包括债权说、用益物权说、物权化债权说和总说权利说等四种学说。有鉴于此，新《农村土地承包法》淡化了土地经营权的性质，搁置了争议，对涉及土地经营权抵押融资的，采取的是"融资担保"的表达。[①] 这也构成了《民法典》作出上述修改的原因之一。二是 2007 年 1 月 1 日正式施行的

---

① 房绍坤，林广会.解释论视角下的土地经营权融资担保 [J].吉林大学社会科学学报，2020 (1)：5-17.

《海域使用权管理规定》第 2 条规定，海域使用权可通过拍卖、转让、出租和抵押等方式流通，而原《物权法》对海域使用权抵押权未置明文。《民法典》则将海域使用权明确新增为一种抵押财产类型，体现了《民法典》对物权法体系细节的修正。

可以看出，在《民法典》的背景下，原《物权法》下动产担保制度安排带来的体系冲突仍未得到解决，即同为动产担保且公示方式均为登记的有形动产抵押和权利质押之间，以用益物权为担保物的权利抵押和以应收账款、知识产权等为担保物的权利质押之间，公示效力体系显得混乱，缺乏统一的价值评断标准，这会带来法律适用的冲突。

本书倾向认为，从现代动产担保公示的功能，以及以简单高效方式设定担保权、增强透明性和提高透明度并确立明晰的优先顺位规则的政策目标出发，《联合国国际贸易法委员会动产担保交易立法指南》建议，针对所有类型的动产（包括权利），法律均应区分担保权的设定效力与对抗效力，统一采行登记对抗主义，担保权依当事人的合意而设定，但未经登记不得对抗第三人。这一建议值得中国民法典编纂时采纳。[1] 原《物权法》改变了担保法下动产抵押登记对抗主义和登记生效主义并存的情形，全面确立了登记对抗主义。至于动产质押和权利质押，学界立场较为保守，其公示效力仍坚守生效主义的传统。[2] 很明显，我国民法对于动产担保物权的公示效力，在某种程度上表现为一种价值判断的尺度不统一，显得相当混乱，是否有必要对动产担保物权的设定以标的物的差异而附加不同的公示效果，的确值得讨论。[3] 正如有学者所指出的，我国物权法将动产抵押权规定为公示对抗，又将动产质权规定为公示生效，造成了强烈的错位反差，不利于法律的解释和适用，有必要将两者统一规定为"公示对抗主义"。[4] 虽然占有和登记均为动产担保物权的公示方法，担保财产的种类可以有所不同，但公示效力应该相同，所有的动产担保物权均应实行公示对抗主义。这是解决我国物权法的动产担保物权公示效果混乱的唯一可供选择的途径。[5]

---

① 高圣平. 统一动产融资登记公示制度的建构 [J]. 环球法律评论，2017（6）：66-83.

② 如梁慧星教授主持的《中国民法典草案建议稿》和王利明教授主持的《中国民法典草案建议稿》。

③ 邹海林. 动产担保物权的公示原则表达：以民法典物权法分编的制度设计为样本 [J]. 法治研究，2017（6）：51-60.

④ 董学立. 我国意定动产担保物权法的一元化 [J]. 法学研究，2014（6）：99-115.

⑤ 邹海林. 动产担保物权的公示原则表达：以民法典物权法分编的制度设计为样本 [J]. 法治研究，2017（6）：51-60.

5.2.2.3 采取"通知登记制"

由前文可知，与交易登记制相比，通知登记制的一大特色在于其登记内容并不披露债务的具体信息，只是促进当事人交流的工具。它的最大优点在于平衡保护债务人隐私和允许债权人易于获得担保交易信息的社会利益。在传统登记制度下，债务人反对登记的主要原因在于，担心第三方知晓其金融结构，特别是担心竞争者知晓其未来的投资能力。但是在通知登记制度下，从登记的最少量的信息中知晓债务人金融结构的实质信息似乎是不可能的。况且，上市公司所提交的年度报告的内容往往比登记信息所披露的更加详细具体。同时，通知登记制要求设立统一的动产担保登记系统、简化登记事项和担保物描述、无需登记基础交易关系、登记机关只做形式审查等。

目前，我国动产融资统一登记公示系统的设计采取的即是通知登记制。这种被简化的登记制度大大促进了我国动产和权利融资业务。中国人民银行征信中心官网显示，截至 2022 年 12 月，动产融资统一登记数累计达到 20 037 028 笔，其中应收账款登记 7 076 613 笔，融资租赁登记 11 200 646 笔，生产设备、原材料、半成品、产品抵押登记共计 67 9112 笔。[①] 动产融资统一登记公示系统提供动产和权利担保登记和查询的"一站式服务"。由当事人自主办理在线登记，无需登记机构的实质性审查，即时获得公示效力，以此提高登记和查询效率，提升担保公示效率。[②] 通知登记制优势突出，但我国在引入该制度的过程中，也曾存在如下争议。

其一，登记错误的法律效果如何。

如前所述，确保登记内容的准确性是保护交易安全的重要手段。若登记的信息对第三人来说构成严重误导，如债务人名称、担保物范围等出现错误，登记是否具有有效性，继而登记能否具有对抗效力不无疑问。何为具有"构成严重误导"，这与登记系统所采取的检索标准的程序设计有关。若要求"精确匹配"或"完全匹配"，则看似细微的登记错误可能导致检索程序不能准确定位担保物或债务人，由此造成登记的失效。总之，于立法层面明确登记信息错误的法律效果实属必要。关于登记错误或遗漏的法律后果，原《动产抵

---

① 参见中国人民银行征信中心动产融资统一登记公示系统（https：//www.zhongdengwang.org.cn/cms/goDetailPage.do？oneTitleKey＝ssdj）。

② 参见中国人民银行有关部门负责人就《动产和权利担保统一登记办法》答记者问（2021 年 12 月 29 日）。

押登记办法》（2019 年）未作具体规定。2014 年 10 月 1 日施行的《企业信息公示暂行条例》也只是在其第 12 条做出如下规定："企业发现其公示的信息不准确的，应当及时更正。"作为现行《动产和权利担保统一登记办法》的"前身"，2007 年《应收账款质押登记办法》第 19 条和第 21 条分别针对登记错误时的异议登记和撤销异议登记进行了规定，即出质人或其他利害关系人认为登记内容错误的，可以办理异议登记，但若自异议登记之日起 15 日内不起诉的，登记机构撤销异议登记。① 2017 年 10 月 25 日出台的修订后的《应收账款质押登记办法》以及 2019 年《应收账款质押登记办法》保留上述规定，并将登记机构撤销异议登记的时间延长至自异议登记之日起 30 日内。同时，2019 年《应收账款质押登记办法》明确规定登记机关仅承担形式审查的责任，动产和权利担保登记当事人对登记内容的真实性、完整性和合法性负责，因登记错误所致的法律后果由其自身承担。《动产和权利担保统一登记办法》对以上规定予以重申。

有疑问的是，对于可能出现的登记错误，采用异议登记的规定是否符合我国动产和担保统一登记系统的构建思路。有学者指出，2007 年《应收账款质押登记办法》中的异议登记制度是一个"不伦不类"的规定。② 异议登记本是针对不动产登记制度，其法理基础在于不动产登记簿具有公信力，"当不动产登记簿与真实的物权状态不相符的时候，为了确保不动产登记的正确性，以维持不动产登记的公信力，应当予以更正。但是，确定真实权属可能需要耗费较长时间，为了给利害关系人提供及时的救济"③，才设计了异议登记制度。然而，前已论证，动产物权公示制度与不动产物权公示制度发生分野，现代动产担保交易公示的功能发生转变，在依通知登记制的基本法理构建的动产融资统一登记公示系统下，登记并无公信力，规定异议登记已无必要。相应地，既然登记机构不承担实质审查的责任，登记机构依职权主动撤销异议登记的规定也应一并删除。值得注意的是，2015 年 1 月 21 日公布的《应收账款质押登记办法（修订征求意见稿）》拟在保留异议登记制度的前提下删

---

① 2007 年《应收账款质押登记办法》第 19 条规定："出质人或其他利害关系人认为登记内容错误的，可以要求质权人变更登记或注销登记。质权人不同意变更或注销的，出质人或其他利害关系人可以办理异议登记。办理异议登记的出质人或其他利害关系人可以自行注销异议登记。"第 21 条规定："出质人或其他利害关系人自异议登记之日起 15 日内不起诉的，征信中心撤销异议登记。"

② 高圣平. 动产抵押登记的法理：以《动产抵押登记办法》的修改为中心 [J]. 法学，2016（2）：15-27.

③ 魏振瀛. 民法 [M]. 8 版. 北京：北京大学出版社，2022：247.

除登记机构撤销异议登记的规定，但最终正式公布的版本未予以采纳。

其二，是否需要上传登记协议。

2007 年《应收账款质押登记办法》第 10 条规定，质权人需要将登记协议作为附件提交公示系统。[①] 登记协议，是质权人办理质押登记前与出质人签订的协议，协议内容需要至少包含质权人与出质人已签订质押合同、由质权人办理质押登记等内容。2015 年《应收账款质押登记办法（修订征求意见稿）》试图取消这一要求。其理由是，虽然上传登记协议的目的是避免恶意登记或者虚假协议，但是该要求不仅增加了当事人的操作成本，其真实性也无法核实。[②] 然而，2017 年《应收账款质押登记办法》还是保留了将登记协议作为附件上传的规定。这或许是出于维护交易效率和交易安全的一种折中考量。毕竟，在法律移植的过程中，需考虑我国实际进行改造而实现其本土化。我国在应收账款质押登记程序的设计上采取了单方申请的登记模式，即由质权人办理应收账款质押登记，这有利于加快登记进程，提升登记效率。但单方申请模式容易滋生虚假登记或恶意登记的问题，从而损害质押人的利益。[③] 从这个角度说，上传登记协议的要求体现的是对交易安全的保护。最终，2019 年《应收账款质押登记办法》将提交登记协议的规定予以删除。在《应收账款质押登记办法》的基础上制定的《动产和权利担保统一登记办法》也承袭了该做法。由此，我国动产担保登记制度已逐渐转向通知登记制，也印证了通知登记制下登记系统的设计理念本不在于维护登记信息的真实性，而只是"提醒第三人注意动产担保物权状况"。

其三，登记事项是否仅限于担保人和担保权人的基本信息、担保物的描述，以及登记期限。

2015 年《应收账款质押登记办法》（修订征求意见稿）曾建议修改登记内容的规定，增加"主债权金额以及主债权合同有关的其他信息"。原因是"鉴于主债权合同与质押合同是主从关系，增加此项内容，通过对该信息的适当公示，有助于更好地描述和公示质权"。而 2017 年修订完成的《应收账款质押登记办法》并未采纳，而是将是否登记主债权金额等内容交由当事人自

---

① 2007 年《应收账款质押登记办法》第 10 条第 1 款规定："登记内容包括质权人和出质人的基本信息、应收账款的描述、登记期限。质权人应将本办法第八条规定的协议作为登记附件提交登记公示系统。"

② 参见 2015 年 1 月 21 日颁布的《应收账款质押登记办法》（修订征求意见稿）第 3 条。

③ 高圣平 . 应收账款质权登记的法理：以《应收账款质押登记办法》的修改为中心 [J]. 当代法学，2015（6）：86-97.

行约定。2019 年《应收账款质押登记办法》和《动产和权利担保统一登记办法》则延续了以上思路，登记内容仅包含担保权人和担保人的基本信息、担保财产的描述、登记期限等最低限度的信息。同时，新增加"最高额担保应登记最高债权额"的规定。

通知登记制本身的最大优点就在于将登记的信息降到最低，从而为债务人的金融状况保密。然而必须承认的是，如此，社会公众获得信息的利益不能同时保障。据前文，美国法对此采取的是"债务报告制度"，即债务人有权根据潜在后位担保权人的要求，请求担保权人提供有关担保交易的更详细的信息。在我国缺乏类似美国式的配套制度的背景下，我国现有的动产担保交易登记系统处于一种尴尬的境地：过少的信息登记导致第三人查询者获得的信息被限制，而过于具体的细节，如主债权相关信息（如债务额、债务履行期限、利率等）的披露实际上已足以暴露债务人的经济状况。这在本质上与传统的交易登记模式并无二致。由此，现有登记系统如何平衡保密交易信息与公众查询信息二者的平衡，成为公示事项方面的争议点。

对此，不妨借鉴法国和日本的经验，改造美国式的通知登记制度，将登记信息分层次公开。如日本 2005 年 10 月生效的《民法典关于动产转让和债权转让的特别规则》，与美国《统一商法典》第 9 编相比，其独特之处之一就表现在登记事项的公开上。为了保护债务人的经营战略和商业机密，一般公众可以通过查看登记信息的"摘要"，来查证某债务人是否存在在先的担保权人；而关于债务和担保的具体登记信息，则只能由利害关系人才能申请公开。法国也采取了类似的方法。法国在 2006 年进行了担保法改革后，建立了全国性的电子化登记系统，但该系统只显示已登记的担保权，详细的信息需查询者付费从地方登记部门获取。①

其四，担保财产应如何描述。

在传统的"交易登记制"下，为维护交易安全，特别是物权特定原则的要求，担保财产的描述必须详细和具体。而"通知登记制"模式则允许当事人对担保财产进行概括描述，只要能够合理识别担保财产即可。这是基于"通知登记制"的设计机理，尽量简化登记信息，提高担保设定的效力，降低交易成本，同时也有利于保障动产担保交易当事人的隐私、信息和商业秘密。

---

① SOUICHIROU K, NAOE F. Old ideas die hard?: an analysis of the 2004 reformation of secured transactions law in Japan and its impact on banking practices [J]. Thomas Jefferson law review, 2009, 31.

目前，我国《民法典》第 400 条、《民法典担保制度的司法解释》第 53 条，以及《动产和权利担保统一登记办法》第 9 条第 4 款①等条款均确立了担保财产概括描述的基本理念。然而，担保财产概括描述的最大教义学障碍在于它与物权特定原则存在冲突。② 例如，在浮动抵押的场合，企业、个体工商户、农业生产经营者可以将现有的以及将有的生产设备、原材料、半成品、产品抵押等设定抵押。此时，涉及嗣后取得的财产上的担保问题。至于嗣后取得的财产，在担保物的描述上，显然无法达到具体和准确，因为在担保权设立之时，嗣后取得的财产尚不存在，更遑论对其予以面面俱到的具体描述。

如何克服以上理论障碍，需进一步认识物权特定原则。正如学者所指出的，对担保物权而言，担保财产特定，并非要求自设定时就须为确定的具体财产，其也可以是特定范围内的财产。如浮动抵押于抵押权设立时，仅是担保财产的范围特定，具体财产并不确定，但无论何种担保物权，于其实现时担保财产必须具体确定。③ 这反映出物权特定原则在现行物权法语境下的内涵转向。

5.2.3 "控制"公示方式的引入与质疑

正如前文所提到的，美国《统一商法典》第 9 编的最大优点在于其灵活性和强大的适应性，它不是按照法律逻辑而是现实的需要所展开，一切动产，无论是无形的还是有形的，现在的或将来的，单个的或集体的，均可以成为担保交易的客体。而担保物范围的扩张，关键在于尽可能地提供多样化的公示方式。大陆法系中的占有，主要是针对动产的公示方式，占有通常是客观的、直观的，是第三人一望而知的。而对于投资财产（如股票和债券）、存款账户、信用证权利等无形财产权利的"占有"就具有很强的隐蔽性，于是现代法律中又设计了"控制"这种特殊的"占有"方式。例如，债务人以自己的存款账户设定担保，债权人可以通过通知开户行的方式取得对该存款账户的控制，这就是对存款账户这一种无形财产的特殊的"占有"方式。④

---

① 《动产和权利担保统一登记办法》第 9 条第 4 款规定："担保权人可以与担保人约定将主债权金额、担保范围、禁止或限制转让的担保财产等项目作为登记内容。对担保财产进行概括性描述的，应当能够合理识别担保财产。"

② 谢鸿飞. 担保财产的概括描述及其充分性 [J].法学，2021（11）：99-114.

③ 郭明瑞，房绍坤. 担保法 [M].北京：中国政法大学出版社，2012：94.

④ 宰丝雨. 美国动产担保交易制度与判例 [M].北京：法律出版社，2015：56-57.

5.2.3.1 控制的含义与形式

"控制"这一概念来源于美国《统一商法典》第8编,最初是针对证券及证券权利而言的。以证券为例,取得控制是指购买人(担保权人)鉴于证券持有的不同方式,已经采取了必要的步骤,使自己处于无需所有者(债务人)更进一步的行动即可买卖证券的地位。[①] 早在1994年,"控制"就作为一种公示方式引入美国《统一商法典》第9编。[②] 简单来说,根据美国法的规定,无论是何种类型的投资财产,一个总的原则就是,当担保权人可以自行处分该财产而不需要另行请求所有人(债务人)为任何行为时,该担保权人就享有了对该财产的"控制"。[③] "控制"的公示方式及其相关规则后为《联合国贸易法委员会担保交易示范法》、《欧洲示范民法典草案》[④]、《欧盟金融担保协议指令》所借鉴。

在美国法上,控制是存款账户担保唯一的公示方式。存款账户是传统存款货币的电子化,通过转账结算等方式发挥货币流通手段和支付手段。存款账户是以银行账户为依托的货币的一种表现形式,在经济学上可称为"存款货币"。美国法上的存款账户是相对于往来账户(current account)而言的,前者是一种合同,是当事人约定相互之间的金钱债权使用定期结算的机制;而后者是客户将款项放入银行,并不能利用它进行结算。[⑤] 美国法上关于存款账户(deposit account)担保的规定,主要来源于《统一商法典》第9编——动产担保交易。现行第9编正式出台之前,存款账户虽然也可以质押,但并非作为初始质押物,而是作为其他质押财产的"收益"(proceeds)而成为质押标的的一部分。[⑥] 后立法者为了统一法律适用,缓解存款账户质押领域的法

---

① See UCC §8-106. 这里需要指出的是,依照UCC §1-201(b)(29)的规定,第8编下所有条文中的purchase一词比字面含义广泛,包括出卖、出租、转让、担保、赠与等任何其他自愿交易。因此,此处的购买人也包括担保权人。

② BROOK J. Secured transactions [M]. Frederick, MD: Aspen Publishers, 2011: 216.

③ 宰丝雨. 美国动产担保交易制度与判例 [M]. 北京: 法律出版社 2015: 85.

④ Article IX. -3: 203: Control over financial assets. See DROBNIG U, BÖGER O. Propriety security rights in moveable assets [M]. München: Sellier European Law Publishers, 2014: 15.

⑤ 彭冰. 负债业务与法律第六讲: 银行账户的法律性质与问题(二) [J]. 金融法苑, 1998 (1): 32-38.

⑥ 如在存货质押或应收账款质押的实践中,担保权的效力及于存货被出售或应收账款回款后汇入存款账户的资金。在第9编下,担保权的效力范围非常广泛,及于担保物经出卖、交换、互易等其他方式处分所得的任何可识别的收益。See UCC 9-315 (a)(1)、UCC 9-315 (a)(2).

律不确定性，以及降低交易费用和执行难度，将其纳入第9编中。① 存款账户以收益的形态成为担保物的一部分，前提是该收益是可识别的。第9编采取的是衡平法上的"溯源规则"来考察可识别性，即判断进入存款账户的收益是否可以追踪到初始的担保物。然而，现实中，金钱处于高速流通的状态，一笔具体存款与其他款项发生混合的情形极为常见，因此适用"溯源规则"面临困难。为此，实践中有担保权人通过设立存款账户担保来维护自身利益，对抗银行的抵销权。②

以存款账户作为担保物的动产担保交易，担保客体是银行所开立的各种存款账户，如定期存款账户、活期存款账户、储蓄存款账户等类似的账户。③但并非所有的存款账户都能成为质押的标的，对此，第9编从以下两个方面予以限定：第一，存款账户的开设主体，必须是从事银行业务的组织。较传统意义上的"银行"，美国法上的银行内涵更为广泛，不仅包括储蓄银行、存贷款机构，还包含了信用社与信托公司。④ 此外，投资财产不属于存款账户的范畴，因此货币市场账户、证券经纪账户、期货账户等被排除在外。⑤ 第二，存款账户担保交易的性质，必须为非消费者交易。所谓消费者交易，关键因素是考察其目的是否为个人或家庭生活所需。⑥ 举例而言，甲银行为企业主A开设个人储蓄账户，如果A使用该个人账户为其企业担保，则该交易受制于第9编。但若以该账户担保购买汽车用于个人或家庭需要，则该交易不属于

---

① 需要说明的是，与大陆法系动产担保权立法模式不同，第9编不区分动产抵押权、动产质权和权利质权，而是以一元化的担保概念（即 security interest，担保利益）统摄所有的动产担保形态。因此，严格来说，美国法下的账户质押应被称为账户担保，鉴于中国法语境，本书将采用"账户质押"的表述。

② 美国法上的抵销权分为成文法上的抵销权和衡平法上的抵销权，银行往往愿意援引衡平法上的抵销权，强制执行客户欠它的债务。对于普通存款账户，账户内资金所有权属于银行，按照多数意见，除非客户在抵销权行使之前提出异议，否则，抵销权可以自由行使，不需要客户的事前同意。但对于特殊存款账户，银行并非账户资金的所有权人，不能实施抵销权。参见夏冰．论英美法中的银行抵销权［D］．北京：对外经济贸易大学，2000.

③ 9-102（29）.

④ See UCC § 9-102（a）（8）.

⑤ 国际层面对存款账户内涵和范围规定有所不同，如《联合国贸易法委员会担保交易示范法》（2017年）第2（c）条使用的是"银行账户"（bank account）的表达，第2条规定，银行账户是指由授权接收存款机构管理的可以向其贷记或借记款项的账户。但没有界定接收存款机构的具体范围，也没有排除证券账户类的投资财产。或许是因为各国对银行的定义不同。《欧盟金融担保协议指令》中核心概念是现金（cash），是指能够贷记到账户的货币或类似的返还金钱的权利，如货币市场存款。参见彭鹏．《欧盟金融担保协议指令》及其2009年修订述评［J］．金融法苑，2010（1）：173-186.

⑥ See UCC 9-109（d）（13）、UCC 9-102（a）（26）.

第9编的规制范围。立法者将消费者交易排除在第9编外的主要原因，是出于利益平衡的考量。因为在实践中，银行通常会在客户开立存款账户时就与其约定在该存款账户上享有担保权，这可能导致银行在消费者所有的存款账户上都享有担保权，这一方面不利于保护消费者，另一方面给予银行较之于其他担保权人更大的优势。而立法者不愿意看到这样的结果。①

需注意的是，存单不属于存款账户。二者在性质上的定位，将直接影响到其公示方式和法律效力的认定。在美国法上，存单是银行对存款客户签发的一种票据，即由票据所表彰的定期存款账户，由票据法进行规范。② 而当存单没有权利证书表彰时，则属于存款账户。实践中，法院在判定是否构成存单时，除了查证存款账户出具的外在形式，还需考察其实质内容。如有判决认为，开设账户的条款明确说明是存款账户，且当事人双方已达成协议，未经担保权人的书面同意，债务人不得提取或转移该账户下的任何资金，而这显然与票据的流转方式不符，该存单不是那种在正常交易中交付转移时须有必要的背书或者转让的文件，因此其性质仍然是存款账户。③

实际上，一般而言，在存款账户担保交易中，设定担保的存款账户中并没有充裕的钱。担保权人之所以同意这样的安排，通常是因为债务人被要求设立一个专门的、偿还该担保权人欠款的银行账户，与其他账户区别管理，一方面避免资金的混同，另一方面也便于担保权人的严格控制。在美国法上，对于存款账户的控制，有三种方法：第一，若担保权人是债务人存款账户的开户行，则担保利益自动附系该存款账户，通过控制完成公示；第二，债务人、担保权人、银行达成三方协议，该银行同意将遵从担保权人处分存款账户中自己的指示，而无需债务人更进一步的同意；第三，债务人改换该存款账户以担保权人的名义持有，使担保权人成为该银行的客户。同时，即使债务人对从该存款账户中直接处置自己的权利予以保留，担保权人在满足上述条件时也形成控制。④

5.2.3.2　我国账户质押的公示

在《民法典》相关司法解释出台之前，无论是原《担保法》还是原《物

---

① CARPENTER B. Security interests in deposit accounts and certificates of deposit under revised UCC Article 9 [J]. Consumer finance law quarterly report，2001，55.

② 根据 UCC §9-102（a）（47）的规定，票据是指流通票据或其他用以表彰金钱债务偿付请求权的书面文件。票据本身并非担保合同或者租赁合同，在正常交易中，交易转让时须有必要的背书或者转让。

③ In *Re Versus Investment Management*，344 B. R. 536，543（Bankr. N. Dist，Ohio 2006）.

④ See UCC 9-104.

权法》,对账户担保都没有明确的规定,只是原《担保法司法解释》第 85 条有所规定。① 由于缺乏法律法规层面的规定,该司法解释成为法院裁判相关案例时的直接依据。前文述及,依据原《担保法司法解释》第 85 条的规定,账户质押被定位为动产质押,该立场为我国大多数的司法判决所承认和遵循。依照原《担保法司法解释》第 85 条的思路,账户质押的客体是金钱,公示的方式是转移占有。需注意的是,2021 年 1 月 1 日开始施行的《民法典担保制度的司法解释》第 70 条在原《担保法司法解释》第 85 条的基础上实行了规则变迁,细化了保证金账户质押的法律规制。该法第 70 条结合了《民法典》第 388 条第 1 款②对第 429 条③的解释。根据传统动产质押的交易结构设计,动产质权自出质人交付质押财产时设立。那么,有疑问的是,账户是否属于动产?如何理解账户质押中的"交付"?这些问题与我国账户质押采取何种形式公示密切相关。

(1)我国账户质押的客体

按照传统物权法原理,物权的客体具有特定性,因为"既然物权是支配权,它强调的是某人对某物的管领或处置,所以物权的客体必须特定,即支配的是'特定的物'。倘无特定之客体,物权的权利人的管领或处置则无的放矢"④。物权客体特定原则,也是我国《民法典》物权法规范的基础性原则。根据民法原理,物权客体特定原则至少包括两层含义:一是物权必须成立于特定的物之上;二是物权原则上应该存在于单个物之上。⑤ 由于账户质押客体和交易结构上的特殊性,对于账户质押是否违背物权客体特定原则,实务界和理论界莫衷一是。对此,首先有必要探讨账户质押的客体。由于账户本身没有实际价值,并非财产客体,因此账户质押仍需回归账户内款项所代表的财产或权利。归纳而言,关于账户质押的客体,主要有动产说和债权说。前

---

① 原《最高人民法院关于适用〈中华人民共和国担保法〉若干问题的解释》第 85 条规定:"债务人或者第三人将其金钱以特户、封金、保证金等形式特定化后,移交债权人占有作为债权的担保,债务人不履行债务时,债权人可以以该金钱优先受偿。"

② 《民法典》第 388 条第 1 款规定:"设立担保物权,应当依照本法和其他法律的规定订立担保合同。担保合同包括抵押合同、质押合同和其他具有担保功能的合同。担保合同是主债权债务合同的从合同。主债权债务合同无效的,担保合同无效,但是法律另有规定的除外。"

③ 《民法典》第 429 条规定:"质权自出质人交付质押财产时设立。"

④ 王利明,杨立新,王轶,等.民法学 [M].北京:法律出版社,2008:252.

⑤ 李永军.论我国《民法典》物权编规范体系中的客体特定原则 [J].政治与法律,2021(4):2-13.

者主张账户质押是以账户内的金钱提供担保①；而后者则认为，账户质押的标的是账户金钱支付请求权。②上述学说分歧的根本原因在于存款货币的归属认定。

诚如前述，我国司法实践倾向于动产说，并从以下两个视角考虑账户质押的法律效力。

第一，账户的特定化。账户特定化不仅对于出质人和质押权人是必须的，对第三人的公示和对抗作用也是必须的，否则第三人难以区分是属于质押资金还是普通存款。③ 如特户是金融机构为出质金钱所开设的专用账户，该账户被特定化以区别于普通账户。④ 因为这样能使账户资金与银行的自有资金分离，以达到"占有"的标识。根据《民法典担保制度的司法解释》第 70 条第 1 款的规定，保证金账户质押要求质权人已实际控制标的物，以达到解释上符合"转移占有"的要求。在实务中，质权人对账户的实际控制往往需要签订控制协议，约定非经质权人同意不得动用账户内资金，当发生逾期还款时，质权人有权直接扣划账户内资金。除了实际控制外，是否还需具有设置账户设立质押的外观显示，以表彰"转移占有"，是实务中账户质押公示的最大争议点。实践中，这种形式外观的要求表现在以下两个方面。

一方面，需以质权人名义开立账户。司法判决中有观点认为，若保证金是以债务人的名义开立，则不符合"移交债权人占有"的规定。此种裁判的逻辑在于：其一，出质账户内的资金仍存放于债务人账户内，作为质权人的银行仅是以自身优势和条件控制资金，他人既无法知晓该账户上设有担保，也无法体现账户内资金被完全占有。控制协议仅是当事人内部约定，无法达到物权公示的效果，不能产生对抗第三人的物权效力。⑤ 其二，以债务人名义开立账户，属于质权人将质物返还于出质人，构成占有改定，质权设立无效。⑥

另一方面，账户名称应有账户质押、专户等显著标识。有判决表明，质押财产"转移占有"的判定需要满足实质和形式双重特征，不仅设质账户内

---

① 霍楠，夏敏. 保证金账户质押生效则不能成为另案执行标的 [J]. 人民司法, 2014 (4)：52-56.
② 赵一平. 论账户质押中的法律问题 [J]. 人民司法, 2005 (8)：33-36.
③ 赖梦茵. 浅析保证金质押的设立 [EB/OL]. [2022-09-05]. www.finlaw.pku.edu.cn.
④ 根据《人民币银行结算账户管理办法》第 3 条第 1 款的规定，单位银行结算账户按用途可以分为基本存款账户、一般存款账户、专用存款账户和临时存款账户。前二者一般被称为普通账户。
⑤ 参见 （2015）枣民一终字第 235 号民事判决书、（2016）冀 0205 民初 749 号民事判决书。
⑥ 参见 （2017）黔 0102 民初 11793 号民事判决书。

资金的实际控制权应转移给质权人，还应在账户外观上有所标识，以区别于普通账户，使第三方能从外观上识别账户资金已发生转移。[①] 有银行未在开立的涉案账户上专门标注"保证金账户"，法院以此判决，由于缺乏明显的外观，第三方无法从外部识别该账户内资金是否设有质权，因此不满足质权生效要件。[②]

当然，实务中也有不同观点。如在某个案例中，当事人诉称，虽然设质账户欠缺明显的外观显示，但账号具有特殊的编码方式，包含有彰显保证金账户的会计科目号，从外观上已经区别于一般银行账户。[③] 有法院认可此种观点，认为通过对照银行内部会计科目，可以识别所涉账户记账凭证中记载的科目号为专门的保证金账户，尽管该会计科目仅属银行内部会计核算方式，但表明账户内款项不同于其他一般存款。[④]

第二，资金的特定化。物权应设立在特定物之上，这要求物权设立之时，标的物必须确定、具体。[⑤] 而账户质押的最大特点之一在于金钱数额的不确定性。而金钱的特定化具有特殊性。一般认为，货币是一种特殊的种类物。由于货币本身的同质性，即等值货币之间的绝对无差别性，法律上规定了货币占有的转移即发生其所有权的转移，或者说取得货币占有的人取得了货币的所有权。[⑥] 换句话说，"占有即所有"是存款货币的基本法则。当存款存入银行账户后，银行即成为其占有者和所有者，存款人只能请求银行给付同等数额的债权。在这种情形下，账户体现的是存款人和银行之间的债权债务关系，账户质押的客体是债权。货币的归属问题也存在着例外。在不涉及货币流通手段机能，且当事人无转移所有权的意思表示时，则不应该适用"占有即所有"理论，如基于研究或收藏的特殊货币、印制有误的纸币、封金等。[⑦] 此时，货币退出市场流通，其所有权和占有分离。

原《担保法司法解释》第85条背后的一个基本前提是，若金钱质押采取

---

① 参见（2015）闽民终字第715号民事判决书。

② 参见（2021）豫11民终54号民事判决书、（2017）浙0424民初1921号民事判决书、（2017）辽08民终3012号民事判决书、（2015）闽民终字第715民事判决书。

③ 上诉人认为，诉争账户的账号是由行号+机构网点号+银行保证金账户科目号+系统自动生成数字组成，已经说明该账户是保证金质押账户。参见（2018）辽01民终13565号民事判决书。

④ 参见（2018）鲁11民终1011号民事判决书。

⑤ 马俊驹，陈本寒．物权法［M］．2版．上海：复旦大学出版社，2014：24.

⑥ 席志国．中国物权法论［M］．北京：中国政法大学出版社，2016：31.

⑦ 其木提．论浮动账户质押的法律效力："中国农业发展银行安徽省分行诉张大标、安徽长江融资担保集团有限公司保证金质权确认之诉纠纷案"评释［J］．交大法学，2015（4）：162-174.

特户、封金、保证金等形式，就可以实现特定化，此时金钱的所有权未转移，仍由客户享有。就封金而言，系对金钱进行包封打上印记或者确定了面值和号码的货币，作为特定财产移交给债权人作为质物。在债务得到清偿后，债权人应该归还封金。[①] 此时成为封金的货币已经丧失了流通功能，从一般意义上的货币中脱离出来成为特定之物。对于账户质押而言，学者认为质押账户必须符合"特定化"的要求，账户出质后不能再由出质人自由使用，资金处于冻结状态。如果债务人仍然可以使用出质后的账户，账户中的资金也处于"浮动"状况的，则不符合账户特定化的要求，不能成立质权。[②] 有实务工作者也认可该观点，认为普通账户与保证金账户本质上的区别在于银行账户中的资金是否变动，前者的资金是变动的，而后者的是不变的。[③]

对此，本书认为，账户的特定化和资金的特定化两个标准的认定并非恰当，有重新审视的必要。

第一，账户在名义和用途上的区别不是特户的本质特点。以保证金为例，仅仅赋予其"保证金"的名称无法做到特定，保证金只是凸显该笔资金的专项用途而已。[④] 对此，英美法案例指出，所谓特殊存款，是指客户在存款时与银行达成协议，以明示或默示表明，银行不能将该存款与其普通资金混合并作为自有资金使用，而应该为某种特定目的而完整、独立存放。[⑤] 有判决指出：若双方协议没有表明所涉账户必须与银行的其他活期存款账户独立且分离，则意味着银行没有义务单独存放或限制使用该账户内的资金，此时，即使账户资金具有特殊的用途，也只能构成为特殊目的而设立之普通存款账户。[⑥]

在特殊存款账户状态下，资金所有权属于客户，客户与银行之间的关系是寄托人和被寄托人的关系。如果账户的存款属于特殊存款，即由存款人转移占有给银行，与银行的自有资金区别且独立存放，并在存款人请求时完整返还或转移的存款。此时，该存款的所有权仍归存款人。但是，如果客户的存款存入银行之后被银行当作普通资金使用，则该存款不属于特殊存款，其

---

① 曹士兵. 中国担保制度与担保方法 [M]. 北京：中国法制出版社，2015：331.

② 曹士兵. 中国担保制度与担保方法 [M]. 北京：中国法制出版社，2015：332.

③ 姚琦，魏子鹏. 普通账户质押贷款风险分析及对策 [J]. 审计月刊，2009（4）：46-48.

④ 徐化耿. 保证金账户担保的法律性质再认识：以《担保法司法解释》第 85 条为切入点 [J]. 北京社会科学，2015（11）：109-116.

⑤ Vandivort v. Sturdivant Bank，77 S. W. 2d 484.

⑥ In re Amco Products，Inc. 17 B. R. 758.

所有权应该归属于银行。① 由此，判断账户是否特定的关键在于，该账户是否在实际的管理上与银行的自有资金不同。如果答案是否定的，则所谓"特户"中的资金所有权应归属于银行而非存款人。在现金无纸化和数字化的现代社会，在货币存入银行后，即记载于电子介质系统，存款人通过银行的电子系统存取款，这不同于具有现金实物形态的货币。更为重要的是，考察实践中保证金账户的管理及资金流通特点可知，保证金账户虽属于专用账户，但其与一般存款账户的唯一区别，只是资金用途明确，在管理上并无差异。最为重要的表现是"保证金存入银行，便进入整个银行资金流转体系，成为银行包括发放贷款、兑付存款等对外支付资金来源的组成部分"，商业银行不会选择固定存放，进而放弃资金参与整个自身银行体系资金流转的利益。②

第二，关于资金的特定化。实践中一个重要的争议点是账户内资金能否浮动的问题。司法实践中有的判决否定账户资金可以浮动③，有的则持肯定意见，如最高人民法院第 54 号指导性案例则支持《担保法司法解释》第 85 条对于浮动账户的适用。该判决认为，虽然质押人开设的保证金专用账户内的资金处于浮动状态，但均与保证金业务相对应，未用作非保证金的日常结算，符合《担保法司法解释》第 85 条金钱特定化的要求，特定化不等于固定化。④也就是说，账户资金的浮动并不等于背离了金钱特定化的要求。

诚如前述，随着法律理念和法律实践的发展，物权客体特定原则在适应现代生活的要求上呈现了缓和的趋势。这主要体现在，在现行法的语境下，物权客体真正特定化的时间推迟到权利行使之时。⑤ 具体到担保领域，担保物权在设定之时并不要求财产特定，但是实现担保物权时，财产必须特定。根据英美法判例，浮动抵押和固定抵押的根本特征在于抵押人是否有权自由使用抵押财产，而不在于抵押财产是否是在不断变化的。⑥ 典型的例子是固定抵

① A "special deposit" is a deposit delivered into the possession of the bank to be held separate and distinct from the general assets of the bank and to be returned or delivered intact on demand, the title thereto remaining in the depositor. See Miller, 540 F. 2d. at para 32 and para 33.

② 方建国，蒋海英. 商业银行保证金账户担保的性质辨析 [J]. 金陵法律评论，2013 (2)：88-97.

③ 中国农业发展银行安徽省分行诉张大标、安徽长江融资担保集团有限公司保证金质权确认之诉案 [（2012）合民一初字第 00505 号].

④ 中国农业发展银行安徽省分行诉张大标、安徽长江融资担保集团有限公司保证金质权确认之诉案（最高人民法院指导案例 54 号）.

⑤ 王立栋. 功能主义担保观下物权客体特定原则的现代理解及其法律实现 [J]. 学习与探索，2021 (6)：69-77.

⑥ *Agnew v Inland Revenue Commissioner* [2001] 2 AC 710；[2001] UKPC 28.

押允许设定在浮动的资产（比如应收账款）上。①

分析最高人民法院第 54 号指导性案例的案情可知，虽然保证金账户资金处于浮动状态，但是质押人使用资金并非毫无限制。相反，质押权人享有控制权。例如，案件中提到，"自 2009 年 7 月至 2012 年 12 月，本案账户发生一百余笔业务，有的为贷方业务，有的为借方业务"，但根据担保协议，质押人"缴存的保证金不低于贷款额度的 10%"，动用账户内的资金需要经过质押权人的同意，而不是自由处分。且所涉保证金账户"未作日常结算使用"，账户虽有多次进出账，但均与保证金业务有关，不违反《担保法司法解释》第 85 条的规定。还有判决认为，即使没有证据证明其与特定的保证业务相关，在某些情形下，出质账户向第三方付款和接受第三方付款，账户质押仍然有效。② 在封闭贷款的案例中，债务人甚至可以利用账户资金进行封闭运行项目下的采购、生效、销售等正常生产经营活动的支出。③ 由此，资金的浮动性是账户质押的实践所需，固守严格的物权客体特定原则不符合实际。

综上，本书认为，无论是特殊存款账户还是普通存款账户，在理论上均应适用"占有即所有"的基本理论，账户质押不是动产质押，而应该定性为权利质押。对于存款人来说，货币一旦存入银行即丧失所有权，其获得的仅是请求银行支付同等价值金钱的权利。④

然而，账户质押的权利质押定位还面临物权客体特定原则的另一个层面的质疑，即账户所表征的债权不具有单独的特征，无法与其他债权区分。基于此，根据"合同标的不特定，则合同不能成立"的基本原则，此种债权质押无法确定为质押。⑤ 此外，由于资金有进有出，普通账户质押还涉及是否以

---

① *Tailby v Official Receiver* [1888] 13 App Cas 523.

② 例如，在（2018）浙 04 民终 2533 号民事判决中，被上诉人主张，保证金账户中有一笔 25 万元的支出是向第三方付款办理林权证的款项，与担保主债务无关，账户资金未特定。而法院判决认为，该 25 万元的支出，系质权人同意而支出的款项，虽非直接用于主合同债务本金及利息的清偿，但系为主合同债务提供新的抵押物，且经过了质权人的同意，不能以此否定涉案账户的特定性。在（2019）黔 04 民终 689 号民事判决中，法院认为，虽然设质账户接受了第三方的付款，且没有证据证明入账的对手账户，但进入账户的款项应认定为债务人向质权人所贷款所提供的阶段性保证金，不影响账户的特定性。

③ 参见（2012）鹤民三初字第 2 号民事判决书。

④ 其木提. 货币所有权归属及其规则：对"占有即所有"原则的质疑 [J]. 法学，2009（11）：58-68.

⑤ 最高人民法院民事审判第二庭. 最高人民法院民法典担保制度司法解释理解与适用 [M]. 北京：人民法院出版社，2021：579.

数个债权质押，以及是否构成"集合物"质押的问题。除非有特别规定，集合物不能作为物权的客体。① 虽然《民法典》第 395 条和第 396 条对财团抵押和浮动抵押做出了规定，但对浮动的账户质押并未予以明确。

针对上述账户质押标的不具单独特征、不属于单一物的质疑，本书持反对意见。原因在于，每笔存款债权系因金融机构的记账行为而成立，但并非因记账行为而成立数笔存款债权，而是记账行为会使每笔存款瞬间丧失特定性，同时就存入款项与既存存款余额合并为一个存款债权。② 也就是说，存款债权虽在存入时丧失特定性，但在余额范围内转化为固定担保。这意味着，每笔资金存入后，浮动的存款账户质押可以转化为就账户内余额成立的固定账户质押。此时，质押的标的是单一、确定的债权，并不构成数个债权质押。退一步讲，即使将存款账户质押认定为多个债权质押，也不属于"集合物"质押，因为"集合物"不适用数个权利的结合，而是作为不动产看待的，而质权设立的客体只能是动产或者动产性质的权利。③

如果承认银行账户是一种债权，那么随之而来的问题是，账户是否应当归属于应收账款。在我国，关于账户质押是否可以构成《民法典》第 440 条之下的应收账款质押，立法上没有明确规定。考察近年的司法实务，确实有司法实践已经开始改变立场，将某些特殊账户质押的性质认定为应收账款质押。若银行账户定性为应收账款，则意味着账户质押需要进行登记。如有判决认为，出口退税账户应该属于物权法规定的应收账款，由于当事人并未就该质押登记，因此质权未成立，银行就出口退税账户内的退税款项没有优先受偿权。④ 对此，有学者表示认可，"物权法生效以后，退税账户质押应当纳入应收账款质押中，债权人可以按照物权法关于应收账款质押的规定办理出质登记，取得应收账款质权"。⑤

本书认为，虽然存款账户之于客户属于具有金钱给付内容的债权，但不宜将之直接等同于应收账款。前文述及，应区分作为收益的账户质押和原始

---

① 王利明. 物权法研究：上卷 [M]. 北京：中国人民大学出版社，2018：9.

② 森田宏樹. 普通預金の担保化・再論（上）[J]. 金融法務事情，2002（1654）：59. 转引自其木提. 论浮动账户质押的法律效力："中国农业发展银行安徽省分行诉张大标、安徽长江融资担保集团有限公司保证金质权确认之诉纠纷案"评释 [J]. 交大法学，2015（4）：162-174.

③ 陈本寒. 新类型担保的法律定位 [J]. 清华法学，2014，8（2）：87-100.

④ 参见广发银行股份有限公司增城新塘支行与广州市川井车业有限公司等金融借款合同纠纷案 [（2012）穗增法民二初字第 36 号]。

⑤ 曹士兵. 中国担保制度与担保方法 [M]. 北京：中国法制出版社，2015：333.

账户质押。若质权人只能就设质账户中的金钱享有优先受偿权，而不能及于未进入账户中的资金，则应归属于账户质押，而非应收账款质押。之所以如此定性，除了存款账户和应收账款作为质物时在执行阶段存在差别外，还基于交易当事人之间利益的均衡：一是保护债权人的利益。整体而言，现代动产和权利担保交易是以整个市场和社会的效率和债权人保护为中心。[①] 根据《民法典》第 445 条的规定，应收账款质押不同于应收账款转让，质权的设立不以是否通知债务人为条件，也无需债务人同意。如果将存款账户定位为应收账款，银行则是应收账款的债务人，债务人擅自将账户出质给第三人将会对其构成威胁，不利于银行提高信贷积极性和激活市场活力。二是虑及公共利益。若存款账户质押采取登记公示，则会对第三人或其他未担保权人、工人工资、政府税收造成重大影响。[②]

（2）我国账户质押公示方式的选择

经梳理，账户质押的公示方式有控制说、占有说、登记说三种不同的观点。前文已论证，基于立法政策的考量，我国账户质押不宜采取登记的公示方式。那么，我国是否应引入"控制"的公示方式呢？对此，本书持否定意见，理由如下。

首先，在美国法上，控制公示虽然没有有形的权利外观，但潜在的第三人通常知道存款账户的开户行可能对该账户主张权利，因此实际上也起到了通知作用。[③]有学者指出，控制公示虽具有一定的隐蔽性，但美国法之所以允许其存在，是因为银行对存款账户中的资金享有抵销权，任何第三人都被推定知道银行对账户享有权利。[④]可见，在美国的金融实践中，存款人、潜在的担保权人，以及其他第三方对于存款账户的开户行的控制权已有一定的心理预知。此外，美国《统一商法典》第 9 编中存款账户质押的控制规则是借鉴第 8 编证券及证券权利的担保交易，在第 8 编和第 9 编的 1994 年修正案之前，控制公示已被人们所熟知。[⑤]这意味着，在长期的商业交往中，控制公示已被人们承认和接受，银行主张权利并不会导致利益相关人陷入完全未知的状态。

---

① TIBOR T. Comparative secured transaction law [M]. Budapest：Akadémiai Kiadó, 2010：290-295.

② 这涉及账户质押的公示方式，后文将进行详述，此处不赘述。

③ 美国法学会，美国统一州法委员会. 美国《统一商法典》及其正式评述：第三卷 [M].北京：中国人民大学出版社，2006：105.

④ 高圣平. 担保法前沿问题与判解研究第五卷 [M].北京：人民法院出版社，2021：520.

⑤ GIBSON W E. Banks reign supreme under revised article 9 deposit account rules [J]. Delaware journal of corporate law, 2005, 30：819-862.

在我国，是否存在这样的银行交易惯例，尚值商榷。

其次，美国法上"控制"公示制度的设计理念在于，实践中谨慎的第三方一般不会仅仅依靠公示渠道，而是会进行进一步的甄别和询问。正如学者所指出的，美国《统一商法典》第9编制定之初的想法就是"让交易市场自行去规制彼此间的交易秩序，公示制度仅是作为信息披露的管道，至于担保权人和债务人之间交易的具体情形，需要第三方进一步地探究和调查"①。为此，第9编提供了债务报告制度。依照美国《统一商法典》第9-342条的规定，第三方可以要求债务人从银行处获得关于控制协议是否存在的信息，银行有义务向存款客户披露控制协议是否存在。这为谨慎的潜在后位担保权人开放了另一条调查路径，从而使控制的公示效力得到补强。然而，我国现行立法和实践操作中担保权人不承担信息提供义务。

最后，账户质押的公示可以适用大陆法系中的占有理论，以实现逻辑上的自洽。在传统民法理论中，占有是对有体物的占有。那么权利是否可以成为占有的客体呢？考察占有的发展沿革可以发现，在日耳曼法上，占有和权利合一，占有的客体及于权利，德国民法仅承认地役权准用关于占有保护的规定，而法国、日本以及我国台湾地区则明确规定，财产权可准用占有之规定。② 我国《民法典》对权利的占有虽无明文规定，但法理学说和实证经验均对其予以认可。③

以财产权为客体的占有，学说上称为"准占有"。准占有的成立需要具备以下要件④：第一，占有标的限于财产权。诚如前述，账户质押体现的是存款人和银行之间的债权人与债务人的关系，质押的客体是存款人享有的请求返还同等数量金钱的债权，当属财产权的范畴。第二，不因物之占有而成立。即权利人无需物理上占有标的物即可享受权利内容，否则直接适用传统的占有规则保护即可。在账户质押的情形下，账户本身并不是权利凭证，对账户的占有是通过银行卡及其密码或是银行系统的记载得以体现。⑤ 第三，事实上行使他人财产权。通常只需依一般交易或社会理念，有使人认识其事实上支配该财产权的客观情事即可。⑥ 在司法实践中，质权人占有账户通常有如下三

---

① 赵英. 权利质权公示制度研究 [D]. 北京：中国社会科学院研究院，2009：55.
② 《德国民法典》第1029条、《日本民法典》第205条、我国台湾地区所谓"民法"第996条。
③ 陈华彬. 我国民法典物权编占有规则立法研究 [J]. 现代法学，2018（1）：43-53.
④ 王泽鉴. 民法物权 [M]. 北京：北京大学出版社，2019：564-566.
⑤ 隋彭生. 民法典"占有与本权章"建议稿 [M]. 北京：北京大学出版社，2017：323.
⑥ 陈华彬. 我国民法典物权编占有规则立法研究 [J]. 现代法学，2018（1）：43-53.

种形式：其一，质权人是存款账户的开户行，即债务人所提供担保的存款账户开立在担保权人名下。① 无论该账户是以银行的名义还是以债务人的名义设立，银行均对其取得了事实上的管理和控制。其二，债务人、质权人、银行达成三方协议，质权人取得开户行的承诺，限制债务人使用出质账户。② 这主要适用于第三人担任质权人的情形，是以签订控制协议的方式获得对账户的支配权。实践中，如果债务人以银行账户向第三人质押，则第三人控制的方式为：债务人向开户行发出书面通知，开户行收到通知后向第三人承诺，未经第三人许可不得动用账户中的资金。③ 其三，以质权人名义开设专门账户，将质押财产移存于该特殊账户，使其与一般财产予以区隔分离。④ 通过前述方式，质权人可实现在客观上对设质账户和资金流动的实际控制。总之，账户质押采占有公示符合占有法法理。

需要指出的是，现代社会，"占有"概念从现实占有向观念占有扩张，占有作为权利外观不断虚化。有学者指出，在质物占有的认定上，占有仅对占有人对于物有事实上管领力为已足，不以其物放置于一定处所或标示为何人占有为生效要件。⑤ 有鉴于此，判定是否构成"转移占有"，完成实际控制的交付即可，至于交付行为本身是否为第三人知道并不重要。⑥ 具体到账户质押中，当质权人是银行时，出质账户即使不以质权人名义设立，因账户本来开立在质权人处，质权人就取得对该账户的控制权，实际控制和管理该账户，符合出质金钱移交债权人占有的要求。⑦ 当质权人是非银行主体时，通过签订控制协议，制约债务人自由支取存款的权利，也构成事实上的支配。至于账户名称，根据银行的业务操作和要求，客户在银行的账户情况对一般公众保密，未经客户同意，第三人无法知晓也无权查阅账户信息。因此，即使账户本身具有外部显著标识，也无法真正起到公示作用。因此，账户质押是否完成公示取决于质权人是否实现对账户的支配和管领。

在账户质押公示方式的争论中，美国法上的控制公示与大陆法系上的占有公示究竟有何不同，占有的含义是否可以涵盖"控制"的内涵和具体形态

---

① 参见（2020）渝 0113 民初 6674 号民事判决书、（2021）川 1321 民初 2175 号民事判决书。
② 参见（2017）川民初 9 号民事判决书。
③ 赵一平. 论账户质押中的法律问题 [J]. 人民司法，2005（8）：33-36.
④ 参见（2018）京民初 77 号民事判决书。
⑤ 王泽鉴. 民法物权 [M]. 北京：北京大学出版社，2019：416.
⑥ 王利明. 物权法研究：上卷 [M]. 北京：中国人民大学出版社，2018：158.
⑦ 孙萧. 保证金账户质押相关法律问题探析 [J]. 中国律师，2015（10）：103-105.

等问题颇值探讨。美国法上的"控制"公示的特点在于：一方面，判断构成"控制"的关键是担保权人具有无须经过担保人进一步行为就能做出处置担保财产的即时能力。[1]"控制"公示的判定采纳实质主义，重视担保权人管控财产的权利，不问担保财产在外观上由谁占有，这从分析"控制"实现的三种途径即可得出。[2] 前已述及，占有公示虽注重外观主义，但随着占有内涵的扩充，占有的认定标准转向实质主义。从这种意义上说，扩张解释下的占有与"控制"异曲同工，不再仅强调外观主义，而是更注重财产的实际控制关系。另一方面，"控制"公示允许债务人保留处置担保财产的部分权利。虽然担保权人有权阻止债务人使用账户内的资金，但债权人使用资金的权利与担保权人的"控制"并不矛盾。[3] 也就是说，在担保权存在期间，即使债务人可以从该账户中提取现金、付款或转账，银行仍被视为对该担保物享有控制，担保权持续有效。[4] 这是控制公示的最大特色。有疑问的是，这一特点是否可以适用大陆法系的占有理论予以解释？

我国账户质押的实践中，出质人享有部分处分账户的权利的情形不在少数。比如，质权人与债务人通过设立共管账户，约定对于账户共同监管，以实现对账户的实际控制。[5] 也就是说，质权人对账户的占有并不是单独的完全占有。此时，可适用共同占有的理论予以论证。《德国民法典》第1206条规定："物处于债权人共同保管之下或为第三人占有之时，返还只能向所有人和债权人共同为之的，给予共同占有即足以代替物的交付。"这一条设立了一种新的交付方式——共同占有。在单独占有中，占有人完全由自己一人行使对物的支配。而对于共同占有，有分别共同占有和统一共同占有之分。前者是指每一个共有人均可独立行使对物的支配权，如多个使用承租人共同使用花园，其未对花园在平面上予以划分。[6] 后者是指数人对占有物仅有一个管领力而为的占有。如客户与银行对于保险箱，各自有不同的钥匙，需一起使用始

---

① 美国法学会，美国统一州法委员会．美国《统一商法典》及其正式评述：第二卷 [M]．李昊，刘云龙，戴科，等译．北京：中国人民大学出版社，2005：549．

② See UCC 9-104.

③ See UCC 9-104.

④ 宰丝雨．美国动产担保交易制度与判例 [M]．北京：法律出版社，2015：72．

⑤ 最高人民法院民事审判第二庭．最高人民法院民法典担保制度司法解释理解与适用 [M]．北京：人民法院出版社，2021：580．

⑥ 鲍尔，施蒂尔纳．德国物权法：上册 [M]．张双根，译．北京：法律出版社，2004：141．

能开箱时，就保险箱而言成立统一共同占有。① 对于共同占有的理论，我国学者也表示认可。② 我国账户质押实践中出现的设立共管账户的场合应属于权利的统一共同占有。鉴于权利占有通常可准用动产占有之规范，此种情形下亦可适用统一共同占有理论加以解释。从根本上说，"共同占有"理论并没有脱离占有的本质属性，只是占有内涵的发展。此种形式的占有，兼顾质权的留置功能和公示功能，在法律上应属有效。由此，在审判实践中，对于账户质押的公示方式，应采用扩张解释的方式，承认统一共同占有的公示效力。

（3）数字货币账户质押的公示

近年来，在信息技术和电子商务飞速发展的推动下，互联网交易中出现了一种新型货币——数字货币。虚拟经济和区块链技术的发展催生了比特币、以太币等数字货币账户，潜在地加剧了账户质押领域法律问题的复杂性。数字货币是以存在于网络中的账户或钱包为依托的电子形式的替代币。如今，数字货币已成为全球现象。自诞生以来，数字货币一直成为美国持续探讨的热点问题。当数字货币开始进入主流视野时，数字货币的贷款业务必定会顺理成章地开展。

数字货币中最为典型的代表即是比特币，以下将以比特币为例展开学术层面的探讨。比特币是最早出现且目前规模最大的数字货币，2017 年 12 月，芝加哥期权交易所（CBOE）和芝加哥商品交易所（CME）甚至推出了比特币期货。那么到底何为比特币？比特币，从概念上而言，是指一系列构成数字货币生态的概念和技术的组合。③ 与传统货币相比，它具有以下几个典型特征：

第一，去中心化。比特币的出现打破了传统的支付体系，没有中心化的类似于传统银行的第三方机构作为信用保证，而是基于比特币协议和数字加密技术运行，其核心技术和基础构架是区块链，即全球账本或者资产负债表，它记录了每一笔比特币交易。换句话说，区块链技术替代了中介，构造了一个数字化的、可以点对点交易的信用系统。

第二，匿名性。在比特币网络中，用户通过密钥用以证明交易所有权，它包含一个公钥和一个私钥。公钥与比特币地址相关联，通过散列（一种压

---

① 王泽鉴. 民法物权 [M]. 北京：北京大学出版社，2019：442.

② 陈华彬. 我国民法典物权编占有规则立法研究 [J]. 现代法学，2018（1）：43-53；陈本寒. 企业存货动态质押的裁判分歧与规范建构 [J]. 政治与法律，2019（9）：134-147.

③ 安东诺普洛斯. 区块链：通往资产数字化之路 [M]. 林华，蔡长春，译. 北京：中信出版社，2018：3.

缩映射）计算生成，类似于银行的账户代码；私钥是所有者控制和处分比特币和资金的根本，类似于银行账户密码，或者支票上的用户签名。[1] 在比特币的支付环节，交易者所能看到的只是比特币地址，因为散列的存在，无法通过地址确定公钥，而确认持有者的真正身份验证虽然并非完全不可能，但难度和障碍颇高。[2]

第三，不可逆性。比特币的核心特点是"非信用"证据的分权模式和一个包含发生的每笔交易的自动生成的数据库，数据实时更新且无法篡改。[3] 比特币通过密码学实现了不可逆的交易，这完全不同于传统金融体系中银行业务电子交易的可撤销性，它意味着比特币一旦转让即为不可逆，交易不可撤销，即使是错误转让也无法追回。

第四，不稳定性。由于比特币依赖特定算法和密码学，通常以具有较高的安全性著称，但其价值极度不稳定。如 2010 年上半年，比特币价格从 30 美分暴涨到 30 美元，比特币开始获得主流媒体的目光，之后到 2012 年年初，比特币价格又跌至不足 2 美元。而在 2013 年 3 月，随着比特币去中心化的特征受到人们的热捧，其价格在 3 周之内从 65 美元上升至 266 美元，其后在政府监管层面的进展和媒体的不断报道之下，比特币的价格在 2013 年年底达到 1 200 美元的历史高位。[4] 由此可见，比特币价格起伏不断，几度暴涨暴跌，价值波动剧烈。

在政府监管层面，我国近年来制定了一系列与虚拟货币相关的政策（如表 5-1 所示）。具体而言，对于数字货币，从 2013 年禁止金融机构和支付机构从事比特币业务，到 2017 年禁止交易平台提供法币与代币交换服务，再到 2018 年禁止各法人支付机构为虚拟货币交易提供服务和关闭相关支付通道，我国政府对比特币的监管态度已转向全面禁止。[5] 然而，有学者指出，上述各

---

[1] 安东诺普洛斯. 区块链：通往资产数字化之路 [M]. 林华，蔡长春，译. 北京：中信出版社，2018：81-84.

[2] 野口悠纪雄. 虚拟货币革命：比特币只是开始 [M]. 邓一多，张蕊，译. 北京：北京文艺出版社，2017：45.

[3] 维格纳，卡西. 加密货币虚拟货币如何挑战全球经济秩序 [M]. 吴建刚，译. 北京：人民邮电出版社，2015：9.

[4] 张健. 区块链：定义未来金融与经济新格局 [M]. 北京：机械工业出版社，2018：104-105.

[5] 参见 2013 年 12 月 3 日中国人民银行等五部委发布的《关于防范比特币风险的通知》（银发〔2013〕289 号）、2017 年 9 月 4 日中国人民银行等七部委发布的《关于防范代币发行融资风险的公告》、2018 年 1 月 17 日中国人民银行发布的《关于开展为非法虚拟货币交易提供支付服务自查整改工作的通知》（银管支付〔2018〕11 号）。

项通知是禁止虚拟币交易所交易，比特币不得作为货币流通，但并未禁止民众持有比特币，也未禁止比特币作为虚拟商品流通。[①] 2021 年 9 月 15 日，中国人民银行等十部门发布《关于进一步防范和处置虚拟货币交易炒作风险的通知》（银发〔2021〕237 号），再次提出虚拟货币不具有与法定货币等同的法律地位，不具有法偿性；虚拟货币相关业务活动属于非法金融活动，交易平台、兑换、提供信息中介和定价服务、代币发行融资等交易一律禁止，坚决依法取缔。同时，该通知还明确指出，"参与虚拟货币投资交易活动存在法律风险。任何法人、非法人组织和自然人投资虚拟货币及相关衍生品，违背公序良俗的，相关民事法律行为无效，由此引发的损失由其自行承担；涉嫌破坏金融秩序、危害金融安全的，由相关部门依法查处"。由此引发了比特币交易的合同是否可能因为违反金融政策、违背公序良俗而无效的争议。在此背景下，关于诸如比特币的数字货币交易，面临如何平衡金融监管和金融司法的困境。

表 5-1　我国近年来制定的与虚拟货币相关的政策

时间	文件名称	颁布机构	内容
2013 年 12 月	《关于防范比特币风险的通知》	中国人民银行等五部委	禁止金融机构和支付机构从事比特币业务
2017 年 9 月	《关于防范代币发行融资风险的公告》	中国人民银行等七部委	禁止交易平台提供法币与代币交换服务
2018 年 1 月	《关于开展为非法虚拟币交易提供支付服务自查整改工作的通知》	中国人民银行营业管理部（支付结算处）	禁止各法人支付机构为虚拟货币交易提供服务和关闭相关支付通道
2021 年 9 月	《关于进一步防范和处置虚拟货币交易炒作风险的通知》	中国人民银行、中央网信办、最高人民法院等十部门	虚拟货币相关业务活动属于非法金融活动，一律禁止，坚决依法取缔

目前，在民法上，数字货币账户相关的法律规定主要来源于《民法典》第 127 条。该条规定，法律对数据、网络虚拟财产的保护有规定的，依照其规定。司法实践中，比特币等数字货币的法律认定争议较大。例如，在 2018 年 11 月深圳国际仲裁院裁决的一起案件中，申请人向被申请人委托对其虚拟

---

① 张维.是数据还是合法财产？走了十年的比特币法律属性亟待明确 [N].法制日报，2019-04-01.

货币财产进行理财，后因股权转让问题两人发生纠纷，被申请人拒绝归还申请人相应的虚拟货币资产，故两人向仲裁院提起仲裁。法院认为，虽然监管部门禁止 ICO 活动和虚拟货币交易，但从未断定个人比特币交易属于违法行为。根据国内法律法规，比特币不具有货币职能，但是这并不妨碍其属于数字资产，可作为交付对象。① 因为该裁决承认了国内比特币具有财产属性，受法律保护，引起了业内广泛关注，并被认为在一定程度上填补了现有司法判例的空白，具有相当重要的意义。然而，上述裁决被深圳市中级人民法院以"违背社会公共利益"为由撤销。在深圳国际仲裁院的裁决中，由于被申请人需要向申请人偿还案涉的比特币等数字代币，而被申请人没有比特币可供偿还，仲裁裁决遂在财产损失金额估算上根据某专业国际网站关于比特币价格的数据认定案涉比特币的价格，并根据特定时点的外汇牌价裁定被申请人向申请人偿还对应数额的人民币。对此，深圳中院认为，涉案仲裁裁决原申请人赔偿申请人与比特币等值的美元，再将美元折算成人民币，实质上变相支持了比特币与法定货币之间的兑付、交易，违反了国家相关部委的规定，违反了社会公共利益。经向最高院报核，依《仲裁法》第 58 条之规定，撤销深圳仲裁委相关仲裁裁决。②

但是，比特币的财产属性也获得了一些法院生效判决的认可。例如，在2019 年杭州互联网法院受理的首例涉比特币财产损害赔偿纠纷中，法院认为，比特币的预设功能为全球化流通的数字货币，虽然针对比特币及其他通过代币融资、投机炒作行为，中国人民银行等部委曾发布《关于防范比特币风险的通知》（2013 年）、《关于防范代币发行融资风险的公告》（2017 年）等文件，实质上否定了此类"虚拟货币"作为货币的法律地位，但上述规定并未对其作为商品的财产属性予以否认，我国法律、行政法规亦并未禁止比特币的"生产"、持有和合法流转；《关于防范比特币风险的通知》中更提到，"从性质上看，比特币应当是一种特定的虚拟商品"。最终，法院认定，比特币等"代币"或"虚拟货币"具备权利客体特征，符合虚拟财产的构成要件，虽然不具备货币的合法性，但应赋予其作为虚拟财产或商品的合法属性。比特币作为虚拟财产、商品的属性及对应产生的财产权益予以肯定。③ 以上观

① 深圳仲裁委员会（2018）深仲裁字第 64 号仲裁裁决。
② 深圳市中级人民法院（2018）粤 03 民特 719 号民事裁定。
③ 吴清健、上海耀志网络科技有限公司、浙江淘宝网络有限公司网络侵权责任纠纷一审民事判决书［（2019）浙 0192 民初 1626 号］。

点得到了部分法院的认同。如在 2020 年上海市第一中级人民法院审理的一起案件中，法院也认为，比特币具备虚拟财产、虚拟商品的属性，应受到法律的保护。① 该案被最高人民法院评选为全国法院系统 2020 年度优秀案例，可见最高人民法院对于比特币等作为虚拟财产保护持肯定态度。

关于比特币的财产属性，可以从以下三个方面理解：第一，使用价值。对于比特币来说，比特币通过"矿工""挖矿"生成，既需要投入物质资本用于购置与维护具有相当算力的专用机器设备，支付机器运算损耗电力能源的相应对价，也需要耗费相当的时间成本，该过程及劳动产品的获得凝结了人类抽象的劳动力。② "用户会将比特币挖矿视为创造财富的过程，并对去中心化的记账模式产生信赖感和归属感，这可视为一种使用价值。"③ 第二，交换价值。比特币的交换价值只能限定于对其有货币认同的人群中，但不可否认，用户可以使用比特币购买商品或服务，以及与传统货币进行兑换。如 2010 年 5 月 22 日美国程序员拉丝勒·豪涅茨报告称其以 10 000 个比特币成功购买两块比萨，因此次交易的意义使得该天成为比特币发展历程中具有纪念意义的一天。第三，基于密码学、编程及各种算法等原因，比特币从诞生之日起数量就固定在 2100 万个，并且发放速度会逐渐递减，这就从根本上决定了比特币的稀缺性。同时，比特币所有权归属于持有比特币私钥的用户。用户通过私钥持有比特币，并且只要拥有私钥，用户即对比特币享有了绝对的控制权和支配权，可以随时处分比特币。这意味着，比特币的持有者可以对比特币进行占有、使用并获得收益，比特币作为财产具有明确的边界、内容并可以被转让、分离。由此，比特币不仅具有财产属性，而且由特定主体所有和支配，理论上可以成为担保交易的客体。

事实上，2018 年以来包括数字货币交易所、传统证券市场玩家以及部分互金创业者，其中不乏很多现金贷企业等，已开始纷纷进军数字货币质押领域。由于数字货币需依托电子账户，因此从理论层面引发的疑问是，数字货币账户质押是否属于存款账户质押？能否类推适用存款账户质押相关的法律规范？本书认为答案是否定的，理由如下：

首先，数字货币账户不能被认定为货币。存款货币账户可称为广义上的

① 李圣艳、布兰登·斯密特诉闫向东、李敏等财产损害赔偿纠纷二审民事判决书 [（2019）沪01 民终 13689 号]。
② （2019）浙 0192 民初 1626 号。
③ 包亦骅. 论比特币的法律属性及规制 [D]. 上海：上海社会科学院，2018：18.

货币，但数字货币是否为货币存疑。经济学家认为，货币有三个重要职能，即交易媒介、计价单位、价值贮藏手段。[①] 不可否认，比特币可以作为交换中介，但由于其价格波动极大和其他特征，无法满足货币对价值稳定的要求，比特币不适合作为计价单位或价值贮藏手段。[②] 总体而言，虽然比特币相对于现行货币体系有一定优势，但其不具有货币属性，只是一种资产。[③] 2014年美国国内税务局发布加密货币征税事项指南，将比特币视为财产（property），而非货币，正式纳入征税范围。[④]

其次，数字货币账户的设立不依赖银行等第三方机构。现行第9编的存款账户质押是围绕银行账户所展开，而比特币无需第三方开户，只需下载比特币钱包软件并在本地安装完毕，开户即完成。[⑤] 前已述及，存款账户是由从事银行的组织所开立的，而在比特币系统中，由于其去中心化的交易方式，比特币用户是自主开户，无须中介，比特币钱包的客户端（如桌面客户端或网页客户端）也不太可能被认定为银行。因此，比特币账户无法满足存款账户的定义的要求。

最后，数字货币账户的构成不存在债权人。前已述及，除非交易当事人有特殊约定，存款账户和存款银行的关系是债权人和债务人之间的关系。但是，不同于存款账户体系下银行作为第三方对存款货币实行监管和控制，比特币采取的是点对点的交易模式，并没有单一的网络提供者实际占有和控制整个比特币系统内全盘的数据，比特币网络由全体比特币用户共同控制。对用户而言，比特币持有者不能凭借比特币向一个特定的网络服务提供者主张债权。[⑥] 因此，比特币不能被定性为存款账户，也不属于应收账款，因为它不涉及主要承担金钱债务的应收账款债务人。

综上，数字货币账户不属于存款账户，因此不能类推适用存款账户质押相关的法律规范。既然如此，数字货币账户应如何定性呢？本书认为，鉴于数字货币账户具有有别于传统无形财产的显著差异，可将其定位为不同于应

---

① 哈伯德. 货币、金融体系与经济 [M]. 曲昭光，赖溟溟，等译. 北京：中国人民大学出版社，2011：19-20.

② YERMACK D. Is Bitcoin a real currency？ [EB/OL]. （2013-12-01） [2018-04-22]. http：//www. centerforfinancialstability. org/ research/DavidYermack-Bitcoin. pdf.

③ 孙明明，吕阳阳. 我国数字货币的路径选择 [J]. 金融科技时代，2019（1）：18-24.

④ IRS Notice 2014-21.

⑤ 姚前. 数字货币的前世与今生 [J]. 中国法律评论，2018（6）：169-176.

⑥ 包亦骅. 论比特币的法律属性及规制 [D]. 上海：上海社会科学院，2018：22.

收账款、存款账户、投资财产、货币等财产类型的特殊无形财产。

在甄别数字货币账户这种新型担保物性质的基础上，需要进一步确定数字货币账户质押的公示方式。以比特币账户质押为例，若采用登记的公示方式，可能带来两个弊端：一是贷款人无法确认在特定的比特币账户上是否有在先的担保利益。对于比特币系统，虽然区块链技术可以追踪每笔比特币交易，但比特币账户之上赋予担保利益的负担目前还未被记录和监控，加之交易者身份信息难以验证，登记公示的可操作性不强。二是登记并不能阻止借款人处分比特币。即使某比特币账户之上的担保利益可登记，借款人也能随时处分该比特币账户，并且由于比特币系统允许不可逆的转让，以及受让人身份的隐藏，贷款人可能面临借款人违约时无财产可供执行的风险。那么，数字货币账户质押能否采取占有的公示方式呢？比特币去中心化导致的后果之一是贷款人无法对担保物实施控制和支配，一旦借款人违约，贷款人不能轻易地就其账户（或者钱包）实现优先受偿。仿照存款账户质押的控制规则，有学者提出两种替代方案：其一，与可信赖的第三方机构合作，签订比特币账户担保交易的三方协议，将比特币的私钥交给第三方保管，以遵守贷款人的指令行事。其二，将比特币私钥提供给贷款人以实现对比特币账户的控制。① 然而，一般情况下，私钥的拥有者单独发起签名即可处分该私钥对应的比特币地址中的资金，将私钥透露给第三方，等同于把它保护的比特币的控制权交给了第三方。拥有比特币私钥的第三方中介可能将比特币账户随意处分并携款潜逃，而且错误转让也无法撤销，再加上寻求与第三方合作本身就与比特币的创立宗旨背道而驰。因此，第一种方案不可行。对于第二种方案，贷款人面临的问题是难以验证私钥的真假。较为可行的方法是，贷款人创立自己的比特币钱包，借款方将相应的比特币转入该钱包内，由贷款人控制。实践中，担保交易当事人通常也采取这种方式完成公示。虽然此种交易形式上是比特币转让，但依据功能主义应视为担保交易。

总体而言，目前使用比特币账户等数字货币账户作为担保物融资在理论上是可能的。基于比特币去中心化、匿名性、不可逆性、不稳定性等特征，比特币账户不宜类推适用存款账户质押之规则。但由于比特币本身具有使用价值、交换价值及稀缺性，比特币的财产属性应予证立，加之比特币可以归

---

① MARTINSON P J, MASTERSON C P. Bitcoin and the secured lender [J]. Banking & financial services policy report, 2014, 33 (6)：13-20.

属于特定主体所有和支配，因此比特币账户理论上可以成为担保的客体，其法律定位应为特殊无形财产；公示方式层面，较之登记，占有公示更能控制担保标的，也更具操作性。

然而，需要指出的是，在我国目前的司法裁判中，比特币账户质押面临较大的法律风险。在 2022 年 5 月四川成都高新法院审结的我国首例要求行使对比特币质权而引发的民间借贷纠纷案件中，出借方和借款方约定，借款金额为 200 万元，借款担保为 70 枚比特币，由借款方通过比特币交易平台将比特币汇入出借方账户进行质押，币值按 5 万元/枚计算，即质押 70 枚比特币合计 350 万元。对于涉案质权是否成立的问题，一审法院认为，根据《关于防范比特币风险的通知》（银发〔2013〕289 号）、《关于防范代币发行融资风险的公告》，比特币不具有与货币等同的法律地位，不能且不应作为货币在市场上流通使用，任何所谓的代币融资交易平台不得从事法定货币、代币、"虚拟货币"相互之间的兑换业务，不得买卖或作为中央对手买卖代币或"虚拟货币"，不得为代币或"虚拟货币"提供定价、信息中介等服务。而质权的设立应当符合法律的规定，若以比特币充当质押物，实质上是变相地认可比特币为担保债务履行可以进行买卖交易，与上述文件精神不符，有悖于市场秩序的稳定、国家宏观政策以及社会公共利益。虚拟货币无真实价值支撑，价格极易被操纵，相关投机交易活动存在虚假资产风险、经营失败风险、投资炒作风险等多重风险，在我国不受法律保护。因此，以比特币设立质权，不符合物权法定中的"物权种类法定"原则，该质权不成立。[①] 后当事人不服提起上诉，二审法院维持原判。[②] 可见，在我国，比特币等数字货币账户质押的法律效力并未得到认可。

5.2.3.3　我国存货动态质押的公示

自上海钢贸诈骗事件爆发后，物流金融风险受到强烈关注。虚假质押、重复质押等现象突出，使得存货质押的公示方式受到关注。由前文，有学者将存货动态质押的公示方式称为"控制"。实际上，无论是美国法，还是继受美国法的其他立法例，"控制"公示均是以证书证券、非证书证券、证券权利、证券账户、商品期货合约、期货账户等投资财产，以及存款账户为适用对象，不包括存货等动产。[③] 再者，鉴于"控制"来源于英美法系，难以融

<hr />

① 白旭、谷明民间借贷纠纷民事一审民事判决书［（2021）川 0191 民初 5239 号］。
② 白旭、谷明民间借贷纠纷民事二审民事判决书［（2022）川 01 民终 3343 号］。
③ BROOK J. Secured transactions［M］. Frederick，MD：Aspen Publishers，2011：215-216.

入大陆法系既有的物权法公示体系，因此控制不能成为存货动态质押的公示方式。①本书认为，存货动态质押的公示方式仍应回归"交付"说。存货动态质押中的"交付"不同于现实交付，也不符合传统物权法下观念交付的内容，具体而言，其公示方式有如下几个特殊之处：

第一，强调质权人的实际管领和控制，而非权利外观。在罗马法和日耳曼法上，动产质权的设立都以债务人转移质物的占有为要件。近代大陆法系国家均继承了该理论框架，基本上都要求质权的成立必须现实占有标的物，债权人如不占有标的物，动产质就不能成立。正如学者所说，占有的交付在设立质权的行为中是必须的，不可代替的事实。占有和质权的存在相互伴随，失去占有，质权将不复存在。②可见，动产质权中的"交付"注重强调外观主义。然而，在非转移出库模式的动态质押下，质物是否发生实质的转移并不是法院审查其效力的决定因素。有判决就明确指出，在认定交付时，不能单纯以质物存放地点来确定。③更重要的标准是，质权人是否获得实际的控制。

第二，质权人享有的支配权，不必是排他性和绝对性的权利，它可以允许债务人保留一定的处分权利。也就是说，即使债务人保留对质物的处分权利，担保权人也构成支配。而根据传统意义上交付的概念，动产质权的设立要求质权人有对质物完全的管领和支配。而质权也正是借此效力来督促债务人履行债务。即在动产质押下债务人或者第三人必须将其动产完全移交债权人占有，才能设定质押。也只有当受让人取得了单独占有并且出让人不享有任何占有时，交付才算完成。在存货动态质押下，允许借款方在约定的控制线下置换质押物，质物的价值或数量处于不断变动之中。这不同于传统物权法下动产质权人独占支配力的要求。

从本质上说，存货动态质押的公示方式彰显了现代意义上"交付"概念延伸的方向。如前所述，我国遵循大陆法系一贯的立法传统，动产质权不得以占有改定的方式设立。考察历史，其最初的立法理由一般认为是贯彻质权公示的理想。然而，随着占有和所有权的普遍分离，以及占有的观念化，占有的公示力已大大减弱。加之，法律允许比质权效力更强的所有权的转移以

---

① 陈本寒. 企业存货动态质押的裁判分歧与规范建构 [J]. 政治与法律，2019（9）：134-147.

② 尹田. 法国物权法 [M]. 北京：法律出版社，2009：477.

③ 中国信达资产管理股份有限公司江西省分公司与三瑞科技（江西）有限公司别除权纠纷一审民事判决 [（2017）赣 0302 民初 801 号].

占有改定作为公示方式，若坚持以公示为理由排除占有改定设定则可能导致理论上的矛盾或不统一。因此，现今通说认为，排除占有改定更重要的意义在于确保质权之留置作用，务必剥夺出质人之占有，使其不能用益，以实现迫使债务人从速清偿之功能。① 而存货动态质押的公示方式事实上并非占有改定，而是构成了新型的交付方式。从目前的立法动向看，立法机关采纳的是交付说。如《全国法院民商事审判工作会议纪要》（以下简称《九民纪要》）第 63 条，以及《民法典担保制度的司法解释》第 55 条，均认可存货动态质押的公示效力。《民法典》虽未直接规定，但第 427 条从侧面认可了该类质押的交付形式，间接认可了动产质押交付方式的灵活性。② 然而，以上法律文件并未明确具体的交付类型。

事实上，存货动态质押的公示方式仍可适用共同占有理论。共同占有的交付方式有两种：一是将质物置于出质人与受质人之共同管理下；二是质物由质权人委托第三人占有，使该第三人负有向出质人及受质人返还该物之义务。前者称为直接共同占有，后者称为间接共同占有。③ 在非转移出库的场合，存货动态中的出质人和第三方监管人共同管理质物，构成直接共同占有：出质人是质物的直接占有人，与作为质权人占有媒介人的第三方监管人，对质物实施共同监管，出质人不能单独管领质物，否则质权无效。对此，《九民纪要》第 63 条、《民法典担保制度的司法解释》第 55 条也指出，如果监管人是受出质人委托，或者协议约定质权人委托，但质物仍由出质人实际控制的，质权未有效设立。

总的来说，作为供应链金融创新衍生的新型担保方式，存货动态质押对中小企业融资意义重大。该担保类型交易构造复杂，区分不同的运作模式，又同时涉及金融借贷、动产质押、保管、监管等多重法律关系，近几年相关民事纠纷呈现快速增长的趋势。司法裁判中，就动态存货质押的法律效力而言，争议焦点在于，在非转移出库模式情形下物流企业进行"原地监管"时，是否构成占有改定而导致质权无效。从《九民纪要》《民法典》《民法典担保制度的司法解释》等现有规范体系来看，"原地监管"的存货动态质押模式并

---

① 我妻荣. 新订担保物权法 [M]. 北京：中国法制出版社，2008：97-121；谢在全. 民法物权论：下册 [M]. 北京：中国政法大学出版社，2011：973.

② 刘保玉. 完善我国质权制度的建议 [J]. 现代法学，2017（6）：48-60.

③ 郑冠宇. 动产质权之发展 [EB/OL].（2003-02-24）[2023-02-24]. http：//old. civillaw. com. cn/Article/default. asp？id=11875&_ d_ id=27900a303ee4ea11cd09f2e1f0c529.

不违背物权法基本原则。动态存货质押不宜引入"控制"为其公示方式，而应回归"占有"理论。

5.3 非典型动产担保权公示制度的进路

5.3.1 动产所有权保留的公示

在美国法上，所有权保留是动产担保交易的一种形态，是"买卖价金担保权"的下位概念。根据美国《统一商法典》第 9 编的规定，消费品上之买价担保利益无需公示，附系完成时即自动公示；其他货物（设备、农产品）上之担保利益则需要登记公示，但享有 20 日的宽限期。而依英国买卖法规定，在所有权保留交易中，买受人在给付对价之前在标的物除有占有权之外，无其他任何财产权利。这一交易被称为买卖，与担保交易无涉。① 因此，英国法下，所有权保留被认为是债权，不要求公示。在德国，所有权保留是动产担保交易实践中的主要形态，主要适用主体是供应商。就其实质来看，所有权保留是一种类似于让与担保的隐蔽（不公开的）质权。② 总的来说，在大陆法系看来，所有权保留，"用以担保的财产为债权人自身所有，债权人对担保物享有全部的、完整的所有权而非限制的他物权，与传统担保制度构造迥异"，被认为是非典型担保，一直被排斥在民法典之外。

所有权保留制度是我国不可缺少的重要的融资工具，深具社会经济意义。它降低了出卖人的债权风险，也扩大了买受人的融资渠道。在商业背景下，它是购置款融资交易的一种形式。一般来说，工商企业的设备和库存品中有相当一部分是通过信贷方式获取的。所有权保留交易中，占有和所有权分离，突破了传统的"交付转移所有权"模式，虽其在商业实践中具有独特的价值功能，然而因权利分割的构造，以及欠缺权利外观的弊端，常引发当事人间的权利冲突。

所有权保留制度在我国立法中有明确的规定。根据制度内容的变化，我国的所有权保留制度的发展阶段可分为合同法时期和民法典时期。③ 依据原《合同法》第 134 条的规定，所有权保留制度在我国民法体系中的基本定位，

---

① 高圣平. 美国动产担保交易法与我国动产担保交易立法 [J].法学家，2006（5）：82-91.
② 鲍尔，施蒂尔纳. 德国物权法：下册 [M].申卫星，王洪亮，译. 北京：法律出版社，2006：666.
③ 章诗迪. 民法典视阈下所有权保留的体系重构 [J].华东政法大学学报，2022（2）：180-192.

归根结底是买卖合同中的一个条款，由债法进行规范。① 2012 年最高人民法院出台的《关于审理买卖合同纠纷案件适用法律问题的解释》（以下简称《买卖合同司法解释》）在保留这一基本定位的基础上，对原《合同法》第134 条进行了细化和补充。该司法解释对所有权保留作了更具操作性的规定，同时在其第 36 条第 1 款又规定：买受人已经支付标的物总价款的 75% 以上，出卖人不享有取回权。在这种情况下，应该承认，买受人享有的债权已经具有部分物权的效力。但从本质上说，所有权保留未被明定为物权的类型，在性质上仍属于债权的范畴。② 也就是说，在买受人完全给付对价之前，出卖人仍享有所有权，买受人只是债权人。王泽鉴先生则指出，所有权保留不应采用英美法上的法定所有权和用益所有权的概念加以解释，而应认为出卖人仍为完全所有权人，而买受人所取得的仅为物上期待权，于条件成就时始取得标的物之所有权。③ 总而言之，无论所有权保留是单纯的债权还是学理上争议颇多的期待权，均不构成法定的担保物权。

然而，进入民法典时期后，《民法典》对原《合同法》及原《买卖合同司法解释》中的所有权保留制度进行了一系列修改。这主要包括：第一，《民法典》第 641 条在原《合同法》第 134 条的基础上引入登记对抗制度，增加"出卖人对标的物保留的所有权，未经登记，不得对抗善意第三人"的规定。第二，《民法典》第 642 条在原《买卖合同司法解释》第 35 条的基础上增加"出卖人可以与买受人协商取回标的物；协商不成的，可以参照适用担保物权的实现程序"的规定。第三，《民法典》删除了原《买卖合同司法解释》第36 条中关于取回权限制的规定。但 2020 年 12 月 23 日修正的《买卖合同司法解释》第 26 条又保留了这一规定。上述修法动向表明，所有权保留逐渐向功能主义倾斜，此时就有了将其纳入担保物权体系的可能。④ 这也引发了所有权保留公示制度的诸多争议。

5.3.1.1 所有权保留公示方式的学说梳理

对于所有权保留是否应该公示，以及如何公示，目前有两种观点：

---

① 原《合同法》第 134 条规定："当事人可以在买卖合同中约定买受人未履行支付价款或者其他义务的，标的物的所有权属于出卖人。"

② 王利明. 所有权保留制度若干问题探讨：兼评《买卖合同司法解释》相关规定 [J]. 法律评论，2014，32（1）：176-183；李永军. 所有权保留的比较法研究：我国立法、司法解释和学理上的所有权保留评述 [J]. 法学论坛，2013，28（6）：11-21.

③ 王泽鉴. 民法学说与判例研究：一 [M]. 北京：北京大学出版社，2009：165.

④ 章诗迪. 民法典视阈下所有权保留的体系重构 [J]. 华东政法大学学报，2022（2）：180-192.

一是不登记主义。对于大陆法系来说，采不登记主义主要是囿于物权法定原则。既然法律未将所有权保留明确为一种明确的物权类型，那么则无需公示。根据物权法定和公示的合力，只有法定的物权需要公示。因此，要求所有权保留以登记公示可能使物权法定原则受到挑战。大陆法系国家采不登记主义的典型的立法例是德国和法国，其优点在于避免了烦琐的登记程序，但欠缺公示性，是一种隐性担保。英国法对于所有权保留也持不登记主义。在所有权保留的法律定位上，英国在动产担保法领域的改革存在着分歧。① 针对所有权保留的公示，英国伦敦法学会城市金融法委员会工作小组提出了一些参照美国《统一商法典》第 9 编的具体改革措施，但拒绝将所有权保留等功能性担保重新定性为担保物权并要求登记。其理由是："我们看不到任何原因，为何当事人的法定权利应该被否决，仅仅只是因为他们的交易被认为与担保具有相同的经济效果。这并不是确保交易的形式遵循实质的情形。交易的实质是，占有这些财产的人从来没有获得所有权，也不能在这些财产上创设担保利益。"②

二是登记主义。不可否认的是，所有权保留的经济实质在于担保，只不过出卖人是以延迟转移标的物的所有权为手段。所有权保留涉及同一标的物上第三人之利益，有公示之必要。一般情况下，在买卖合同中交付行为的完成就意味着标的物所有权的转移。然而，所有权保留制度突破了双务合同支付买卖价款与转移占有和所有权同时履行的法律构造，造成了权利状态和表征的乱象，导致隐性担保。在《买卖合同司法解释》制定过程中，是否要规定所有权保留登记制度，曾引发广泛争议。鉴于这一问题争议较大，《买卖合同司法解释》最终回避了这一问题。有学者认为，所有权保留最大的缺点在于缺乏公示，建议建立所有权保留登记制度，以强化对相关当事人利益的保护。③ 对此，有观点表示支持，认为在现有制度下，以登记来解决所有权保留

---

① 在英国动产担保交易法改革的过程中，最引人注目的一个建议是，建立一个单一的统一的担保利益。虽然建议者并不认为各种不同类型的担保利益在实践中存在困难，但他们认为引入统一的担保利益，以及清晰和直接的规则，如创设、公示、优先权和执行，将在消除不确定性的领域和使法律更容易理解方面有利。对此，有英国学者认为，这看起来似乎扩张了英国动产担保交易的范畴，但实际上却相反。因为这个建议中所提出的单一的统一的担保利益概念只是取代英格兰所承认的一些传统担保类型，如质押、抵押和留置，而不包括功能性的担保，如所有权保留和售后回租等。See STEVEN A J M. Secured transactions reform [J]. The Edinburgh law review, 2013, 17 (2): 251.

② STEVEN A J M. Secured transactions reform [J]. The Edinburgh law review, 2013, 17 (2): 251-256.

③ 王利明. 所有权保留制度若干问题探讨: 兼评《买卖合同司法解释》相关规定 [J]. 法律评论, 2014, 32 (1): 176-183.

的公示方式，不失为一种较为理想的立法选择。① 从比较法上来看，所有权保留登记主义有登记生效主义和登记对抗主义之分。前者认为，所有权保留必须经过登记才能发生效力，如瑞士。② 而采登记对抗主义的典型国家是美国。在美国《统一商法典》第 9 编之下，除汽车、不动产附着物以外的消费品价款担保利益等不要求登记外，其他动产之上的所有权保留均需通过登记公示，否则不产生对抗第三人的效力。③

应当看到，在所有权保留中采登记公示已成为动产担保交易制度改革的重要趋势。支持引入功能主义，建议为所有权保留规定登记公示的观点，一般是考虑对所有类型的动产担保权进行整合，而且，所有权保留与其他担保物权的基本区别要被取消。该观点的支持者常常会以美国《统一商法典》第 9 编的担保利益为范例。④ 例如，《欧洲复兴开发银行动产担保交易示范法》即是遵循第 9 编的路径，所有权保留被视为一种担保物权，非经登记不能对抗第三人。该示范法规定：在所有权保留条款下，标的物本身被视为已经转移给买方，所有权保留转化为担保物权，买方在货物上享有的利益优先于卖方。但是有效登记的时间最长为 6 个月。⑤ 但正如前述，对于大陆法系国家来说，将所有权保留明定为动产担保交易类型的一种形态，可能动摇传统的担保物权和所有权体系。因此，如何在所有权保留中引入登记公示的同时，调和可能引发的体系矛盾，实现逻辑自洽，值得探讨。

5.3.1.2 我国所有权保留的公示

基于前述对非典型担保权在我国物权法中的体系定位分析，为维护物权法体系的稳定，不宜将所有权保留构造为担保物权。然而，这并不意味着所有权保留不需要登记，理由在于：首先，物权法定原则近年来有缓和之势。现代物权法不能太过拘泥于传统的法律概念和固有的逻辑体系，而应以解决问题为导向，更多地关注社会现实，实现所有权保留的目的。其次，所有权

---

① 徐海燕、柴伟伟、冯建生．动产担保权公示及优先顺位规则研究 [M].北京：法律出版社，2006：255.

② 《瑞士民法典》第 715 条第 1 款规定："保留让与他人的所有权，须在受让人住所所在地的主管官员的登记簿上登记，始生效力。"

③ 徐海燕、柴伟伟、冯建生．动产担保权公示及优先顺位规则研究 [M].北京：法律出版社，2006：253-254.

④ 施塔德勒．德国法上所有权保留的未来 [M]//田士永，王洪亮，张双根．中德私法研究：第 3 卷．北京：北京大学出版社，2007：163.

⑤ DROBNIG U，BÖGER O. Propriety security rights in moveable assets [M].München：Sellier European Law Publishers，2014：209-210.

保留关涉第三人利益，建立登记制度，可以向第三人提醒标的物的权属状态，从而避免第三人利益遭受损害。再次，所有权担保与其他典型担保方式发挥相同的经济功能，却产生不同的法律后果，这种差异性不仅会直接导致当事人的不平等，而且将使得担保交易相关的法律制度更加复杂，改革更加困难，而这反过来可能减少担保信贷的获得，阻碍融资。最后，在国际层面，"过多关注国内分类和教条，可能加强教条主义的方法，从而阻碍法律变革，加深法律体系的差异，在动产担保改革中，加强跨国界担保融资的复杂性"。随着跨国家贸易的增多，所有权保留冲突法上的准据问题日益凸显。一般都承认的、国家物权法上的适用物之所在地法原则会造成问题。在某一成员国约定的所有权保留在买卖货物跨越国境后可能会丧失其效力，因为买卖货物的目标国可能不承认不进行登记或采取其他公示方式的担保。① 还有学者曾指出，虽然之于德国，动产担保的隐秘性并没有阻碍其经济发展，也不是一个改变现行体系的充分理由，但是在美国资本市场不断出现德国公司，以及美国《统一商法典》第 9 编公开通知体系的影响之下，这种态度是否将会改变还不得而知。②

最终，对于所有权保留，我国《民法典》采取了形式主义和功能主义相结合的立法方法。一方面，坚守形式主义，未将所有权保留定性为担保物权，而是仍然将其作为买卖合同的一种特殊类型进行规定。另一方面，立足于功能主义，增加"登记对抗主义"和"参照适用担保物权实现程序"的规定，以符合经济活动的需要和国际立法的趋势。可以说，《民法典》为所有权保留的公示寻找了一条中间路径。这也契合了现代动产担保交易公示规则功能转变的理念。

据前文分析，现代动产担保交易的公示规则从最初的体系性向独立性转变。即公示不决定动产担保权的生效，但公示之后则获得对抗效力；公示没有公信力，不再承担保护交易安全的功能；各种公示方式的效力是平等的。

---

① 施塔德勒. 德国法上所有权保留的未来 [M]//田士永，王洪亮，张双根. 中德私法研究：第 3 卷. 北京：北京大学出版社，2007：151-170.

② Hong Hong and Shanghai Banking Corp., Ltd. v. HFH USA Corporation. See the case 805 F. Supp. 133（W. D. N. Y, 1992）. 本案中，德国供应商在所有权保留条款之下，出售并船运机器给美国的客户。当登记的宽限期已经截止时 [1990 年版 UCC 9-312（4）]，买价担保利益不能对抗债务人的主融资者的浮动担保。纽约法院拒绝实施销售合同中的法律适用条款。该条款在德国法上的适用结果是德国供货商享有在先的优先权顺位（德国和美国关于所有权保留的法律规定相冲突）。TIBOR T. Comparative secured transaction law [M]. Budapest：Akadémiai Kiadó, 2002：289.

况且，结合功能主义和形式主义，可以不要求革新固有的法律概念和分类，而是在现有法律文化和传统的框架内，保留各种担保工具在形式上的区别，以及只要起到担保功能的交易就受制于相同的公示规则和优先权规则，并且公示规则的适用不受担保权的类别所影响。从这种意义上说，公示是一套相对自治的规则。① 在比较法上，动产担保交易公示制度可能被描述为一个"机械"的法律制度。② 它的功能是减少信息不对称和消除信贷风险，该功能的运行不要求对根深蒂固的法律分类进行彻底的改革。例如，《欧洲示范民法典草案》第九卷虽然在一些方面参考了美国《统一商法典》第9编的做法，但其显著的不同点在于，一般的担保权和所有权保留之间有所差别。所有权保留中的权利人在破产中享有更有利的地位，因为标的物可以从债务人的破产财产中分离出来，除非破产管理人决定履行债务。除去在破产中的优势地位，所有权保留受制于动产担保交易的一般规则。③ 也就是说，在《欧洲示范民法典草案》下，所有权保留只适用担保物权的部分规则（如公示规则和优先顺位规则），并不完全等同于一般的担保物权。④ 在混合继受大陆法和英美法的魁北克民法中，虽然未将所有权保留上升为一种动产担保形态，但出卖人保有的所有权也只有登记才能对抗第三人。例如，《魁北克民法典》第1745条第2项规定："依条例确定的对道路交通工具或其他动产的所有权保留，或对服务或经营企业取得的任何动产的所有权保留，仅在公示后才对第三人有对抗力。"

关于如何选择登记生效主义和登记对抗主义，笔者认为登记对抗主义是较好的选择。这也是现代动产担保公示规则独立性的内在要求。虽然登记生效主义使得当事人的法律关系更加明确化，但其劣势也相当明显。当今实践中，通过所有权保留来担保的分期付款买卖频繁，且客体种类繁多，若法律

① CASTELLANO G G. Reforming non-possessory secured transactions laws: a new strategy? [J]. The modern law review, 2015, 78 (4).

② KAHN-FREUND O. On uses and misuses of comparative law [J]. The modern law review, 1974, 37: 1-27. 学者 Kahn 将法律制度区分为"植根于文化传统中的"和"与社会文化绝缘的"两类，而且还将它们沿着一个从移植相对容易的"机械性"的（mechanical）谱系到移植相对困难的"组织体性的"（organic）的谱系加以排列。机械规则松散地与主要产生"有机"规则的社会进程相联系，它们不是某个法律文化的直接表述，因此，相对于有机性的规则来说，机械性规则能更容易、更有效地被移植。对前引文章更详细的分析，请参见宁红丽. 统一还是多元：私法统一背景下的"欧洲物权法"[M]//民商法论丛：第35卷. 北京：法律出版社，2006.

③ HARTKAMP A S, HESSELINK M W, HONDIUS E H, et al. Towards a European Civil Code, fourth revised and expanded edition [M]. Netherlands: Kluwer Law International, 2010: 1025-1042.

④ 高圣平. 民法典中担保物权的体系重构 [J]. 法学杂志，2015，36 (6): 33-45.

强制要求所有权非登记不能生效，则会降低交易效率，为登记机关和交易当事人设置过重的负担，也会削弱所有权担保买卖的积极性。

5.3.2　动产让与担保的公示

正如学者所言，"让与担保作为一项应运而生的设计，已经并将继续成长繁衍于现实的市场流转之中"①。实际上，在我国实践中，让与担保的运用不在少数。例如，银行在办理国际业务时经常利用所谓信托收据等手段担保自己的债权②，实际上采用的就是让与担保的法理。③ 融资融券、股权回购、保理融资等交易均涉及让与担保制度。某些司法判决也承认动产让与担保的约定有效，因其系双方当事人的真实意思表示，不违反法律、行政法规的强制性规定。④

尽管如此，让与担保的成文化问题在我国学术界长期以来存有激烈的争论，立法规范也并未对该制度置之不理。例如，《中华人民共和国民法（草案）》（2002年12月）就曾在物权编第26章中对让与担保作了专章规定。对此，2002年12月23日公布的《关于〈中华人民共和国民法〉（草案）的说明》指出："目前经济生活中采用让与担保的方式增多，为了保护当事人的担保权益，规范让与担保行为，草案对让与担保的性质、让与担保合同、让与担保期间、担保物的占有人破产等问题作出了规定。"2015年9月1日正式实施的《最高人民法院关于审理民间借贷案件适用法律若干问题的规定》第24条实质上限制性地承认了让与担保的效力。⑤ 此外，《九民纪要》第71条也明

---

① 姚辉，刘生亮. 让与担保规制模式的立法论阐释 [J].法学家，2006（6）：63-69.

② 1997年3月6日实施的《中国银行国际结算业务基本规定》第六章第三节规定："信托收据实质上是客户将自己货物的所有权转让给银行的确认书，持有该收据即意味着银行对该货物享有所有权。客户仅为银行的受托人代银行处理该批货物（包括存仓、代购保险、销售等）。客户向我行申请叙办进口押汇时，需向我行出具一份信托收据，将货物的所有权转让给我行，我行凭此将货权凭证交予客户，并代客户付款。"

③ 薛启明. 中国法语境下的动产让与担保：体系定位与功能反思 [J].法学论坛，2016，31（2）：38-44.

④ 参见洪志良与中轻资源进口公司合同纠纷一审民事判决书 [（2020）京0105民初38764号]；中轻资源进出口公司与洪志良合同纠纷二审民事判决书 [（2020）京03民终13986号]。

⑤ 2015年《最高人民法院关于审理民间借贷案件适用法律若干问题的规定》第24条规定："当事人以签订买卖合同作为民间借贷合同的担保，借款到期后借款人不能还款，出借人请求履行买卖合同的，人民法院应当按照民间借贷法律关系审理，并向当事人释明变更诉讼请求。当事人拒绝变更的，人民法院裁定驳回起诉。按照民间借贷法律关系审理作出的判决生效后，借款人不履行生效判决确定的金钱债务，出借人可以申请拍卖买卖合同标的物，以偿还债务。就拍卖所得的价款与应偿还借款本息之间的差额，借款人或者出借人有权主张返还或补偿。"

该法2020年8月18日第一次修正时基本保留了原法第24条的立法精神。2020年12月23日第二次修正时延续第一次修正的表述，只是在条文顺序上有所改变，即由第24条调整为第23条。

确承认了让与担保的物权效力。① 然而，让与担保制度最终并未明确规定在《民法典》中。

本书赞同不将让与担保法典化，主要理由在于：第一，从让与担保制度的发展历程来看，其产生的直接原因就在于弥补动产抵押的缺陷。让与担保被视为动产抵押的替代制度，二者发挥类似的社会功能，没有共存的必要，也不具有共存的可行性。② 在我国，原《担保法》第 34 条明确承认了动产抵押权。原《物权法》不仅延续了原《担保法》的基本立场，更为重要的是，还极大拓展了可动产抵押的财产标的范围。鉴于动产抵押在我国现阶段已经成为融资担保的重要手段，让与担保制度作为与动产抵押"雷同"的制度，无成文化之必要。第二，如前所述，作为非典型担保权的一种，将让与担保上升为法定担保物权可能会破坏我国传统物权法体系，并造成体系冲突。第三，让与担保欠缺有效的公示方式。动产让与担保制度的重大弊端是缺乏公示。③ 无论是采取所有权构成论还是担保权构成论，"让与担保均存在着公示不足的问题，学说上试图以占有改定这一间接占有方法解决动产担保让与担保的问题……不过让与担保在公示方法上的难题，单纯依据解释论无法加以解决，端赖于立法始竟其功"④。

需要指出的是，虽然《民法典》中没有明文规定让与担保制度，但将让与担保纳入统一担保利益的步伐没有停止。⑤《民法典担保制度的司法解释》第 68 条规定，让与担保经过公示的，债务人不履行到期债务，债权人请求参照民法典关于担保物权的有关规定就该财产优先受偿的，人民法院应予支持。有疑问的是，这里的公示究竟是哪种公示方式呢？由此，探索让与担保如何公示的问题成为必要。

---

① 《九民纪要》第 71 条规定："债务人或者第三人与债权人订立合同，约定将财产形式上转让至债权人名下，债务人到期清偿债务，债权人将该财产返还给债务人或第三人，债务人到期没有清偿债务，债权人可以对财产拍卖、变卖、折价偿还债权的，人民法院应当认定合同有效。合同如果约定债务人到期没有清偿债务，财产归债权人所有的，人民法院应当认定该部分约定无效，但不影响合同其他部分的效力。"

② 陈信勇，徐继响. 论动产让与担保与动产抵押之雷同：兼评我国民法（草案）对动产让与担保与动产抵押的规定 [J]. 法学论坛，2004（4）：58-63.

③ 龙俊. 民法典物权编中让与担保制度的进路 [J]. 法学，2019（1）：66-78.

④ 王泽鉴. 民法学说与判例研究 [M]. 重排合订本. 北京：北京大学出版社，2015：1497.

⑤ 王洪亮. 让与担保效力论：以《民法典担保解释》第 68 条为中心 [J]. 政法论坛，2021（5）：138-150.

5.3.2.1 让与担保的各种公示方式及评析

对于让与担保，目前各国立法中有两种公示方式：

一是占有改定。有学者认为，由于通过虚拟占有的方式进行公示，占有改定几乎等于完全没有公示的机能。① 而 "没有被公示的事物作为对抗要件来考虑是矛盾的"，将占有改定作为对抗要件只是为实现逻辑自洽的法律上的技巧化处理，当同一物上出现让与担保与担保物权竞合的情况时，占有改定显然是一种不充分的公示方式。② 实践中，考虑到交易透明性的需要，某些地域有采标示的方式公示让与担保交易的做法。如在日本，对机械等动产，当事人会在动产的明显部位贴商标、品牌等公示让与担保的存在。但其公示效力有限，不能在所有的动产上适用，因此不能算是一种有效的公示方式。③ 然而，也有学者提出反对意见，认为虽然占有改定仅是一种观念交付，具有诸如上述的弊端，但法律将这种观念交付与现实交付同等对待，如果否定占有改定取得担保，也就是否定占有改定取得所有权。这实质上就是彻底否认了动产的观念交付形式和间接占有，这与当代法律制度之发展也是背道而驰的。④

二是登记。如前所述，在以北美为首的动产担保立法例中，所有权担保被视为一种担保物权，适用担保物权的一般规则，以登记为其公示方式。《欧洲示范民法典草案》第九卷明确了登记是最重要的动产担保物权公示方式，所有权保留、让与担保等非典型担保非经公示不具有对抗第三人的效力。⑤ 我国《民法典》为了使隐形担保显形，广泛地采取了登记的方式。⑥ 关于隐形担保，有学者解释为如果纯由当事人之间的意思表示就可以设定得对第三人产生优先效力的具有担保性质的权利（无公示），或者虽然形式上要求公示但是这种公示却不可能为第三人所查知（伪公示），那么这种担保制度就是一种隐形担保。如果承认以占有改定方式（伪公示）设定让与担保，那么这种让

---

① 柚木馨，高木多喜男. 担保物权法 [M]. 东京：有斐阁，1973：591. 转引自王闯. 让与担保法律制度研究 [M]. 北京：法律出版社，2000：239.

② 王闯. 让与担保法律制度研究 [M]. 北京：法律出版社，2000：240.

③ 徐洁. 担保物权论 [M]. 北京：法律出版社，2006：221.

④ 向逢春. 动产让与担保公示问题研究 [J]. 求索，2013 (5)：165-168.

⑤ 参见《欧洲示范民法典草案》第 IX-1：104 条、第 IX-3：101 条。

⑥ 王洪亮. 让与担保效力论：以《民法典担保解释》第 68 条为中心 [J]. 政法论坛，2021 (5)：138-150；朱晓喆，马强. 优化营商环境视野下动产让与担保的法律构造及效力：结合《民法典》相关规则的解释 [J]. 云南社会科学，2021 (2)：1-11，187.

与担保也属于隐形担保。由于隐形担保会损害潜在第三人的合理预期，导致虚构担保的道德风险，以及可能带来的系统性风险等，因此让隐形担保显形实属必要。① 针对所有权保留、融资租赁、保理等类型的隐形担保，《民法典》引入登记对抗制度，"未经登记，不得对抗善意第三人"，从而使其显形。同时，根据《国务院关于实施动产和权利担保统一登记的决定》的规定，前述隐形担保均被纳入统一登记范围。至于让与担保的公示，虽然法律并未明确规定，但有观点解释为"登记"。在动产融资统一登记公示系统的登记项目中，有一项"其他动产担保登记"，主要针对标的物占有与所有分离而权利人需要公示权利状况的类型，也就是让与担保的情况。②

然而，对于让与担保是否应该采用登记的方式进行公示，有学者提出了明确的反对意见："如果让与担保依赖登记的方式公示，那么在实际生活中还被看作动产所有权让与已经进行的表征——交付（占有）要么就将面临彻底被废的局面，要么就得对同一标的采取二元化公示主义。这对于区分动产、不动产的物权法体系乃至整个民法体系所产生的破坏力是不可低估的。"③

因此，如何既维持法律自身的逻辑，同时又适应经济发展的现实需要，是探讨让与担保的公示方式时应着重考虑的。

5.3.2.2 让与担保的登记公示

本书认为，鉴于动产担保交易以效率为中心的价值导向，以及其所具有的商事法律规范性质，不应过于拘泥于形式主义之下的法律框架和理论，应该发展出灵活的符合商事交易的规则。既然占有改定被广泛批评的原因在于其透明性不足，存在无法向第三人披露特定动产之上的权利负担，以缓解信用交易的信息不对称性的弊端，那么可以采取登记的方式来弥补占有改定的不足，在依然保留占有改定作为让与担保取得方式的基础上，赋予当事人选择登记的权利，即采取登记对抗主义的方式，即使双方没有登记也可以成立让与担保，但不得对抗第三人。当事人自行决定、自己判断是否进行登记。如此，登记与占有改定不互相冲突，是在维护原有公示体系完整性的基础上，赋予当事人的自由选择的权利。也就是说，在保留占有作为所有权表征的基

---

① 龙俊. 民法典中的动产和权利担保体系 [J].法学研究，2020（6）：22-42.

② 王洪亮. 让与担保效力论：以《民法典担保解释》第68条为中心 [J].政法论坛，2021（5）：138-150.

③ 向逢春. 让与担保重点问题研究 [M].北京：法律出版社，2014：77-78.

础上，将登记作为信息分享的工具，这样一方面可以满足经济生活中的交易需求，另一方面也使动产让与担保法律关系趋于明确和透明。事实上，德国学界也曾提出以登记作为让与担保公示方式的草案，但遭到工商界的强烈反对，"认为会妨害信用"①，使让与担保失去秘密性。现代动产担保登记应采"通知登记"模式。由于"通知登记"模式相对于"交易登记"模式具有披露最少信息的优点，因此可以解决德国法所担心的"妨碍信用"的问题。

5.4 动产担保权的优先顺位问题

总体来看，域外立法在借鉴美国动产担保交易制度时均有所保留，并未完全接纳"功能主义"理念下的所有要素，公示规则是大多数国家动产担保交易法改革的突破口。现阶段，由于《民法典》中所规定的动产担保物权公示规则出现重大革新，适用传统的物权公示理论来解释现代动产担保公示及优先权规则存在诸多问题。从立法理念来看，《民法典》动产担保权公示规则的设计是功能主义与形式主义相结合的产物，具有典型的混合继受的特点，这也增加了解释适用上的难度。

前已论及，既然动产担保公示的功能只在于警示，交易安全的保护需要依靠登记制度的完善和优先权规则。② 动产之上竞存担保物权的顺位，关系到优先受偿权实现的先后，特别是当担保物的价值低于担保的债权的价值时更为重要。因此，法律应该提供权利冲突下的优先权规则，必须明确清晰，以便债权人判断担保信贷的法律风险，进而安全高效地展开交易。③ 它要解决的是同一动产之上共存的担保权的担保权人之间的法律关系问题。在美国及大多数国家，担保权人的优先受偿权遵循的是"时间在先，权利在先"的一般原则，即竞存的动产担保权均已公示时，公示在先的担保权人获得顺位在先

---

① 王泽鉴. 民法学说与判例研究：第一册 [M]. 北京：中国政法大学出版社，1998：263.
② 交易中的相对人包括担保权人、第二顺位担保权人、买卖价金担保权人、担保物买受人等。此处只涉及动产担保权之间的优先顺位问题。
③ 孙超. 论应收账款融资中的权利冲突及解决途径 [J]. 人大法律评论，2009（1）：173-182.

的优先受偿权，已经公示的担保权顺位优先于未公示的担保权。①

5.4.1 登记公示的动产担保利益的优先顺位

目前，我国登记公示的主要是动产抵押、某些权利质押的登记，以及其他可登记担保物权的登记。针对登记型动产担保物权的竞存，我国《民法典》确立了优先权顺位的一般规则和特殊规则。根据优先权顺位的一般规则，在登记公示的动产担保权之间，优先顺位应遵循登记在先原则和登记优先原则，即登记公示的动产担保权按照登记时间确定优先实现次序、担保权已经登记的优先于未登记的受偿。"登记在先"原则为动产担保交易的当事人创造商业确定性和可预见性。而这种确定性对担保交易人而言至关重要，他们可以通过登记获得在先的担保权，而不用担心担保物因后续的债务而贬值，它实际上给予金融机构以融资激励，这种政策的结果是经济活力的整体上升。②

在动产抵押中，根据《民法典》第 403 条的规定，动产抵押统一采取登记对抗主义模式。《民法典》第 414 条确立了抵押权的清偿顺位规则：已经登记的按照登记的先后确定清偿顺序，已登记的优先于未登记的受偿。这基本上确立了登记在先的原则。但在有些情况下，是否适用该原则需进一步明确，如下列两种情形：

第一，一般动产抵押权竞存时的效力之争。按照一般规则，已登记的担保权优先于未登记的担保权。但当登记的抵押权人是恶意的时，是否仍依据

---

① See UCC 9-322（a）. "时间在先，权利在先"原则并不完全等同于"先公示"或"先登记"原则，例外的情形主要有：（1）买卖价金担保利益。有些类型的买卖价金担保利益，在对抗破产管理人或竞存担保利益时，法律不仅赋予了 20 日的公示宽限期，而且还在某种程度上具有了"超优先权"，突破了"时间在先，权利在先"的一般规则。例如，若担保权人担保物送达债务人之前或 20 日之内登记，则该担保利益优先于在其附系与提交融资声明中间出现的买方、承租人或留置权债权人。又如，若除存货或家畜之外的货物上的买价担保权益，在债务人接收担保物的送达时或在其后 20 日内被公示，则该担保利益优先于同一货物上的冲突性的其他担保权益。这些规定表面上是对债务人和担保权人利益的考量，以扩大融资的渠道和交易效率，实则是对商业现实的妥协。因为在冲动购买的行为下，要求卖方和买方立即签订一系列文件并提交登记是极为不现实的。另外，鉴于存货融资的特点，第 9 编采取了差异化处理，虽未赋予担保权人宽限期，且同时负有通知的义务，但是其担保利益仍享有"超优先权"。（2）投资财产和存款账户上之担保利益。此二类财产的优先权顺位，需遵循"控制优先权规则"，即获得控制的担保权人享有超越没有获得控制的担保权人的优先权。背后的理念是："若贷款人已经采取必要的措施确保自己处于优先的顺位，他可以取消抵押品赎回权，而不需要债务人进一步的行为，那么贷款人应该毫无疑问地可以依赖于担保物……若债务人已经赋予或者将要赋予另一担保权人在同一担保物上的担保利益，则该贷款人应该不会同意贷款，除非他获得担保物的控制。"See UCC 9-317（a）、UCC 9-324（a）、UCC 9-324（b）.

② TIBOR T. Comparative secured transaction law［M］. Budapest：Akadémiai Kiadó, 2002：290-291.

登记在先原则，享有确定的顺位利益？也就是说，当多个动产抵押权竞存，已登记的抵押权人明知该动产上有未经登记的抵押权存在时，该登记的担保权是否具有优先顺位？比如，甲向乙借款，并在其动产上为乙设定抵押权，但未登记；甲后又在相同的动产上为丙设定抵押权且进行了登记，丙知道乙抵押权的存在。对此，王泽鉴先生认为，基于恶意不受保护的基本原则，丙不能对抗乙。① 也有学者反对，认为多重抵押的情况下不应区分善意恶意，否则将引发逻辑上的悖论。② 本书赞同后者，在一般动产抵押权竞存的场合，在先登记者效力优先，"即使该登记的债权人明知此前有抵押的存在"。

登记对抗主义最大的优势在于效率，效率也是现代动产担保交易公示的主导价值，应由当事人自主决定是否登记，从而承担法律上的利益或不利益。乙不登记，则意味着其自愿承担顺位被超越的风险。丙知道乙的抵押权，仍同意再次抵押，无非是基于对登记对抗效力的信赖。归根结底，法律选择保护甲或乙是对效率价值和公平价值的权衡。倘若乙的优先权受限，势必会影响后者的投资决定以及登记的积极性，进而制约融资效率。有鉴于此，多个一般抵押权的受偿顺位不应区分登记人主观上的善意和恶意，应统一适用登记在先的规则。

第二，浮动抵押与一般抵押竞存时的效力之争。浮动抵押的核心价值即在于兼具融资性和效率性，即在不损害抵押权人利益的条件下，允许抵押人自由处分抵押财产，使担保财产的价值实现最大化。我国原《物权法》以及现行《民法典》物权法编也引入了这一制度。这一制度曾一度被寄予厚望，希望借此解决中小企业融资难问题。但原《物权法》实施之后，并没有发生人们所期望的情景。③ 究其原因，除了标的物范围过于狭窄等原因外，还有一个重要的原因是对浮动抵押权人保护不足。通常而言，在债权人保护充分的法域，债权人更乐于接受浮动抵押。然而，在浮动抵押与一般抵押竞存时，是后者效力恒优先于前者，还是二者效力相同，统一适用登记在先的优先权规则呢？在英国法上，浮动抵押劣后于固定抵押，即使该固定抵押的设立顺序在后。④ 而在美国法上，这主要涉及第 9 编 9-204 规定的嗣后取得财产条款。在浮动抵押协议达成并登记之后，嗣后取得的担保物上的担保权，其优

---

① 王泽鉴.民法学说与判例研究：第一册［M］.北京：北京大学出版社，2009：103.
② 龙俊.动产抵押对抗规则研究［J］.法学家，2016（3）：42-52.
③ 王仰光.动产浮动抵押权制度研究［M］.北京：法律出版社，2012：263.
④ Insolvency Act 1986, section 40.

先权顺位可以溯及至原初始登记，无需重复登记，浮动抵押或固定抵押均受制于"登记在先"规则。我国《九民纪要》第 64 条采取了类似美国法的做法，规定"登记在先的浮动抵押优先于登记在后的动产抵押"。也就是说，当浮动抵押与一般抵押竞存时，仍应以登记在先为一般规则。如此不仅增强了担保交易的确定性，也有利于推动信贷融资。

另外，《民法典》在物权编"抵押权"一章，增设"购置款抵押权"。所谓购置款抵押权，是指为了担保债务人买入动产时对出卖人或者贷款人支付价款之债务的履行，而在其买入的该动产上为出卖人或者贷款人设定的经登记而具有法定优先位序的抵押权。[①] 根据《民法典》第 416 条的规定，在购置款抵押权中，标的物交付后 10 日内办理抵押登记的，该抵押权人优先于抵押物买受人的其他担保物权人受偿，但是留置权人除外。也就是说，若购置款抵押权人在 10 日的宽限期内登记的，则优先于买受人的其他担保物权人，即使购置款抵押权人的登记时间后于其他担保物权人。此项规则构成了登记型动产担保物权顺位规则的特殊规则，是对"登记在先，权利在先"原则的突破。[②]

购置款抵押权起源于英美法。在美国法上，该权利被称为买卖价金担保权。本书在介绍美国动产担保交易公示制度时述及，买卖价金担保权的创设是基于公平价值和效率价值的衡量，以及实用性的考量，旨在为担保物的出卖人或者提供融资的金融机构给予特殊优待。我国购置款抵押权的诞生过程与此类似，其立法理由在于"针对交易实践中普遍存在的借款人借款购买货物，同时将该货物抵押给贷款人作为价款的担保的情形，草案赋予了该抵押权优先效力，以保护融资人的权利，促进融资"[③]。购置款抵押权与所有权保留类似，均是利用购置物本身担保购置款债权的实现，二者同属于购置融资担保交易。不同之处在于，前者是功能主义下的典型担保物权，而后者是在形式上仍采用非典型担保物权的构造方式。我国《民法典》第 416 条为所有权保留向购置款抵押权的转换创造了可能，即所有权保留买卖中的出卖人在标的物交付 10 日内登记所有权的，则可取得《民法典》第 416 条所规定的购

---

① 刘保玉 . 民法典担保物权制度新规释评 [J].法商研究，2020（5）：3-18.

② 李运杨 .《民法典》中超级优先顺位规则的法律适用 [J].法学家，2022（2）：119-132，194-195.

③ 参见 2018 年 8 月 27 日全国人大常委会法制工作委员会主任沈春耀在第十三届全国人大常委会第五次会议上做的《关于〈民法典各分编（草案）的说明〉》。

置款抵押权。

与所有权保留相比，在购置款抵押权中，出卖人不再是所有权人，而是完全降级为抵押权人，但其担保效力并未因此受到影响，而是通过赋予其"超级优先顺位"的优待得到补强。[1] 这种优待主要体现在购置款抵押权与浮动抵押竞合时。在实践中，购置物往往也是浮动抵押的客体，浮动抵押人通常在设立浮动抵押时已登记在前，若按照"登记在先，权利在先"的一般规则，则明显对购置物的出卖人或提供购置款的贷款人不利。基于此，购置款抵押权的"超级优先权"应运而生。

当然，倘若购置款抵押权在登记宽限期届满之后再登记，或宽限期届满之后仍未登记，则该权利沦为普通抵押权，"超级优先权"的地位丧失。然而，有疑问的是，若在宽限期届满之前，购置物上又同时设立了固定抵押或质押且完成登记，而购置款抵押权虽在宽限期内登记，但时间劣后于前述固定担保物权，则此时购置款抵押权是否仍然享有优先顺位？对此，答案是肯定的，理由在于：其一，宽限期设置的意义在于对实践中无法即刻登记的权利人提供保护，最终达到鼓励购置款担保交易、促进融资的目的。若其对抗效力仅适用于浮动抵押，则有违购置款抵押权登记宽限期制度的设计理念。其二，"购置款抵押权的前身是购置物的所有权"，它本来就可以对抗所有的在购置物上设立的担保物权，因为在形式主义思路下买受人在法律上压根儿就没有获得一个可以在上面为其他债权人设立担保物权的所有权，除非其他债权人通过善意取得的方式取得担保物权。[2] 其三，依据《民法典》第416条的规定，购置款抵押权人在宽限期内登记的，"优先于抵押物买受人的其他担保物权人受偿"，此处使用的表述是"其他担保物权人"，并未局限于浮动抵押。此外，从我国抵押权的顺位规则体系角度解释，宽限期内登记的购置款抵押权优先于在先登记的浮动抵押，而按照动产担保权的一般顺位规则，在先登记的浮动抵押又优于宽限期内登记的固定抵押或质押，由此可以推导出，宽限期内登记的购置款抵押权优先于宽限期内登记的固定抵押。

也就是说，对于登记型动产担保物权来说，非购置款抵押（或普通抵押）之间竞存时按照"登记在先"的顺位规则，不问抵押权人的善意恶意；在浮动抵押与普通抵押竞存时，"登记在先"规则仍然适用。而当涉及购置融资抵

---

① 李运杨.《民法典》中购置款抵押权之解释论 [J]. 现代法学，2020（5）：182-195.
② 李运杨.《民法典》中超级优先顺位规则的法律适用 [J].法学家，2022（2）：119-132，194-195.

押时，若该权利在 10 日宽限期内登记，则获得超级优先顺位，可以对抗购置物上在先登记的浮动抵押，以及固定抵押或质押。

关于其他可登记担保物权的受偿顺位，《民法典》第 414 条新增第 2 款："其他可以登记的担保物权，清偿顺序参照适用前款规定。"此条为解决具有担保功能的合同产生的权利与担保物权的竞合提供了法律依据。① 何为"其他可以登记的担保物权"？这可以从《民法典》第 388 条第 1 款解释出来。该条使用了功能化的概念，即"具有担保功能的合同"，而这种担保合同除了包含传统的抵押合同、质押合同以外，还包含了所有权保留、融资租赁、保理等交易类型，以及未来交易实践中新出现的担保形态。② 而《民法典》第 414 条第 2 款则是再次明确了所有权保留、融资租赁、保理中所作的权利登记，其性质同属"担保物权"，从而沟通了本款与"其他具有担保功能的合同"规定之间的关系。③ 由此，《民法典》改变了传统物权法中严格区分所有权移转担保和担保物权的形式主义理念，体现了功能主义和形式主义的融合。但同时，这也产生了优先顺位方面的难题。

例如，在所有权保留情形，出卖人的所有权与购置款抵押权人的抵押权竞存时，何者优先受偿？假设甲以所有权保留的方式向乙购买某设备，丙银行为该设备的价款提供了首付款，且甲为其设定了在该设备上的购置款抵押权，并在宽限期内进行了登记。而后，乙进行了所有权保留的登记。此时即涉及功能主义下的非典型担保与形式主义的典型担保的竞存。在形式主义之下，乙享有该设备的所有权，而丙所取得的购置款抵押权是担保物权，乙的权利应优先于丙。然而，在功能主义下，乙的所有权保留与丙的购置款抵押权同为担保物权，其优先顺位按照登记的先后确定。本案中，由于丙登记在前，因此乙的顺位劣后于丙。可见，基于不同的理念，会产生不同的法律解释。对此，本书赞成最简单的法律思路是彻底贯彻功能主义，适用《民法典》第 414 条第 2 款的规定，遵循"登记在先"的一般规则。④

总而言之，对于登记型动产担保权，"登记在先"规则仍是主要适用规则，只有在少数例外情形下才可突破。如此，才能确保动产担保权的顺位

---

① 谢鸿飞. 动产担保物权的规则变革与法律适用 [J]. 国家检察官学院学报，2020 (4)：3-19.
② 王利明. 担保物权制度的现代化与我国《民法典》的亮点 [J]. 上海政法学院学报，2021 (1)：1-19.
③ 刘保玉. 民法典担保物权制度新规释评 [J]. 法商研究，2020 (5)：3-18.
④ 谢鸿飞. 动产担保物权的规则变革与法律适用 [J]. 国家检察官学院学报，2020 (4)：3-19.

规则更加清晰和确定，从而提高交易效率。另外，需指出的是，以登记时间为优先权顺序的确定依据仅适用于已登记的担保物权。在我国目前的物权法体系下，质权（包括动产质权和权利质权）均采公示生效主义，未公示的权利质权，尚不成立有效的债权，则自然按照普通债权的平等清偿原则处理。而对于未登记的抵押权，根据《民法典》第414条的规定，按照债权比例清偿。

5.4.2　登记公示和占有公示的动产担保利益优先顺位

关于登记公示和占有公示的动产担保利益优先顺位问题，学者看法不一。以抵押权和质权竞存的情形为例，总体而言，主要有如下几种学说：其一，效力冲突避免说。在《民法典》颁布前的很长一段时间，就有观点主张化解这种冲突最简单的方法是避免同一动产之上同时出现两种公示方式的物权。如有学者建议废除动产抵押制度，以免造成抵押权理论的混乱。① 还有学者建议禁止在特殊动产上设立质押。② 日本民法即禁止在航空器、船舶等大型动产上设立质权，避免出质人在交通工具上重复设立担保。其二，登记优先说。该学说认为，以占有作为动产担保物权的公示方法，不同于以登记作为公示方式，登记的公示效果显著优于占有的公示效果。原《担保法司法解释》第79条第1款即采取这种观点。其三，效力视情况有强弱之分说。即区分担保物的不同，确定登记公示和占有公示的动产担保权优先权顺位。对某些特殊动产，如航空器、船舶等交通工具，登记效力优先；对普通动产而言，占有效力优先。其四，效力平等说。即赋予登记和占有同等的效力，先设立者，先公示者优先。③

本书认为，以上4种学说均有缺陷，具体来说：首先，"效力冲突避免说"的不足是显而易见的。尤其在现代社会，担保法以金融为中心的情况下，将特殊动产排除在动产抵押之外，或者是限制在某些财产上设立质权，都将不利于资金的融通和经济的发展，也不符合我国担保制度的立法或现实。这种主张其实是对占有和登记二重公示效力冲突的逃避。其次，登记

---

① 贲寒．动产抵押制度的再思考：兼评我国民法（草案）对动产抵押与让与担保制度之规定 [J]．中国法学，2003（2）：41-47.

② 刘玉杰．动产抵押法律制度研究 [D]．上海：复旦大学，2010：60.

③ 李莉，石伟．论登记型与占有型动产担保权的冲突及其消解 [J]．学术月刊，2015，47（2）：93-99.

优先说虽然具有可操作性，但尚欠缺坚实的理论根基。前文述及，有学者对原《担保法司法解释》第 79 条第 1 款中登记效力优先于占有的观点予以认可，主要理由是相对于占有，登记因其权威性和程序性，登记内容更可靠，公信力更强。这在传统物权法公示制度下固然有理，但在现代动产担保公示制度发生重大变化的背景下，登记已经逐渐不再承担保障交易安全的作用。此时登记优先说显然不能令人信服。最后，效力视情况有强弱之分说最大的优点是考虑到了我国的现实情况，但未承认占有和登记作为公示方法在法律地位上对等，而只是将特殊动产作为例外排除在占有效力优先于登记效力之外，因此原则上而言，该学说是主张在动产担保利益顺位上的占有优先说。

《民法典》最终采取效力平等说。《民法典》第 415 条规定，同一财产既设立抵押权又设立质权的，拍卖、变卖该财产所得的价款按照登记、交付的时间先后确定清偿顺序。其实，2019 年出台的《九民纪要》第 65 条就已经对此予以了明确。依据该条的规定，同一动产上同时设立质权和抵押权的，应当参照适用原《物权法》第 199 条的规定，根据是否完成公示以及公示先后情况来确定清偿顺序，原《担保法司法解释》第 79 条第 1 款不再适用。该条隐含的观点即是登记公示和占有公示效力平等说。该学说符合物权公示平等的法理，也符合现代动产担保公示功能发展的国际趋势，无论是何种方式公示的动产担保权，都应遵守成立在先，公示在先原则，二者具有平等的公示对抗力。在先设定抵押权后设定质押权的场合，因抵押权在先设定和登记，其效力无疑应该优先于质权，即使质权人故意损害质物，抵押权人在法律上也有权要求占有和变卖标的物以优先受偿；同理，在先设定质权后设定抵押权的场合，因登记的效力是向后发生的，成立和公示在先的质权则完全不受影响，其效力理应优先于抵押权。①

诚然，也有学者质疑效力平等说，认为：从法制史角度看，在大陆法系中，占有向来是一般动产担保的公示方式，且是唯一的公示方式，对第三人具有公信力，这已经在各国民众中形成惯性思维。若要求当事人在交易时，既要考察标的物的占有状况，又要查询登记簿的记载，这显然与交易习惯不符，根本无法在现实生活中得到遵行。在动产交易频繁、种类数量庞大的现

---

① 王闯. 关于最高法院"担保法司法解释"的若干问题 [M] //邹海林. 金融担保法的理论与实践. 北京：社会科学文献出版社，2004：65.

代社会，这对于交易当事人难免过于苛刻。①

　　不可否认，长期以来，占有是物权法最早认可的动产担保物权的公示方法且具有公信力，已成为广大市民社会根深蒂固的观念。但传统法律之规定，是基于当时的财产构成，当情况发生改变时，就没有必要坚持对传统一成不变的恪守。首先，如前所述，时至今日，动产在社会财富中的比重不断增加，物尽其用的目标使得非占有型的以登记公示的动产担保在现代动产担保交易中占据主要地位，而占有公示逐渐式微。从比较法角度看，质押甚至不要求以占有公示。例如，在法国担保法的改革下，质押包括转移占有的质押和不转移占有的质押之分，质押可以通过登记而公示。由此，这次改革明文限制了《法国民法典》上著名的第2279条"动产，占有即有权"的适用。② 其次，现代社会，占有公信力已大大减弱，谨慎的第三人一般不会仅根据占有的情况作出交易决定。况且，从实践来看，真正用于融资担保交易的动产是有限的，大都是那些价值较大的动产。目前我国全国性的电子化的动产担保统一登记系统已经建成，依赖于发达的电子技术和互联网技术，登记的查询得到大大简化，同时调查和收集信息的成本也大大降低。因此，一般来说，在登记公示和占有公示的动产担保权并存时，双重查询并不必然导致烦琐和效率低下。当然，效力平等说并不意味着所有的担保物之上的登记公示和占有公示都必须具有同等的效力。在某些特殊情况下，法律可以基于一定的立法政策在一般原则之外作出特别规定，如免除登记的查询③，或规定占有公示的效力不等同于登记公示。④

5.5　小结

　　我国动产担保交易公示制度的构建，归根结底取决于该制度欲实现之功能。鉴于动产物权公示规则与不动产物权公示规则在公示的标的物性质与价

---

　　① 廖焕国. 动产公示的效力冲突及其解决 [J]. 政治与法律，2008（10）：11-15.

　　② 李世刚. 关于法国动产担保的改革 [J]. 政治与法律，2007（3）：166-172.

　　③ 例如，正常经营过程中的买受人规则中，"以动产抵押的，不得对抗正常经营活动中已经支付合理价款并取得抵押财产的买受人"，正常经营中的买受人不承担查阅抵押登记的义务。参见《民法典》第404条。

　　④ 例如，美国《统一商法典》第9-330（d）规定，占有公示的流通证券上的担保权顺位优先于登记公示的流通证券上的担保权，但前提是占有人必须支付了对价并已占有，且善意地、不知其担保权损害了登记公示权利人的利益。

值取向上的巨大差异，我国动产担保交易公示之功能的定位与制度构建，应迥异于不动产担保权之公示，即应从保护交易安全的功能向纯粹的警示功能转换。

基于警示功能的定位，以及促进融资的最终目的，必须制定出一个体系开放、具备足够灵活性和效率性的动产担保公示制度体系，以支撑其制度功能的发挥。但这也带来立法理念上的反思：其一，对物权法定主义的检讨。物权法定主义是我国物权法的基本原则，但类型强制、内容固定、公示方式强制，造成物权法体系封闭，物权的形式创新受到限制，使得商业实践中广泛运用的交易形态难易纳入物权法调整。公示技术的发展和变化，为新型物权的问世提供了契机，缓和了物权法定主义。其二，功能主义方法的取舍。功能主义方法适应社会现实之发展，缓解了物权法定主义的僵化，有其独特的价值和优势，但这并不意味着我国应毫无限制地予以接纳。在立法体系上，我国不宜取消质押和抵押的区别而采取动产担保物权的一元化规范模式；对于权利移转型担保权，因其与我国以所有权为中心而构建的物权法体系难以协调，不应直接构造为实定法的担保物权。总的来说，最合时宜的是将功能主义和形式主义结合起来，建设符合我国经济发展所需的动产担保交易公示规则。目前，我国《民法典》为回应现实需要和遵循国际趋势，对动产担保交易制度进行了重大变革，引入了功能主义，但也因此引发了解释上的难题。

关于典型动产担保权公示制度的完善，可从以下三个方面着手：第一，在动产担保公示的选择上，除了要遵守以物的属性、物的价值大小、物的交易性大小的原则，还应考量交易习惯和立法政策。前者如对存货交易中的消费者免去查阅登记簿的义务；后者如存款账户不应采用登记的公示方法。第二，鉴于登记已成为动产担保物权公示的主要方式，有必要对我国动产担保权统一登记制进行完善。措施主要包括继续推进我国动产和权利担保登记机构的统一，将特殊动产抵押、债券质押、基金份额质押、股权质押、知识产权中的财产权质押、新型的权利质押等纳入统一登记范围之内；针对所有可登记的动产担保物权统一采取登记对抗主义，并采取通知登记制度，以及正确认识通知登记制度引入过程中的争议问题。第三，我国司法实践中账户质押的性质应定性为权利质押，虽然其公示方式已经超出了传统意义上的占有，但鉴于我国交易惯例中尚未形成控制公示的心理预知，以及缺乏债务报告制度的支撑，不宜引入"控制"公示。更为重要的是，账户质押的公示可以适用大陆法系中的共同占有理论，以实现逻辑上的自洽。另外，对于存货动态质押，仍可适用共同占有理论来解释非转移出库场合下的交付方式。

关于非典型动产担保权的公示路径，我国虽不宜将其上升为法定担保物权，但不能否认其公示的必要性。所有权保留制度和让与担保制度在我国民法体系中的定位是债权性质，然而不登记主义不利于保护交易当事人，也不利于动产担保法的改革及简化，并且可能增强跨国界动产担保融资的复杂性和不确定性，因此二者均应采登记主义。我国《民法典》为所有权保留的公示寻找了一条中间路径。这也契合了现代动产担保交易公示规则功能转变的理念，即现代动产担保交易公示仅具有通知和警示功能，公示规则由体系性向独立性发展。如此，所有权保留形式上仍然是买卖合同的一种特殊类型，但登记之后则具有了对抗第三人的效力。让与担保制度虽然未明确规定在我国《民法典》中，但司法实践中已有不少运用。占有改定不具有公示机能，只是法律上的技巧化概念。让与担保公示的理想选择是保留占有改定作为其成立的方式，但未登记不能对抗第三人，由当事人自行决定、自己判断是否进行登记。

关于动产担保利益的优先顺位问题，以登记公示的动产担保权，为了给交易当事人创造商业确定性和可预见性，原则上应坚守登记在先原则和登记优先原则。在动产抵押中的表现是，当一般动产抵押权（即非购置款抵押）竞存时，应按照"登记在先"的顺位规则，不问抵押权人的善意恶意；在浮动抵押与普通抵押竞存时，"登记在先"规则仍然适用。而当涉及购置融资抵押时，若该权利在宽限期内登记，则获得超级优先顺位，可以对抗购置物上在先登记的浮动抵押，以及固定抵押或质押。对于登记公示和占有公示的动产担保权竞存时的优先顺位问题，学说上有不同观点，效力平等说深值赞同，因其符合物权公示平等的法理，也符合现代动产担保公示功能变化的国际趋势。至于其被质疑双重查询的义务与交易习惯违背，本书认为，在现代社会中，占有的公信力弱小，登记反而促使当事人谨慎交易，且登记公示的动产担保交易成为主流，简化和低成本的查询可以借助互联网技术得以实现。当然，法律可以基于一定的立法政策，在登记和占有公示效力平等的原则之上设立一些特别规定和例外。

6

结 语

　　本书以致力于动产担保交易公示制度的讨论为目标，主要通过实证研究法、比较研究法和历史研究法，对动产担保交易公示制度从传统到现代的功能变迁予以动态分析，同时对支撑和促进该制度功能发生改变的根本因素进行了较为深入的挖掘，并对我国动产担保权公示的功能定位和具体制度的构建展开了分析。综观全文，本书得出以下结论：

　　第一，我国动产担保交易公示制度在实质内容上与以德国为代表的大陆法系国家有着鲜明的不同。这主要体现在三个方面：首先，我国将动产抵押的范围泛化，延伸至一般动产，这是对《德国民法典》确立的"动产只能设定质权"原则的全面反对，也超越了日本的规范范围。在庞大的抵押权下，原则上任何动产均可通过登记进行抵押权的公示。同时权利质权也大多采登记的公示方式。此外，我国《民法典》对动产担保交易制度的主要变革是在融资租赁、所有权保留、保理等隐形担保中引入登记对抗制度，从而使其显形。由此，登记代替占有成为我国动产担保交易公示制度的主要方式。其次，在公示模式上，动产担保交易公示事项被极大简化，登记机关审查责任大大弱化，登记对抗主义扩张。最后，可予公示的权利类型扩充至非法定的担保物权（如融资租赁、应收账款让与），且其公示的司法效力已得到认可。以上表现一方面反映了动产担保交易公示规则与不动产担保公示规则呈现分野的态势，另一方面也引发物权法上的思考，如登记是否具有公信力，占有和登记二重公示的冲突如何化解，以及为何动产担保交易公示的范围扩展至一般债权。本书认为，该如何回应这些问题取决于我国动产担保交易公示制度欲实现之功能。

　　第二，根据传统物权法理论，物权公示最主要的功能是通过赋予公示以公信力，从而保护动态交易安全。公信力包括权利推定效力和善意取得效力，前者是后者的基础。古代和近代动产担保交易制度主要以占有质为原则，为保证交易安全，禁止设定非占有型担保权，占有是唯一可靠的公示机制，并被赋予了公信力。然而，随着灵活性融资需求，及担保交易效率性要求的增多，占有公示的缺陷不断凸显，占有的教条主义被逐渐削弱。权利质权的公示一般依照动产质权，按照占有的逻辑理论，通过权利的占有移转来完成，但债权质权以债权证书的占有移转作为公示的方式难以起到如同有体物占有的效力。在这样的背景下，登记作为占有的替代性信息标识而发展起来。动产抵押权即是采取登记的公示方式。鉴于传统物权法下动产抵押登记规则多是参照不动产抵押设立的，在抵押财产的登记范围、登记事项、审查责任等方面均有严苛的要求，动产抵押登记被赋予了公信力。关于非典型动产担保权，如让与担保和所有权保留，虽其具有担保的功能，但采取的是秘密担保的形式。由于二者在交易结构上呈现所有权和占有相分离的状态，有必要为其赋予合适的公示方式。

可以看出，在传统物权法下，公示通常是担保物权规则配套的子集，具有体系性的特征。例如，公示要件承载的任务是双重的，不仅仅解决当事人与第三人之间的关系，有时还直接决定着当事人之间的关系，是物权生效的依据。再如，公示与公信力、善意取得制度休戚相关。同时，是否适用公示的规则取决于给定交易的分类。如在运用演绎推理方法论证某个交易关系是否归属于某一担保物权时，通常按照三段式的要求，首先找出一个权威性的大前提，即与这一担保物权相关的法律规范；其次明确案件事实，分析创设的权利的特征；最后根据案件事实和法律依据确定该权利如何定性。担保权的定性和归类之所以重要，是因为它决定了是否需要公示。由此也决定了典型动产担保权与非典型动产担保权需要遵循两套不同的公示规则。

第三，以美国为中心的现代动产担保交易公示制度的功能发生了质的转变，尤其体现在登记制度的构建上。登记系统被认为只是储存信息的数据库，仅发挥警示的功能，公示内容也只包含鉴别交易当事人和担保财产的最低限度的信息，具体的细节需要进行进一步的询问和调查。由此，登记不再是保护公众信赖、服务于公众的守门人，而是促进当事人沟通、降低查询信息成本、减少信息不对称的工具。简言之，动产担保交易公示制度被塑造为"信息分享"的机制。而交易安全则主要依赖于优先权规则。优先权问题是"公示的对抗力"层面的问题，而不在公示的公信力层面；而优先权顺位依据公示先后确定，则是基于物权本身的优先效力，以及先来后到的基本常理。

现代动产担保公示功能形成的原因有以下几点：一是随着现代社会财富结构的变化，动产及权利在融资中的地位日趋重要。现代社会的经济需求和现状要求动产担保交易公示方式的多样化和简单化。二是在功能主义方法的浸染下，社会现实得到高度重视。第9编通过公示机制（主要是登记制度），在担保法领域引入私法自治理念，并基于适当的公示方法的要求，使对抗第三人的物权效力与公示挂钩，从而发生物权效力。三是效率价值成为动产担保交易制度最主要的价值导向。反映在制度构造层面上，是尽量简化担保物权设定、公示、实施程序，提高交易效率，降低成本。归根结底，现代动产担保交易公示功能向警示功能转变的最终目的，是回应外部便利融资的经济需求。

第四，立足于我国的经济需求和国际趋势，我国动产担保交易公示规则之功能应从保护交易安全的功能向警示功能转换。基于警示功能的定位，立法理念上需要思考的是：一方面，物权法定主义呈现缓和的趋势，这源于动产担保交易公示技术的发展和变化，为新型物权的问世提供了契机；另一方面，美国式的功能主义方法虽有其独特的价值和优势，但我国并不能全盘接纳。基于此，我国《民法典》并未采取动产担保物权的一元化规范模式，也未将权利移转型担保权直接构造为实定法的担保物权，而是将功能主义和形式主义结合起来，融合二者的优势，这是我国《民法典》的一大亮点。

关于典型动产担保权公示制度的完善，在总体理念上，动产担保交易公示方法的设定应将交易习惯和立法政策纳入考量范围。具体到登记制度，其完善措施主要包括进一步统一动产和权利担保登记机构、统一采取登记对抗主义，以及正确认识通知登记制度的引入与争议。此外，针对"控制"的公示方式，虽然我国司法实践中的账户质押和存货动态质押的公示方法已经超出了传统意义上的占有，但可以通过共同占有理论予以解释，承认"统一共同占有"作为一种新型的交付方式，而不宜在立法上直接引入"控制"公示。在非典型动产担保权的公示路径上，所有权保留和让与担保均应采登记主义，并实行登记对抗主义，赋予当事人自由选择的权利，由当事人自行决定、自己判断是否进行登记。对于动产担保权的优先顺位，以登记公示的动产担保权，原则上应坚守登记在先原则和登记优先原则，以增强商业交易的确定性和可预见性。对于登记公示和占有公示的动产担保权优先顺位，效力平等说应值赞同，因其符合物权公示平等的法理，也符合现代动产担保公示功能变化的国际趋势。至于其被质疑双重查询的义务违背交易习惯，登记本是以一种虚拟建构的方式，补偿实质控制的缺乏，在现代商业实践中，由于占有与本权分离现象的加剧，再加上登记始终无法代替对担保物的控制，一个谨慎而理性的贷款方理应假设担保财产上有其他的权利负担，并进行适当的调查。另外，借助于互联网技术，登记的公示和查询可以实现简化和低成本，不至于麻烦和无效率。

总的来说，相较于动产担保交易领域的既往研究，本书的创新之处在于：首先，选题不同于大多数既有文献仅以理论为切入点，而是选择从实用主义出发，探讨动产担保交易公示制度的功能变迁。当社会需求发生变化时，动产担保交易公示制度的功能也随之变化，并由此引发了对该制度构造层面的需求。正确把握该制度的功能定位，有助于挖掘《民法典》动产担保物权公示规则变革背后的深刻原因，有利于深入理解其立法理念，充分释放动产担保物权的改革红利，增强企业融资的可得性和便利性。其次，本书在论证现代动产担保交易公示制度的主要功能由保护交易安全向警示第三人转变的基础上，表明了不动产担保公示规则和动产担保公示规则有分离的迹象，这为不动产担保法和动产担保法的区分规范提供了论据。当然，本书在结构和内容上还有些许漏洞和不足，如传统与现代动产担保交易制度公示功能的分析是立足于公示的"绝对公信力"，而对于"相对公信力"则缺乏深入的探讨；在讨论动产担保交易制度的效率导向时，未适用经济分析的方法，导致立论的成立缺乏坚实的基础；在论述我国相关制度的功能定位时，缺乏对我国现阶段经济状况和企业融资需求的实证分析等等。以上问题，囿于笔者学识之浅薄，思考之局限，还有待进一步的研究和考察。

参考文献

[1]鲍尔,施蒂尔纳.德国物权法：上册 [M].张双根,译.北京：法律出版社,2004.

[2]鲍尔,施蒂尔纳.德国物权法：下册 [M].申卫星,王洪亮,译.北京：法律出版社,2006.

[3]贾寒.动产抵押制度的再思考：兼评我国民法（草案）对动产抵押与让与担保制度之规定 [J].中国法学,2003（2）：39-45.

[4]波斯纳.法律的经济分析：上 [M].北京：中国大百科全书出版社,1997.

[5]博登海默.法律学：法律哲学与法律方法 [M].邓正来,译.北京：中国政法大学出版社,1999.

[6]曹士兵.中国担保诸问题的解决与展望 [M].北京：中国法制出版社,2001.

[7]常鹏翱.物权法的基础与进阶 [M].北京：中国社会科学出版社,2016.

[8]陈本寒.我国《物权法》上权利质权公示方法之检讨 [J].法学,2014（8）：123-132.

[9]陈本寒.新类型担保的法律定位 [J].清华法学,2014,8（2）：87-100.

[10]陈发源.动产担保制度精要 [M].北京：知识产权出版社,2015.

[11]陈信勇,徐继响.论动产让与担保与动产抵押之雷同：兼评我国民法（草案）对动产让与担保与动产抵押的规定 [J].法学论坛,2004（4）：58-63.

[12]董翠香.账户质押论纲 [J].法学论坛,2006（5）：89-94.

[13]董学立.论"担保物所有权之归属无关紧要" [J].法治研究,2014（1）：59-64.

[14]董学立.美国动产担保交易制度研究 [M].北京：法律出版社,2007.

[15]董学立.我国意定动产担保物权法的一元化 [J].法学研究,2014,36（6）：99-115.

[16]董学立.物权公示,公示什么？[J].比较法研究,2005（5）：19-30.

[17]董学立.也论"新类型担保的法律定位":与陈本寒教授商榷［J］.法治研究，2015（4）：25-33.

[18]方建国,蒋海英.商业银行保证金账户担保的性质辨析［J］.金陵法律评论，2013（2）：88-97.

[19]费安玲.比较担保法［M］.北京：中国政法大学出版社，2004.

[20]付子堂.法律功能论［M］.北京：中国政法大学出版社，1999.

[21]高尚.德国判例结构特征对中国指导性案例的启示［J］.社会科学研究，2015（5）：98-103.

[22]高圣平.大陆法系动产担保制度之法外演进对我国物权立法的启示［J］.政治法律，2006（5）：66-72.

[23]高圣平.动产担保交易制度比较研究［M］.北京：中国人民大学出版社，2008.

[24]高圣平.民法典中担保物权的体系重构［J］.法学杂志，2015，36（6）：33-45.

[25]高圣平.统一动产融资登记公示制度的建构［J］.环球法律评论，2017，39（6）：66-83.

[26]高圣平.物权法与担保法：对比分析与适用［M］.北京：人民法院出版社，2010.

[27]高圣平.应收账款质权登记的法理：以《应收账款质押登记办法》的修改为中心［J］.当代法学，2015，29（6）：86-97.

[28]高言.担保法理解适用［M］.北京：人民法院出版社，1996.

[29]葛力伟,段维明,张芳,等.析应收账款质押登记制度的立法缺陷［J］.法学论坛，2008（2）：18-25.

[30]哈伊.美国法律概论［M］.沈宗灵,译.北京：北京大学出版社，1997.

[31]海塞林克.新的欧洲法律文化［M］.魏磊杰,译.北京：中国法制出版社，2018.

[32]胡开忠.权利质权制度的困惑与出路［J］.法商研究，2003（1）：42-46.

[33]胡绪雨.让与担保制度的存在与发展：兼议我国物权法是否应当确认让与担保制度.［J］.法学杂志，2006（4）：126-128.

[34]江帆,孙鹏.交易安全与中国民商法［M］.北京：中国政法大学出版社，1997.

［35］金海.判定融资租赁法律性质的经济实质分析法：以承租人破产时租赁物归属为例［J］.华东政法大学学报，2013（2）：43-49.

［36］近江幸治.担保物权法［M］.祝娅，王卫军，房兆融，译.北京：法律出版社，2000.

［37］克劳斯，沃特.公司法和商法的法理基础［M］.金海军，译.北京：北京大学出版社，2004.

［38］李峰，王全弟.美国应收账款担保制度及其对我国的启示［J］.复旦学报（社会科学版），2011（4）：102-110.

［39］李娟.论抵押与质押：兼评知识产权担保方式的合理定位［J］.中国海洋大学学报，2012（1）：99-104.

［40］李莉，石伟.论登记型与占有型动产担保物权的冲突及其消解［J］.学术月刊，2015，47（2）：93-99.

［41］李世刚.法国担保法改革［M］.北京：法律出版社，2011.

［42］李世刚.关于法国动产担保的改革［J］.政治与法律，2007（3）：166-172.

［43］李永军.所有权保留的比较法研究：我国立法、司法解释和学理上的所有权保留评述［J］.法学论坛，2013，28（6）：11-21.

［44］李宇.债权让与的优先顺序与公示制度［J］.法学研究，2012，34（6）：98-118.

［45］梁慧星.民商法论丛：第6卷［M］.北京：法律出版社，1997.

［46］廖焕国.动产公示的效力冲突及其解决［J］.政治与法律，2008（10）：11-15.

［47］刘保玉.担保法疑难问题研究与立法完善［M］.北京：法律出版社，2006.

［48］龙俊.动产抵押对抗规则研究［J］.法学家，2016（3）：42-52.

［49］龙俊.中国物权法上的登记对抗主义［J］.法学研究，2012，34（5）：136-153.

［50］马俊驹，陈本寒.物权法［M］.上海：复旦大学出版社，2014.

［51］梅夏英.民法上公示制度的法律意义及其后果［J］.法学家，2004（2）：115-123.

［52］美国法学会，统一州法全国委员会.美国统一商法典［M］.石云山，袁慎谦，孙亚峰，译.上海：上海翻译出版社，1990.

[53]美国统一州法委员会.美国《统一商法典》及其正式评述：第三卷 [M].高圣平，译.北京：中国人民大学出版社，2006.

[54]孟勤国.物权二元结构论：中国物权制度的理论重构 [M].北京：人民法院出版社，2002.

[55]欧洲民法典研究小组，欧盟现行私法研究组.欧洲示范民法典草案：欧洲私法的原则、定义和示范规则 [M].高圣平，译.北京：中国人民大学出版社，2012.

[56]其木提.货币所有权归属及其规则：对"占有即所有"原则的质疑 [J].法学：2009（11）：58-68.

[57]屈茂辉.物权公示方式研究 [J].中国法学，2004（5）：62-71.

[58]萨科,卡泰丽娜.占有论 [M].贾婉婷，译.北京：中国政法大学出版社，2014.

[59]沈达明,郑淑君.英法银行业务法 [M].北京：对外经济贸易大学出版社，2015.

[60]沈达明.法国/德国担保法 [M].北京：对外经济贸易大学出版社，2015.

[61]史尚宽.物权法论 [M].北京：中国政法大学出版社，2000.

[62]孙鹏,王勤劳,范雪飞.担保物权法原理 [M].北京：中国人民大学出版社，2009.

[63]孙鹏.物权公示论：以物权变动为中心 [M].北京：法律出版社，2004.

[64]孙宪忠.德国当代物权法 [M].北京：法律出版社，1997.

[65]孙宪忠.论物权法 [M].北京：法律出版社，2008.

[66]田山辉明.物权法 [M].陆庆胜，译.北京：法律出版社，2001.

[67]田士永,王洪亮,张双根.中德私法研究：第3卷 [M].北京：北京大学出版社，2007.

[68]王闯.让与担保法律制度研究 [M].北京：法律出版社，2000.

[69]王洪亮.不动产物权登记立法研究 [J].法律科学，2000（2）：118-127.

[70]王洪亮.动产抵押登记效力规则的独立性解析 [J].法学，2009（11）：88-98.

[71]王乐兵.金融创新中的隐性担保：兼论金融危机的私法根源 [J].法学评论，2016，34（5）：50-62.

[72]王利明,杨立新, 王轶, 等 . 民法学 [M].北京：法律出版社, 2008.

[73]王利明,尹飞,程啸 . 物权法 [M].北京：人民法院出版社, 2007.

[74]王利明.经济全球化对物权法的影响 [J].社会科学, 2006 (2)：131-137.

[75]王利明.所有权保留制度若干问题探讨：兼评《买卖合同司法解释》相关规定 [J].法律评论, 2014, 32 (1)：176-183.

[76]王利明 . 物权法研究：下卷 [M].北京：中国人民大学出版社, 2007.

[77]王仰光.动产浮动抵押权制度研究 [M].北京：法律出版社, 2012.

[78]王轶.物权变动论 [M].北京：中国人民大学出版社, 2001.

[79]王泽鉴.民法学说与判例研究：一 [M].北京：北京大学出版社, 2009.

[80]魏盛礼.一般动产抵押：一种法律理论的虚幻——兼评《物权法草案》关于一般动产抵押的规定 [J].南昌大学学报, 2005 (6)：70-74.

[81]吴兴光.美国统一商法典概要 [M].广州：华南理工大学出版社, 1997.

[82]向逢春.动产让与担保公示问题研究 [J].求索, 2013 (5)：165-168.

[83]向逢春.让与担保制度研究 [M].北京：法律出版社, 2014.

[84]向逢春.质疑我国物权法中的二元公示主义 [J].武汉大学学报, 2011, 64 (1)：46-50.

[85]谢在全.民法物权论 [M].北京：中国政法大学出版社, 1999.

[86]徐国栋.魁北克民法典 [M].孙建江, 郭站红, 朱亚芬, 译 . 北京：中国人民大学出版社, 2005.

[87]徐海燕,柴伟伟,冯建生 . 动产担保权公示及优先顺位规则研究 [M].北京：法律出版社, 2016.

[88]徐化耿.保证金账户担保的法律性质再认识：以《担保法司法解释》第85条为切入点 [J].北京社会科学, 2015 (11)：109-116.

[89]徐洁.担保物权功能论 [M].北京：法律出版社, 2006.

[90]徐晓峰.论以分离原则为基础的财产权交易规则：法国法的原貌与中国法的未来 [J].环球法律评论, 2017, 39 (1)：23-48.

[91]许德风.论担保物权的经济意义及我国破产法的缺失 [J].清华法学, 2007 (3)：60-77.

[92]许明月.英美担保法要论 [M].重庆：重庆出版社，1998.

[93]薛启明.中国法语境下的动产让与担保：体系定位与功能反思 [J].法学论坛，2016，31（2）：38-44.

[94]姚辉,刘生亮. 让与担保规制模式的立法论阐释 [J].法学家，2006（6）：63-69.

[95]叶朋.法国信托法近年来的修改及对我国的启示 [J].安徽大学学报（哲学社会科学版），2014，38（1）：121-127.

[96]尹田. 物权法理论评析与思考 [M].北京：中国人民大学出版社，2008.

[97]余能斌,候向磊. 保留所有权买卖比较研究 [J].法学研究，2000（5）：74-89.

[98]袁小梁.应收账款质权与法定抵销权冲突的司法处理 [J].人民司法，2012（14）：88-93.

[99]宰丝雨. 美国动产担保交易制度与判例 [M].北京：法律出版社，2015.

[100]曾照旭.动产抵押登记部门应对抵押物的权属进行审查 [J].人民司法，2013（2）：99-101.

[101]张胜利,戴新毅. 美国商事法概论 [M].北京：中国政法大学出版社，2012.

[102]张晓娟.动产担保法律制度现代研究 [M].北京：中国政法大学出版社，2013.

[103]赵万一. 论民商法价值取向的异同及其对我国民商立法的影响 [J].法学论坛，2003（6）：12-21.

[104]赵晓钧. 欧洲一体化与动产物权法 [J].政治与法律，2008（1）：138-145.

[105]赵一平. 论账户质押中的法律问题 [J].人民司法，2005（8）：33-36.

[106]周枏. 罗马法原论：上册 [M].北京：商务印书馆，2014.

[107]祝宁波. 美国知识产权抵押担保法律制度述评 [J].华东理工大学学报（社会科学版），2009，24（4）：72-78.

[108]邹海林. 金融担保法的理论与实践 [M].北京：社会科学文献出版社，2004.

[109]BRIDGE M G,MACDONALD R A，SIMMONDS R L，et al. Formalism,

functionalism, and understanding the law of secured transactions [J]. McGill law journal, 1999, 44: 557-567.

[110] BROOK J. Secured transactions [M]. Frederick, MD: Aspen Publishers, 2011.

[111] CASTELLANO G G. Reforming non - possessory secured transactions laws: a new strategy? [J]. The modern law review, 2015, 78: 611-640.

[112] DENONCOURTT J. Reform to the UK company registration of charges scheme [J]. Nottingham law journal, 2013, 22: 138-140.

[113] DIRIX E, VINCENT S. The New Belgian Act on security rights in movable property [J]. European property law journal, 2014, 3 (3) 231-255.

[114] DROBNIG U, BÖGER O. Propriety security rights in moveable assets [M]. München: Sellier European Law Publishers, 2014.

[115] GEDYE M. The development of New Zealand's secured transactions jurisprudence [J]. UNSW law journal, 2011, 34 (2): 696-733.

[116] GIBSON W E. Banks reign supreme under revised article 9 deposit account rules [J]. Delaware journal of corporate law, 2005, 30: 819-862.

[117] HARTHKAMP A S, HESSELINK M W, HONDIUS E H, et al. Towards a European civil code [M]. Netherlands: Kluwer Law International, 2010.

[118] HAUSMANN J. The value of public - notice filing under Uniform Commercial Code Article 9: a comparison with the German legal system of securities in personal property [J]. Georgia journal of international and comparative law, 1996, 25 (3): 427-435.

[119] KAHN-FREUND O. On uses and misuses of comparative law [J]. The modern law review, 1974, 37: 1-27.

[120] MARTINSON P J, MASTERSON C P. Bitcoin and the secured lender [J]. Banking & financial services policy report, 2014, 33 (6): 13-20.

[121] PHILIP R W. Regulation of international finance [M]. London: Sweet & Maxwell, 2007.

[122] SOUICHIROU K, NAOE F. Old ideas die hard?: an analysis of the 2004 reformation of secured transactions law in Japan and its impact on banking practices [J]. Thomas Jefferson law review, 2009, 31 (2): 293-316.

[123] STACY S P. Follow the leader?: the utility of UNCITRAL's legislative guide

on secured transactions for developing countries （and its call for harmonization） ［J］. Texas international law journal, 2014, 49 （1）: 35-39.

［124］STEVEN A J M. Secured transactions reform ［J］. The Edinburgh law review, 2013, 17 （2）: 251-256.

［125］ TIBOR T. Comparative secured transaction law ［M］. Budapest: Akadémiai Kiadó, 2010.

［126］ WEISE S, STEPHEN L, SEPINUCK. Personal property secured transactions ［J］. The business lawyer, 2013, 73: 1219-1242.

［127］ZUBROW L W. Interaction of deposit account financing into art 9 of the Uniform Commercial Code: a proposal for legislative reform ［J］. Minnesota law review, 1984, 68: 899-1017.